보험전문변호사의
보험소송

법무법인 감우

보험소송 당사자와 변호사를 위한 실무서 시리즈 2편

보험전문변호사의
보험소송

사망보험금 편

김계환 변호사 · 문정균 변호사 공저

좋은땅

생명보험협회의 통계에 의하면, 2021년 연말 기준 국내 전체 생명보험사의 사망보험 보유계약(사망보험+생사혼합보험) 건수가 66,844,988건에 이르고, 사망급여금 지급 건수도 5만 3천여 건에 달한다. 국내 총 인구 약 5,200만 명보다도 사망보험금이 지급되는 보험계약 건수가 많다. 그리고 2022년 연간 37만여 명, 그 이전에도 매년 30여 만 명 이상 사망하였음을 고려하면, 누구나 한 번쯤은 살면서 사망보험금과 관련한 법률문제를 경험할 가능성이 높다고 해도 과언이 아니다.

또한 보험계약에 따라 지급되는 여러 보험금 중 사망보험금은 금액이 가장 큰 보장항목 중 하나다. 그러다 보니 상대적으로 분쟁 가능성도 높고, 실제로 보장항목별로 볼 때, 보험 관련 소송 중 가장 많은 유형 중 하나가 사망보험금과 관련된 것이다. 법률전문가가 아닌 보험소비자뿐 아니라, 보험 분쟁을 전문으로 하는 변호사나 손해사정인 입장에서도 사망보험금 분쟁을 많이 접할 수밖에 없는 이유다.

그럼에도, 사망보험금 분쟁과 관련하여 일반인인 보험소비자나 보험소송을 대리하는 변호사, 손해사정인이 참고할 만한 실무서는 찾아보기 어렵다. 심지어 관련 판례집조차 제대로 나온 것이 없다. 보험법 교과서와 같은 책은 다수 나와 있지만, 실제 실무에서 참고할 만한 실무서는 거의 없는 실정이다. 비단 이것은 사망보험금 관련 분쟁에 국한된 것은 아니다. 필자가 보험전문변호사로 활동하면서 실제 소송실무에서 참고하기 좋은 책을 집필하고자 마음먹은 것도 이런 이유에서다.

이미 지난 1월에 8년여 동안 틈틈이 쓴 글과 실제 변론을 한 사건의 판결, 변호사협회에서 한 강의안 등을 엮어 『보험전문변호사의 보험소송』 시리즈 1편(보험사기)을 출간하였고, 이 책은 그 시리즈의 두 번째다. 이 책은 사망보험금 관련 소송대리 및 법률 자문을 하면서 자주 접하게 된 주요 쟁점별로 최근 법원의 판례(거의 대부분 2010년 이후), 필자가 직접 수행한 사건의 판결과 기존에 나온 논문 및 판례 평석을 참조하여 집필하였다.

소송실무에서는 아무래도 유사 판결례를 가장 많이 활용하기 마련이다. 그런데, 막상 판례 검색을 해서 찾으려고 하면, 유사 판결례를 찾기가 만만치 않고, 또 유사 판결례를 찾더라도 해당 사건에서의 문제 해결을 하려면 그 한 건의 판결례만으로는 부족할 때가 많다. 이런 점을 감안하여, 이 책은 분쟁 당사자나 변호사에게 필요한 유사 판결례를 제공하고, 동시에 유사 판결례에서 다루어진 중요 쟁점을 실무가의 관점에서 설명하는 데 초점을 맞추었다. 또한 책 전체를 다 읽지 않더라도, 목차만 봐도 그때그때 필요한 유사 판결례를 찾기 편하도록 제목을 달았다. 목차의 제목이 긴 것도 이런 이유다. 마치 대법원이 제공하는 등기선례가 필요한 선례를 찾기 편하도록 제목을 다는 것과 같은 방식이다.

이 책은 크게 자살과 사망보험금(제1장), 상해사망보험금 또는 재해사망보험금(제2장), 사망보험금의 소멸시효(제3장), 사망보험금과 상속(제4장)으로 구성되어 있다. 사망보험금 분쟁(소송 기준)에서 가장 빈도가 높다고 생각되는 대주제순으로 보아도 된다. 제1장에서는 피보험자가 고의로 자신을 해친 경우로 볼 수 있는지(즉, 자살면책 사유에 해당하는지)와 피보험자가 심신상실 등으로 자유로운 의사결정을 할 수 없는 상태였는지(즉, 자살면책의 예외사유에 해당하는지)가 문제 된 사례들을 다루었다. 제2장에서는 상해사망보험금(손해보험사 보험) 또는 재해사망보험금(생명보험사 보험) 지급사유에서 정한 '상해' 또는 '재해'에 해당하는지 여부(이 중 우연성과 관련된 것은 제1장에서 다루고, 급격성과 외래성이 문제 된 사례 중심)와 '상해' 또는 '재해'와 사망 사이의 인과관계가 문제 된 사례들을 다루었다. 그리고 제3장에서는 사망보험금의 소멸시효 기산점과 소멸시효 중단 사유가 문제 된 사례들을, 마지막으로 제4장에서는 피보험자의 사망으로 인한 재산상속과 관련된 사망보험금 분쟁사례들을 다루었다.

이 책에 사망보험금과 관련하여 실무상 문제 되는 모든 유형의 사례를 담지는 못하였지만, 적어도 자주 문제 되는 유형의 사례들만큼은 최대한 많이 담으려고 노력하였다. 또한 사례 설명에서 비교 검토할 사례들까지 실음으로써, 활용도를 높이려고 했다. 아무쪼록 이 책이 보험 분쟁 당사자와 보험소송 실무를 하는 전문가에게 유용하게 쓰였으면 하는 바람이다.

2023년 봄 서초동 사무실에서

제1장 자살과 사망보험금

제2장 상해사망보험금 또는 재해사망보험금

제3장 **사망보험금의 소멸시효**

제4장   사망보험금과 상속

제1장

자살과 사망보험금

상법 제732조의2는 사망을 보험사고로 한 보험계약에서 피보험자 등의 고의로 인하여 사고가 생긴 경우에 보험사는 보험금을 지급할 책임이 없다고 규정하고 있다. 피보험자가 고의에 의하여 보험사고를 일으키는 것은 보험계약상의 신의성실의 원칙에 반할 뿐만 아니라, 그러한 경우에도 보험금이 지급된다고 한다면 보험계약이 보험금 취득 등 부당한 목적에 이용될 가능성이 있기 때이다(대법원 2006. 3. 10. 선고 2005다49713 판결). 같은 취지로 생명보험 표준약관과 질병·상해 표준약관에서도 피보험자 등의 고의에 의한 사망사고를 보험자의 면책사유로 정하고 있다. 이에 따라 피보험자 등의 자살이 의심되는 경우 보험자는 자살면책을 주장하면서 사망보험금 지급을 거부할 가능성이 높고, 우리나라의 경우 자살률이 높은 수준을 유지하면서, 이와 관련된 분쟁도 증가하는 추세이다. 그러나 자살과 관련된 사망보험금 분쟁은 가장 자주 접하는 보험 분쟁 중 하나면서도, 판단이 가장 어려운 사건 중 하나다.

　　자살이 문제 되는 사망보험금 분쟁에서 주로 문제 되는 것은 피보험자가 '고의로 자신을 해친 경우(자살)'에 해당하는지와 피보험자가 사고 당시 심신상실 등으로 의사결정을 할 수 없는 상태였다고 볼 수 있는지이다.

　　자살한 경우인지의 판단은 결국 사고 발생이 고의에 의하지 않은 우연한 사고인지의 판단 문제, 즉, '우연성'의 판단 문제로도 볼 수 있다. 또한 자살이 문제 되는 사건들은 거의 대부분 외적인 요인들(물에 빠져 사망하거나, 추락하여 사망하거나, 약물이나 독성 물질에 중독되어 사망하거나, 목을 매어 사망하는 등)이 개입되므로, 자살이 아니라고 판단되면, 거의 대부분 '상해'나 '재해'로 인한 사망사고로 볼 수 있게 된다. 자살이 문제 되는 사건의 경우에는 사망의 원인이 질병인지, 상해(재해)인지를 불문하고 지급되는 일반사망보험금의 지급 문제뿐 아니라, 상해사망보험금(재해사망보험금)의 지급 문제와도 귀결되는 이유다. 여기다 통상은 일반사망보험금의 지급액에 비해 상해사망보험금(재해사망보험금)의 지급액이 더 크기 때문에, 분쟁 당사자들로서는 더 민감할 수밖에 없다.

　　그런데, 실무상 자살로 볼 수 있는지가 다투어지는 사건들의 경우 유서 등 객관적 증거가 있지 않은 이상 피보험자의 고의에 의한 사망인지 여부가 불분명한 경우가 대부분이고, 생각보다 그 판단이 쉽지 않다. 실무에서는 결국 입증책임과 요구되는 입증의 정도의 문제로 승패가 좌우된다고 해도 과언이 아니다. 그동안 대법원은 일관되게 사고의 우발성과 외래성 및 상해 또는 사망이라는 결과와 사이의 인과관계에 관해서는 보험금 청구자에게 그 증명책임이 있다(대법원 2001. 8. 21. 선고 2001다27579 판결, 대법원 2001. 11. 9. 선고 2001다55499, 55505 판결, 대법원 2003. 11. 28. 선고 2003다35215, 35222 판결 등)고 보면서도, 「보험계약의 보험약관에서 '피보험자가 고의로 자신을 해친 경우'를 보험자의 면책사유로 규정하고 있는 경우 보험자가 보험금 지급책임을 면하기 위해서는 위 면책사유에 해당하는 사실을 증명할 책임이 있다. 이 경우 보험자는 자살의 의사를 밝힌 유서 등 객관적인 물증의 존재나, 일반인의 상식에서 자살이 아닐 가능성에 대한 합리적인 의심이 들지 않을 만큼 명백한 주위 정황사실을 증명하여야 한다(대법원 2010. 5. 13. 선고 2010다6857 판결 등)」고 판단해 오고 있다. '우연성'의 문제와 '고의 사고'의 문제는 성격상 별개의 문제로 볼 수 없음에도, 우연성은 보험금 청구자에게, 고의 사고인지는 보험자에게 입증책임이 있다고 함으로써, 누가 무엇을 어느 정도 입증해야 하는지에 대하여 실무상 혼란을 유발하고 있는 것이다. 다행히도, 이와 관련하여, 법원은 나름의 구체적인 기준을 정립하여 오고 있는 것으로 보인다. 이에 여기서는 최근 법원 사례들을 소개하고, 법원이 자살로 볼 수 있는지의 판단에 있어 중요하게 본 사항들을 분석하는 데 주안점을 두었다.

다음으로, 사고 당시 피보험자가 자유로운 의사결정을 할 수 없는 상태였는지의 문제는 그 판단이 더 어렵다. 이와 관련하여 대법원은 정신질환 등으로 자유로운 의사결정을 할 수 없는 상태에서의 사망이었는지 여부는 자살자의 나이와 성행, 자살자의 신체적·정신적 심리상황, 그 정신질환의 발병 시기, 그 진행 경과와 정도 및 자살에 즈음한 시점에서의 구체적인 상태, 자살자를 에워싸고 있는 주위 상황과 자살 무렵의 자살자의 행태, 자살행위의 시기 및 장소, 기타 자살의 동기, 그 경위와 방법 및 태양 등을 종합적으로 고려하여 판단하여야 한다(대법원 2021. 2. 4. 선고 2017다281367 판결 등)고 그 기준을 설시하고 있다. 그러나 위 기준은 실제 실무에서 적용하기에는 다소 막연하고, 소송 실무에서는 심신상실 등으로 자유로운 의사결정을 할 수 없었는가의 입증 및 판단에 있어 진료기록감정 등을 통한 정신건강의학과 전문의의 의학적 소견을 많이 활용하고 있는 편이다. 이러한 의학적 소견 외에도, 자살 사고 당시 피보험자의 상태(평상시과 다른 점이 있었는지, 정신과적 증상이 악화된 것으로 보이는지 등)가 어떠하였는지, 피보험자에게 자살의 동기가 있었는지, 자살을 미리 계획하에 준비한 정황이 있는지(아니면 충동적이고 우발적인지) 등이 중요한 판단 요소로 작용한다. 이에 여기서는 다양한 판결례들을 소개함으로써 소송 실무에서 자유로운 의사결정을 할 수 없는 상태였는지 여부의 판단에 중요하게 작용한 사항들을 분석, 검토하였다.

마지막으로 본 장에 들어가기 전에 미리 숙지해야 할 법령 및 표준약관 조항은 다음과 같다.

* 상법

제659조(보험자의 면책사유) ① 보험사고가 보험계약자 또는 피보험자나 보험수익자의 고의 또는 중대한 과실로 인하여 생긴 때에는 보험자는 보험금액을 지급할 책임이 없다.

상법 제732조의2(중과실로 인한 보험사고 등) ① 사망을 보험사고로 한 보험계약에서는 사고가 보험계약자 또는 피보험자나 보험수익자의 중대한 과실로 인하여 발생한 경우에도 보험자는 보험금을 지급할 책임을 면하지 못한다.

② 둘 이상의 보험수익자 중 일부가 고의로 피보험자를 사망하게 한 경우 보험자는 다른 보험수익자에 대한 보험금 지급 책임을 면하지 못한다.

* 생명보험 표준약관 - 2022. 2. 16. 개정

제5조(보험금을 지급하지 않는 사유) 회사는 다음 중 어느 한 가지로 보험금 지급사유가 발생한 때에는 보험금을 지급하지 않습니다.

1. 피보험자가 고의로 자신을 해친 경우

다만, 다음 중 어느 하나에 해당하면 보험금을 지급합니다.

가. 피보험자가 심신상실 등으로 자유로운 의사결정을 할 수 없는 상태에서 자신을 해친 경우

특히 그 결과 사망에 이르게 된 경우에는 재해사망보험금(약관에서 정한 재해사망보험금이 없는 경우에는 재해 이외의 원인으로 인한 사망보험금)을 지급합니다.

나. 계약의 보장개시일(부활(효력회복)계약의 경우는 부활(효력회복)청약일)부터 2년이 지난 후에 자살한 경우에는 재해 이외의 원인에 해당하는 사망보험금을 지급합니다.

2. 보험수익자가 고의로 피보험자를 해친 경우

다만, 그 보험수익자가 보험금의 일부 보험수익자인 경우에는 다른 보험수익자에 대한 보험금은 지급합니다.

3. 계약자가 고의로 피보험자를 해친 경우

* 질병 · 상해보험 표준약관(손해보험 회사용) - 2022. 2. 16. 개정

제5조(보험금을 지급하지 않는 사유) ① 회사는 다음 중 어느 한 가지로 보험금 지급사유가 발생한 때에는 보험금을 지급하지 않습니다.

1. 피보험자가 고의로 자신을 해친 경우. 다만, 피보험자가 심신상실 등으로 자유로운 의사결정을 할 수 없는 상태에서 자신을 해친 경우에는 보험금을 지급합니다.

2. 보험수익자가 고의로 피보험자를 해친 경우. 다만, 그 보험수익자가 보험금의 일부 보험수익자인 경우에는 다른 보험수익자에 대한 보험금은 지급합니다.

3. 계약자가 고의로 피보험자를 해친 경우

4. 피보험자의 임신, 출산(제왕절개를 포함합니다), 산후기. 그러나, 회사가 보장하는 보험금 지급사유로 인한 경우에는 보험금을 지급합니다.

5. 전쟁, 외국의 무력행사, 혁명, 내란, 사변, 폭동

익사한 상태로 발견된 피보험자의 익사 경위를 알 수 없는 경우에도 우연성을 인정한 사례

(광주지방법원 2021. 4. 30. 선고 2020가단533094 판결)

[사건 개요]

원고들은 망 F(이하 '망인')의 상속인들임. 망인은 2006. 8. 2. 피고와 사이에 피보험자를 망인, 사망보험금 수익자를 법정상속인, 보험기간을 2006. 8. 2.부터 2059. 8. 2.까지, 일반상해(기본계약)의 사망보험금 가입금액을 3천만 원, 일산상해사망의 사망보험금 가입금액을 1억 원으로 정하여 이 사건 보험계약을 체결함.

망인은 2020. 4. 21. 15:10경 목포시 ○○소재 ○○ 내에 있는 파지선 아래 물속에 가라앉아 있는 상태의 사체로 발견됨(이하 '이 사건 사고'). 위 발견 지점은 망인의 자택에서 도보로 50분가량 떨어져 있고, 망인의 사체를 검안한 의사는 망인의 직접사인을 '익수 의증'으로, 사고 종류를 '익사', 의도성 여부를 '미상'으로 각 기재함.

경찰은 유족인 원고 A의 진술과 사체 상황 등 검시 결과와 망인의 사고 직전 행적 등을 모두 종합하여 망인의 사인에 범죄와 관련성이 없다고 판단된다는 이유로 변사사건을 내사 종결함.

피고는 약관상 상해사망보험금의 지급요건이 되는 보험사고는 급격하고도 우연한 외래의 사고로 인한 것이어야 하고 이에 대한 입증책임은 보험금 청구자인 원고들에게 있는바, 원고들이 제출한 증거들만으로는 망인이 우연한 사고로 사망한 것으로 단정할 수 없고, 오히려 망인은 자살로 사망한 것으로 보인다는 이유로 보험금 지급을 거절함.

[법원의 판단]

보험사고의 요건인 사고의 우연성의 개념에 '피보험자의 고의에 의하지 아니한 것'이라는 의미가 포함되는 것으로 해석하고 그에 관한 입증책임을 보험금 청구자가 부담한다고 보는 것은 '피보험자가 고의로 자신을 해친 경우'를 보험자의 면책사유로 보고 그에 관한 입증책임은 보험자가 부담한다고 보는 것과 일견 모순되는 것처럼 보인다. (… 중략 …) 약관에서 보험사고의 요건으로 규정한 사고의 우연성에 '피보험자의 고의에 의하지 아니한 것'이라는 의미가 포함된 것으로 해석하면서 보험금 청구자에게 그에 관한 엄격한 입증책임을 부담시키는 것은 결국 상법 제659조 제1항, 제732조의2, 상법 제739조 등에서 '피보험자의 고의'를 보험자의 면책사유로 규정하고 보험자에게 입증책임을 부담시킨 취지를 몰각시키고 그 입증책임을 사실상 보험금 청구자에게 전가하는 결과를 초래하는 점, 나아가 약관의 규제에 관한 법률 제14조 제2호에서 상당한 이유 없이 고객에게 입증책임을 부담시키는 약관조항은 무효로 한다고 규정한 취지 등을 고려하여, 보험금 청구자로서는 사고의 외형이나 유형으로 보아 피보험자가 예견하거나 기대하지 않은 과실로 사고의 발생이 가능하다는 점을 합리적으로 수긍할 수 있는 정도로 일응 증명하면 일단 사고의 우연성에 관한 입증을 다한 것이고, 보험자로서는 그 사고가 피보험자의 고의에 의하여 발생한 것이라는 점을 일반인의 상식에서 합리적 의심을 배제할 정도로 명백히 증명하여야 보험금 지급책임을 면한다고 봄이 타당하다.

망인은 점퍼와 운동화를 착용한 채로 발견되었고 검시 결과에 의하면 망인은 수중에 고개를 앞으로 숙인 자세로 이마와 콧등 부위는 시반 형상으로 추정되며 수중 바닥에 닿아 있었을 가능성이 높아 익사로 추정된다고 한 점, 발생 현장에 소주 2병(1병 빈 상태, 1병 잔량 2/3)과 망인의 감기약 통이 발견되었는바, 망인이 술에 취하여 실족 등으로 강에 빠졌을 수 있는 점, 위와 같은 유형의 사고는 그 특성상 피보험자의 과실로 인하여 발생하는 것이 가능한 점 등을 고려하면, 망인이 불상의 원인으로 강에 빠졌을 가능성이 있다는 것을 수긍할 수 있고, 이로써 사고의 우연성의 요건은 갖추었다고 봄이 타당하다.

망인이 평소 육아로 스트레스를 받고 이 사건 사고 직전 원고 A(배우자)와 말다툼한 후 외출하였으며 언니가 대장암 판정을 받은 사실은 있으나, 그러한 정도의 신변 정황만으로 망인에게 자살을 선택할 충분한 동기나 원인이 존재하였다고 보기는 어려운 점, 유서 등 망인이 자살하였음을 추단할 만한 객관적인 물증은 발견되지 않은 점, 망인은 사고 직전 원고 B(자녀)에게 전화해 "엄마 곧 들어가겠다."라고 언급하는 등 가족들에게 자살의 징후를 나타낸 바 없는 점, 요양급여 내역 등에 의하면 망인이 우울증 등으로 치료받은 전력도 발견되지 않는 점, 원고 A의 수사기관에서의 진술(망인이 술에 취하여 자살한 것으로 판단되어 부검을 원하지 않는다고 진술한 점)은 망인의 사망으로 인한 충격으로 경황이 없는 상황에서 이루어진 점, 망인의 핸드폰 등이 현장에서 발견된 사실만으로 망인이 자살을 마음먹고 꺼낸 것이라고 추측하기 어려운 점 등을 종합해 보면, 피고가 들고 있는 정황들만으로는 망인이 자살한 것으로 보기 어렵고, 달리 이를 인정할 만한 증거가 없으므로, 피고의 이 부분 면책 주장은 이유 없다. (원고 청구 인용)

[설명]

인보험계약에 의하여 담보되는 보험사고의 우발성과 외래성 및 상해 또는 사망이라는 결과와 사이의 인과관계에 관해서는 보험금 청구자에게 그 증명책임이 있다(대법원 2003. 11. 28. 선고 2003다35215, 35222 판결 등 참조). 한편, 보험계약의 보험약관에서 '피보험자가 고의로 자신을 해친 경우'를 보험자의 면책사유로 규정하고 있는 경우 보험자가 보험금 지급책임을 면하기 위해서는 위 면책사유에 해당하는 사실을 증명할 책임이 있다. 이 경우 보험자는 자살의 의사를 밝힌 유서 등 객관적인 물증의 존재나, 일반인의 상식에서 자살이 아닐 가능성에 대한 합리적인 의심이 들지 않을 만큼 명백한 주위 정황사실을 증명하여야 한다(대법원 2010. 5. 13. 선고 2010다 6857 판결 등 참조).

그런데, 보험사고의 요건인 '우연성'은 피보험자가 예측할 수 없는 원인에 의하여 발생하는 사고로서 '고의에 의한 것이 아닐 것'을 의미하므로, 결국 우연성의 입증을 엄격하게 요구할 경우 이는 사실상 보험금 청구자에게 자살이 아님을 입증하도록 하는 결과가 된다. 즉, 면책사유에 해당하는 '자살'의 입증책임이 보험자에게 있다는 것과 모순되는 결과가 된다. 이에 대상판결(광주지방법원 2020가단533094 판결)은 보험금 청구자로서는 사고의 외형이나 유형으로 보아 피보험자가 예견하거나 기대하지 않은 과실로 사고의 발생이 가능하다는 점을 합리적으로 수긍할 수 있는 정도로 일응 증명하면 일단 사고의 우연성에 관한 입증을 다한 것으로 보아야 한다고 해석한 것이다. 즉, 피보험자가 고의로 자신을 해친 경우(자살 등)가 아니더라도, 다른 원인에 의해 사망하였을 가능성이 있음을 일응 증명하는 정도로 우연성의 입증이 가능하다고 본 것이다. 광주지방법원 2021. 2. 17. 선고 2019나67356 판결 역시 같은 취지에서 「보험금 청구자로서는 보험사고가 사고의 외형이나 유형상 피보험자의 과실 또는 제3자의 고의 또는 과실, 기타 예측할 수 없는 원인에 의하여 발생할 가능성이 있다거나 그것이 통상적인 과정으로는 기대할 수 없는 결과를 가져올 수도 있다는 것을 증명하고, 객관적 정황상 고의에 의한 사고라는 것이 명확하지 않다면, 일응 '사고의 우연성'에 관한 입증을 다한 것으로 봄이 타당하다.」고 판단한 바 있다(서울중앙지방법원 2021. 4. 30. 선고 2020가단5079673 판결도 같은 취지). 이외에도, 서울중앙지방법원 2021. 7. 8. 선고 2019가단5176509 판결은 「고의에 의한 사고가 아니라는 사실은 증명이 어려우므로 통상적인 법률요건과 같이 사실에 대한 엄격한 증명이 아니라 보험금 청구자가 법관으로 하여금 고의에 의한 사고가 아니라는 점을 추단케 할 정도의 사실을 증명하면 사고의 우연성은 증명되었다고 볼 수 있다.」고 판단하였는데, 이 역시 같은 맥락이다.

위와 같은 해석은 대법원이 보험자에게 '자살이 아닐 가능성에 대한 합리적인 의심이 들지 않을 만큼 명백한 주위 정황사실을 증명'하도록 한 것에도 부합한다. 즉, 보험금 청구자로서는 객관적 정황상 고의에 의한 사고라는 것이 명확한 경우가 아닌 한 자살이 아닌 다른 원인에 의해 사망하였을 가능성을 배제할 수 없는 점을 주장·입증을 하는 것으로 족하다.

위와 같은 견지에서 볼 때, 대상 사건의 경우 망인이 자살을 했음이 명백한 객관적 정황이 없는 반면, 감기약을 복용하는 등 컨디션이 저하된 상태에서 소주를 1병 이상 마셔 취했을 가능성이 있고, 이 경우 실족하여 물에 빠졌을 가능성을 배제할 수 없으므로, 사고의 우연성이 입증되었다고 판단된다.

한편, 대상사건의 경우와 달리 위에서 인용한 ① 서울중앙지방법원 2019가단5176509 판결 사안의 경우는 피보험자가 익사한 채로 발견된 사례에서 고의에 의한 것이 아님을 추단케 하기 부족하다고 판단하였다. 위 사안은 피보험자인 망인이 자신의 승용차를 운전하여 집을 나간 뒤 연락이 되지 않아 원고가 미귀가자 신고를 하였는데, 다음 날 경찰관이 순찰 중 저수지 제방 주변에서 망인의 승용차를 발견하고 저수지를 수색하던 중 저수지 제방 옆 물속에서 엎드린 채 사망한 상태의 망인을 발견하였고, 국립과학수사연구원은 망인의 사인을 익사로 판단한 사례이다. 위 사례에서 법원은 망인이 평소 위 저수지 주변 등산로를 자주 찾아 그곳 주변의 지리, 지형을 비교적 잘 알고 있었고 부검 결과 혈중알콜농도는 0.010% 미만이었던 것으로 보아 실족을 유발할 요인은 희박해 보이는 점, 부검 결과 실족 과정에서 발생할 법한 몸의 외상이나 흔적이 발견되지 아니한 점, 등산 중이었다면 휴대폰과 현금 등은 소지하고 있는 것이 통상적이라고 보이는데 망인은 발견 당시 등산복은 입은 상태였으나 휴대폰과 현금이 들어 있는 지갑 등은 위 주차되어 있던 차량 내에서 발견되었던 점, 망인이 거의 9년간 정신과에 내원하여 수차례 수면장애로 진료를 받았고, 사고 4일 전 내원 시 시행한 검사에서 중등도의 우울 에피소드 진단을 받았던 점 등에 비추어, 위 사고가 실족 등에 의한 우연한 사고로서 고의에 의한 것이 아님을 추단케 하기 부족하다고 판단하였다.

② 서울중앙지방법원 2021. 5. 21. 선고 2020가단5131601 판결은 피보험자인 망인이 밤에 양화대교 아래 한강에 빠져 허우적대다가 지나가던 시민에 의해 발견되어 119 구조대에 의해 응급실로 후송되었으나 사망한 사례에서, 망인이 자살한 것으로 추정된다고 판단하였다. 위 판결은 망인이 고정적인 수입이 없이 카드 빚 등이 있는 경제적 어려움을 겪고 있었다는 점(자살의 동기) 외에도, 신고자가 양화대교 인도에 발목까지 올라오는 남성용 가죽 신발이 나란히 놓여 있는 것을 보고 난간 아래 한강을 살펴보다가 망인이 허우적대는 모습을 발견하여 119 신고를 한 점(즉, 망인이 신발을 벗어 놓은 것으로 보이는 점)과 망인의 신발이 놓여 있던 곳의 양화대교 난간은 높이 약 1.2m이고, 난간 위에 올라서 서 있으면 잡을 것이 없으며, 난간 바깥쪽으로는 여유 공간이 없어서 난간 바깥쪽으로 몸이 기울면 곧바로 한강 위로 추락하게 되는 구조인 점(즉, 난간 높이상 일부러 올라가지 않으면 추락하기 어려운 구조인데, 난간 구조상 난간 위에 올라갈 경우 추락할 위험이 높음을 인지하였을 것인 점) 등을 그 근거로 들었다.

사망 원인과 익사한 채 발견될 당시 상황이 서로 유사해 보이는 서울중앙지방법원 2019가단 5176509 판결 사안과 대상사건(광주지방법원 2020가단533094 판결)의 경우를 비교해 보면(두 건 모두 유서 등 망인이 자살하였음을 추단할 만한 객관적인 물증은 발견되지 않았다), 우울증 등으로 인한 정신과 치료를 받은 사실이 있는지 여부, 사고 당시 술에 취하는 등 실족하여 물에 빠질 만한 할 만한 요인이 있었는지 여부 등에 있어 차이가 발견된다. 그리고 서울중앙지방법원 2021. 5. 21. 선고 2020가단5131601 판결과 비교해 보면, 사고 장소의 특성상 실족이나 추락하여 물에 빠질 만한 요인의 유무(난간 등 추락 방지 시설의 유무)와 자살시도자에서 흔히 볼 수 있는 행동의 유무(신발을 벗어 두었는지, 착용하고 있었는지)에서 차이가 발견된다.

이렇듯, 유사해 보이는 사건의 경우에도, 결국은 자살의 가능성을 높이는 요인이 있는지, 실족 가능성 등 자살이 아닐 가능성을 뒷받침할 요인이 있는지 여부에 따라 결론을 달리하므로, 그러한 요인들을 면밀히 검토해야 한다.

피보험자가 차량 운전 중 호수에 추락하여 사망한 사례에서 우연한 사고로 인정하기에 부족하다고 판단한 사례
(대전지방법원 2021. 8. 18. 선고 2019가단123974 판결)

[사건 개요]

F(이하 '망인')는 2008. 5. 26. 피고와 사이에 보험계약자 및 피보험자를 망인, 사망수익자를 딸인 D, 상해사고로 사망 시 1억 원을 지급하는 내용의 보험계약(이하 '이 사건 보험계약')을 체결함.

망인은 2019. 3. 12.경 사망 시 수익자를 D에서 사실혼 관계에 있는 A로 변경함.

망인은 2019. 5. 10. 12:09경 투싼 승용차를 운전하여 대전 대덕구 갈전동 산27-4에 있는 도로를 대전 대덕구 삼정동 삼거리 방향에서 대전 동구 효평동 방향으로 편도 1차로를 주행하던 중 차로를 이탈하여 중앙선을 넘어 대청호수로 추락(이하 '이 사건 사고')하여 사망함.

망인에 대한 부검 결과 직접사인은 익사였음.

이 사건 사고 현장은 편도 1차로의 도로로 왼쪽으로 굽어지는 도로가 끝나고 직선으로 이어지는 도로이고, 사고 차량 진행 방향 우측에는 산이 있고, 좌측에는 노상을 벗어나 약 31미터의 내리막 비탈길로 이어지고 대청호수가 있으며, 차량이 대청호수에 빠져 있는 상태로 발견되었음.

견인된 망인의 차량에는 블랙박스가 설치되어 있었으나, 메모리 카드를 발견하지 못함.

보험수익자인 A는 보험금 청구를 하였으나, 피고는 망인이 자살한 것이거나 보험수익자가 보험금을 타도록 하기 위해 고의로 교통사고를 일으켜 사망한 것이므로, 우연한 사고라고 볼 수 없다고 보아 보험금 지급을 거절하였음.

A는 피고를 상대로 보험금 청구 소송을 제기하였고, 소송계속 중 사망하여, 자녀들로서 공동상속인인 원고들이 소송을 수계함.

[법원의 판단]

보험금 청구자로서는 피보험자가 예견하지 않은 우연한 기회나 기대할 수 없는 과정을 통해 사고의 발생이 가능하다는 점을 합리적으로 수긍할 수 있을 정도로 증명하여야 사고의 우연성에 관한 입증을 다한 것으로 볼 수 있고, 일단 사고의 우연성이 입증되면 보험자로서는 그 사고가 피보험자의 고의에 의하여 발생한 것이라는 점을 일반인의 상식에서 합리적 의심을 배제할 정도로 명백히 증명하여야 보험금 지급책임을 면한다고 해석함이 상당하다.

아래와 같은 사실 및 사정에 비추어 보면, 이 사건 사고는 망인의 운전상의 과실이나 차량의 결함 내지 기타 주변 상황에 의해 불가피하게 일어난 우연한 사고로서 이 사건 보험계약상 보험사고에 해당한다는 점을 인정하기에 부족하고, 달리 이를 인정할 증거가 없다.

1) 이 사건 사고의 발생 시각은 정오 무렵으로 운전 중 시야 확보나 운행에 별다른 장애가 되는 사정이 없었다.

2) 이 사건 사고는 편도 1차로의 도로를 운행하던 중 중앙선을 넘어 반대 차선으로 가서 가드레일이 설치되지 아니한 지점을 통해 도로를 이탈하여 추락에 이른 것인데, 왕복 2차로인 도로의 폭이나 상태 등에 비추어 볼 때 운전자의 운전 미숙이나 부주의 등으로 진행 방향에서 이탈하게 되더라도 곧바로 핸들을 조작하거나 제동을 할 경우 추락 사고에까지 이르지 않았을 것으로 보인다. 또한 운전자가 사고 발생 등 위험 상태를 인지한 경우에는 조향이나 제동으로 사고 예방 조치

를 함이 일반적인데, 이 사건 사고 발생 도로에는 그와 같은 조치를 하였을 경우 생길 수 있는 타이어 흔적도 없다.

3) 망인은 이 사건 사고 전인 2019. 4. 8. 사망 시 보험수익자를 딸에서 사실혼 관계에 있는 A로 변경하였고, 이 사건 사고 직전에 망인 소유의 차량에 관해 계약기간(2019. 5. 2.부터 2019. 8. 2.까지)을 보험계약자들이 통상적으로 가입하는 계약기간보다 짧게 하여 자동차종합보험에 가입하였다.

4) 망인은 2009. 12.경부터 천식, 만성 폐쇄성 폐질환 등으로 인해 반복하여 통원 및 입원치료를 받았으며, 이 사건 사고 발생 얼마 전에도 한 달 정도 요양병원에서 입원치료를 받았다. A는 망인과 10년 넘게 사실혼 관계에 있었기 때문에 망인의 지병에 대해 잘 알고 있었음에도 경찰 조사에서 망인은 지병이 없고, 병원에 다닌 적이 없다고 진술하였다. 또한 망인은 A와 함께 식당을 운영하면서 지인이나 친척으로부터 상당한 액수의 돈을 빌렸고, 2019. 4.경 피고로부터 보험약관대출을 받기도 하는 등 이 사건 사고 당시 채무초과 상태에 있었다고 보인다(이로 인해 망인의 상속인들은 상속포기를 하거나 한정승인심판을 받았다).

5) 사고 전날 망인은 전남 영암에 있는 부모의 묘소에 다녀 온 후 사고 당일 A에게는 친구를 보러 간다고 하고 외출하였으나 사고 당일 오전 09:30부터 10:30경 사이에 촬영된 각 도로 CCTV 영상에 의하면, 뚜렷한 목적지 없이 이 사건 사고 지점 부근인 신탄진, 삼정동 일대를 주행하였던 것으로 나타난다. 이에 대해 피고는 망인이 자살을 위한 장소를 물색하기 위해 운전한 것이라고 주장하고 있는 바, 사고 직전에 망인이 위와 같이 운전한 이유나 동기 등과 관련하여 피고의 위와 같은 주장을 배척할 만한 사정도 보이지 않는다.

[설명]

보험사고의 우연성은 보험금 청구자에게 입증책임이 있는데, 이때 우연성은 피보험자가 예측할 수 없는 원인에 의하여 발생하는 사고로서, 결국 고의에 의한 것이 아닐 것을 의미하므로, 우연성의 입증을 엄격하게 요구할 경우 이는 사실상 보험금 청구자에게 자살이 아님을 입증하도록 하는 결과가 되어 면책사유에 해당하는 자살의 입증책임이 보험자에게 있다는 것과 모순되는 결과가 된다. 이에 보험금 청구자로서는 사고의 외형이나 유형으로 보아 피보험자가 예견하거나 기대하지 않은 과실로 사고의 발생이 가능하다는 점을 합리적으로 수긍할 수 있는 정도로 일응 증명하면 일단 사고의 우연성에 관한 입증을 다한 것으로 보아야 한다는 판결례가 나오고 있다(1번 사례 광주지방법원 2020가단533094 판결 및 7번 사례 광주지방법원 2019나67356 판결사례 각 참조).

대상사건(대전지방법원 2019가단123974 판결)에서도, 같은 취지에서 '보험금 청구자로서는 피보험자가 예견하지 않은 우연한 기회나 기대할 수 없는 과정을 통해 사고의 발생이 가능하다는 점을 합리적으로 수긍할 수 있을 정도로 증명하여야 사고의 우연성에 관한 입증을 다한 것'으로 볼 수 있다고 판단하고 있다. 이에 법원은 사고 장소의 특징과 사고 발생 시간, 사고 현장 흔적 등에 비추어, 이 사건 사고의 경우 통상적인 사고 발생 원인인 운전자의 운전 미숙이나 부주의로 발생하였을 가능성이 높지 않다는 점을 우연성을 배척하는 근거로 삼았다. 나아가 망인이 자살을 하였을 만한 동기(경제적 이유)가 있는 점과 사고 발생 전후의 행적(보험수익자 변경, 자동차종합보험의 단기 가입, 사고 당일 운행 경로)에 의심이 가는 점 역시 우연성을 배척하는 근거로 삼았다.

그러나 대상사건에서 법원이 이 사건 사고가 우연한 기회에 의한 사고일 가능성을 배척한 근거에 대하여는 다소 수긍하기 어려운 측면이 있다.

먼저, 이 사건 사고 발생 장소는 네이버 지도 위성영상과 로드뷰 영상을 살펴보면, 심하게 굽은 구간이 많아 사고 발생 위험이 높아 보이는 곳이다.

법원은 사고 장소가 왼쪽으로 굽어지는 도로가 끝나고 직선으로 이어지는 도로로서, 왕복 2차로인 도로의 폭이나 상태 등에 비추어 운전자의 부주의로 사고가 발생할 가능성이 높지 않다고 보았으나, 사고 지점 위성지도 영상과 로드뷰 영상을 경로를 따라 확인해 보면, 사고 지점인 대전 대덕구 갈전동 산27-4에 인접한 도로(대청호수로)는 좌측 대청호수 쪽은 거의 대부분 가드레일이 설치되어 있다. 사고 지점은 가드레일이 설치되어 있지 않았다고 하므로, 가드레일이 설치되지 않은 구간을 찾아본 결과 좌로 굽은 구간이 끝나는 직선 구간이 아니고, 좌로 굽은 구간 내에 일부 가드레일이 설치되지 않은 것으로 보인다. 그나마도 가드레일은 없지만, 약간의 둔덕이 있다. 서행을 하면서는 쉽게 넘어가기 어려운 구조이다. 굽은 구간이 끝나는 직선 구간부터는 다시 가드레일이 설치되어 있고, 우측에는 나무와 전신주들이 설치되어 있다. 굽은 구간에서 감속하지 않고 과속을 하다가 우측으로 쏠려 나무나 전신주를 피하기 위해 급히 좌로 조향을 하다가 균형을 잃고 좌측의 호수로 빠졌을 가능성을 배제할 수 없는 것이다.

더구나 사고 장소는 경치가 좋아 운전자가 한눈을 팔 수 있는 곳이고, 사고 발생시간은 2019. 5. 10. 12:09경으로 비교적 맑은 날씨에 일 최고 기온이 27.9℃이었기 때문에 졸음운전을 하였을 가능성도 배제할 수 없다. 봄철에는 낮과 밤의 기온차가 심한 상태에서 특히 대낮 오후에 점심 이후의 졸음이 오는 경우가 많고, 실제로 봄철에 발생하는 사고 중 약 20% 이상이 졸음운전이라는 통계도 있다(출처: 네이버 지식백과, '에코 드라이브의 가장 큰 적, 봄철 졸음운전')

그리고 사고 장소 도로는 왕복 2차에 불과하여 전체 도로 폭이 넓지 않기 때문에, 운전자가 급히 조향을 하여 차로를 이탈하게 될 위험성이 높고, 이 경우 호수 쪽으로 추락할 가능성을 배제할 수 없다. 또한 이 사건 사고 장소와 같이 굽은 구간을 나오면서 조향을 잘못한 경우는 전방의 물체를 피하기 위해 급제동을 하는 경우나 차체가 도는 경우와 달리 노면에 어떠한 흔적을 남기지 않았을 수도 있다.

다음으로 망인이 이 사건 보험계약의 보험수익자를 변경한 것은 이 사건 사고일로부터 1달 전이고, 새로운 보험가입의 경우와 달리 이미 가입한 지 오래된 보험계약의 보험수익자를 변경한 것에 불과하다. 또한 자동차종합보험의 경우 1년 단위로 가입하는 경우가 많기는 하지만, 보험료가 부담되어, 망인의 경우와 같이 보험기간을 3개월로 하여 가입하는 경우도 적지 않다(포털사이트에서 '자동차종합보험 단기가입'으로 검색만 해 보더라도, 2~3개월 단기가입을 하는 경우가 많음을 쉽게 알 수 있다). 더구나 망인은 당시 경제적으로 어려웠기 때문에 더욱 그러하다.

요컨대, 망인의 경우 이 사건 사고 당일 목적지 없이 차를 몰고 운전하고 있었던 점이나, 경제적으로 어려운 사정이 있었던 점, 그리고 판단 근거로 적시되지는 않았지만 블랙박스의 메모리 카드가 발견되지 않은 점 등 자살로 의심할 만한 정황이 있는 것은 사실이나, 사고 발생 구간의 특징 등을 고려할 때, 우연한 사고로 볼 여지가 없는 것은 아니라고 생각된다.

저수지에 빠진 차량에서 익사한 채로 발견된 피보험자가 탈출을 시도한 증거가 없었음에도 사고의 우연성을 인정한 사례
(전주지방법원 2021. 10. 21. 선고 2020나7036, 2020나7043 판결)

[사건 개요]

소외 망 E(이하 '망인')는 2015. 5. 29. 원고와 사이에 피보험자를 망인, 사망보험금 수익자를 피보험자의 법정상속인으로 하여 이 사건 보험계약을 체결함.

망인은 2018. 10. 18. 06:38경 정읍시 고부면 관청리 1번지에 있는 저수지에 빠진 차량 안에서 사망한 채 발견되었는데, 발견 당시 망인은 운전석에서 안전벨트를 착용하고 정자세로 앉아 있었으며, 사고 차량의 운전석, 조수석 창문은 모두 열려 있었음.

국립과학수사연구원의 망인에 대한 부검 결과 망인의 사인은 익사로 판단되었고, 특기할 만한 약독물, 알코올 성분이 검출되거나, 내부 실질 장기의 손상이나 병변이 관찰되지는 않았으나, 심장 관상동맥의 좌전하행지에서 고도의 동맥경화 소견이, 우행지에서 경도의 동맥경화 소견이 나옴.

망인의 배우자와 자녀인 피고들은 망인의 법정상속인들로 원고에게 상해사망보험금 청구를 하였으나, 원고는 망인이 자살한 것으로 보인다는 이유로 보험금 지급을 거절하고, 채무부존재확인 소송을 제기(본소)함. 이에 피고들이 반소.

[법원의 판단]

이 사건 사고 이전의 망인의 행적, 사고 장소의 구조적 특성, 망인의 부검 결과, 사망 방식의 특이성 및 탈출의 용이성, 사고 발견 시 망인의 상태, 사망 당시 망인의 경제적 상황을 종합하면, 이 사건 사고는 우연히 발생하였다고 봄이 상당하고, 위 인정사실 및 원고가 주장하는 사정만으로는, 일반인의 상식에 비추어 망인의 사망 원인이 자살이 아닐 가능성에 대하여 합리적인 의심이 들지 않을 만큼 명백한 주위 정황사실이 증명되었다고 보기 어려우며, 달리 이를 인정할 증거가 없다.

1) … 중략 …

2) 그렇다면 보험설계사인 망인은 고객을 만나기 위해 2018. 10. 17. 19:23경 'ㅇ주유소'에서 사고 현장 방면으로 출발한 것이라고 미루어 짐작해 볼 수 있고, 원고 주장처럼 망인이 자살하기 위해 아무 연고도 없는 저수지에 간 것으로 보기는 어렵다.

3) 저수지 제방길의 폭은 약 2.6m로서 차 한 대가 겨우 지나갈 수 있을 정도로 좁다. 또한 이 사건 사망 추정 시각인 2018. 10. 17. 19:23경부터 다음 날 06:38경 사이는 일몰 이후이거나 일출 이전으로 어두웠을 것으로 보이는데, 위 제방길에는 조명 시설이나 추락을 막기 위한 어떠한 안전장치도 설치되어 있지 않았다. 그렇다면 망인이 좁고 어두운 제방길에서 운전하다가 전방 주시 태만, 순간적인 판단 오류, 신체적인 이상, 졸음운전 등의 과실 또는 예측할 수 없는 원인에 의하여 저수지에 추락하였고, 사고 차량 안에서 익사하였을 가능성을 완전히 배제하기 어렵다.

4) 사고 차량은 자동차 열쇠를 꽂은 상태에서 좌우로 돌리는 방법으로 시동을 켜고 끄는데, 사고 차량 발견 당시 열쇠는 '시동 꺼짐' 위치에 있었다. … 중략 … 그리고 설령 망인의 조작 행위로 시동을 끈 것으로 인정된다 하더라도 사고 차량이 이미 저수지에 빠진 상태에서 차량 주행으로는 다시 제방길로 올라오기 어렵고, 이 사건 사고 지점의 주변에는 논과 저수지만 있을 뿐 민가는 상당히 떨어져 있어 구태여 시동을 끄지 않더라도 엔진 소리가 들리지 않을 것이어서 시동을 끄는

행위가 자살을 용이하게 하기 위한 것으로 추정하기도 곤란하다.

5) 한편 창문을 열고 사고 차량을 운행한 망인의 행위가 이례적이거나, 저수지 물을 차 안으로 빨리 들어오게 하기 위한 것이라고 섣불리 단정할 수 없다. … 중략 …

6) … 중략 … 망인이 이토록 경험칙상 상정하기 어려운 극단적인 형태의 자살을 감행하였다고 보려면, 그 고통을 감내할 정도로 자살할 이유가 분명하게 존재할 때 그것이 추정 가능하다고 봄이 상당할 것이다. 또한 망인이 탈출을 시도하지 못하였다는 사정만으로 망인에게 사고를 피할 의사가 없었다고 단정하기도 어렵다.

7) 이 사건에서 망인이 자살을 시도하였음을 추단할 만한 유서와 같은 객관적인 물증은 전혀 없다. 평소 가족이나 지인들에게 자살할 만한 동기를 추론할 만한 언급을 한 바도 없다. 정신과 상담을 받거나 우울증 진단을 받았던 것도 아니다. 오히려 망인은 2018. 10. 17. 15:30경 피고 B와 일상적인 대화 후 밝은 목소리로 "땡큐."라고 말하며 통화를 마친 바 있고, 같은 날 19:00경에는 'ㅇ주유소'에서 평소와 같은 모습으로 친구 K와 대화하다가, 고객을 만나야 한다며 주유소를 떠났을 뿐이다. 이러한 사망 직전 행적은 원만하고 활발하여 대인관계가 좋았다는 망인의 평소 모습 그대로이다. 물론 자살을 하는 사람이 어떤 생각으로 자살을 결심하게 되었는지는 오직 그 사람만이 정확하게 알 수 있고, 가족이나 지인에게는 그 속내를 드러내지 않았을 수 있으므로 자살 동기를 외부에서 알 수 없다는 이유만으로 곧바로 자살이 아니라고 단정해서는 안 되지만, 위와 같은 망인의 사망 직전 행적은 얼마 지나지 않아 익사라는 극단적인 형태의 자살을 감행한 사람의 모습으로는 보이지 않는다.

8) 원고는 망인의 열악한 재무 상황이 자살의 이유였다고 주장한다. … 중략 … 비록 망인이 이 사건 사고 발생 전에 약 4,700만 원 정도의 대출금 채무를 부담하고 있었던 것으로 보이나, 위와 같은 망인의 소득 활동, 가족 관계, 당시의 경제적 상황 등에 비추어 그것이 망인에게 자살을 결심하게 할 정도의 극심한 경제적 어려움이었는지 상당한 의구심이 든다.

9) 망인은 이 사건 사고 당시 20건의 보험계약을 유지하면서 보장성 보험료로 매월 984,084원을 납입하고 있었으므로 체결한 보험계약의 수나 납입한 보험료가 적다고 볼 수만은 없다. 그러나 위 각 보험계약은 2004년부터 2017년까지 여러 해에 걸쳐 체결되었고, 이 사건 사고 발생 직전 보험료 부담이 특별히 증가한 것은 아니었다. 또한 망인은 1998년부터 오랜 기간 보험설계사로 종사하여 온 자로서 실적이나 수당을 위해 위 각 보험계약을 체결하였을 가능성도 배제하기 어렵다. 그리고 앞서 본 것처럼 망인과 망인의 배우자인 피고 B는 적지 않은 수입을 올리고 있었기 때문에, 월 납입 보험료가 망인의 경제적 능력을 넘어서는 것으로 단정하기도 어렵다. 이러한 사정에 비추어 보면 망인이 보험금을 부정 취득할 목적으로 다수의 보험계약을 체결하였다고 보기는 어렵다.

10) G의 감정서에 의하더라도, 망인의 심장 관상동맥에서 고도의 동맥경화 소견이 있음이 사고의 원인으로 고려될 수 있고, 심장 관상동맥은 좁아지거나 막히는 경우 협심증, 심근경색, 심부전, 부정맥, 때로는 돌연사를 야기할 수 있다는 것이므로, 사고 당시 이러한 망인의 부정맥, 협심증 등으로 망인이 적절한 조향 및 제동을 하지 못하여 우측 저수지로 진행하였거나, 추락 이후 탈출을 위한 적절한 행동을 하기 어려웠을 가능성을 배제할 수는 없다.

[설명]

면책사유인 피보험자의 자살로 볼 수 있으려면, 자살의 의사를 밝힌 유서 등 객관적인 물증의 존재나, 일반인의 상식에서 자살이 아닐 가능성에 대한 합리적인 의심이 들지 않을 만큼 명백한 주위 정황사실이 증명되어야 한다(대법원 2010. 5. 13. 선고 2010다6857 판결 등 참조).

대상사건(전주지방법원 2020나7036, 2020나7043 판결)의 경우 망인이 입수 당시 생존해 있었는데, 사고 차량의 운전석과 조수석 창문이 열려 있었기 때문에 탈출이 가능했을 것임에도 탈출을 하지 않은 점, 사고 장소가 연고가 없는 저수지 부근이고, 사고 장소가 직선 구간인 점, 사고 차량의 시동이 꺼져 있었던 점 등은 망인이 자살을 한 것이라는 의심을 하게 만드는 것은 사실이다. 그럼에도 사고의 우연성이 인정되는 이유와 관련하여, 대상판결은 망인이 자살한 것으로 의심되는 정황 하나하나에 대하여 자살로 단정하기 어려운 구체적인 판단 이유를 설시하였다. (매우 인상적인 판결이다)

대상판결에서 자살이 아닐 가능성에 대하여 합리적인 의심이 들지 않을 만큼 명백한 주위 정황사실이 증명되지 못했다고 본 주된 이유는 유서 등 망인이 자살하였다는 명백한 증거가 없는 반면, 망인에게 자살을 할 만한 동기나 이유가 없고, 사건 당시 망인의 행적과 태도 등이 평소와 크게 다르지 않았다는 점이다. 그리고 망인의 사망 원인은 '익사'로 밝혀졌는데, 수면제 복용이나 고층에서의 추락과 같이 고통을 느낄 시간도 없이 사망으로 이어지는 수단도 아닌 '익사'의 경우 망인이 사망에 이르기까지의 극단적인 고통을 감내했어야 하는데, 망인에게는 그럴 정도의 자살 동기나 이유를 찾기는 어려운 반면, 망인의 건강상태를 고려할 때, 탈출을 하지 않은 것이 아니라 탈출을 하지 못하였을 가능성도 있다고 본 것이다.

망인이 탈출이 가능함에도 탈출을 시도한 증거가 없이 운전석에서 안전벨트를 맨 채로 사망하였다는 점도, 망인의 당시 건강상태(즉, 심장 관상동맥에서 동맥경화소견이 있었다는 것)를 감안하면 저수지로 추락한 후 탈출을 시도하지 않은 것이 아니라, 하지 못하였을 가능성을 배제할 수 없음을 지적한 것이다.

대상사건의 경우와 비슷한 사례는 또 있다. 서울고등법원 2017. 4. 20. 선고 2016나2088989 판결(망인이 차량과 함께 저수지로 추락하여 약 15분간 물에 떠 있다가 가라앉았는데, 망인이 탈출을 시도하거나 구조를 요청하지 않은 사례)은 망인의 사망 원인이 자살이 아닐 가능성에 대한 합리적인 의심이 들지 않을 만큼 명백한 주위 정황사실이 증명되었다고 볼 수 없다고 판단하였는데, 그 이유로 망인이 운전한 자동차가 저수지에 추락할 당시의 충격으로 인해 밑부분이 크게 파손되었으므로, 망인이 추락 시 충격을 받고 일시적으로 정신을 잃어 구조 요청이나 탈출을 할 수 없었을 가능성을 배제하기 어려운 점, 수사기록에 편철된 사진상 위 자동차의 변속 레버가 P(주차) 위치에 있었으나, 사고 이후의 인양, 사고조사 등의 과정에서 변속 레버가 사고 당시와 다르게 조작되었을 가능성을 배제하기 어려우므로, 변속 레버의 위치가 P에 있었다는 사정을 들어 망인이 저수지에 추락한 이후 더 이상 자동차를 조작하지 않겠다는 의사를 표시하였다고 단정하기는 곤란한 점 등을 들었다.

대상판결에서는 언급되지 않았지만, 차 열쇠가 시동 꺼짐으로 되어 있었던 것도, 사고 장소인 저수지의 특징을 보면 오히려 설명이 될 수도 있다고 본다. 사고 장소인 저수지는 수심이 깊지 않고(실제로 차량이 완전히 잠기지도 않았다) 차량이 침수되는 상황에서는 시동을 걸면 안 된다고 알려져 있기 때문에, 망인이 침수 상황에서 시동을 끄고 탈출하려다, 건강상의 문제로 탈출하지 못했을 가능성도 있기 때문이다. 더구나 차와 함께 저수지로 추락하여 익사하는 자살 방법을 선택하였다면, 이건 사고 장소와 같이 수심이 얕은 곳을 선택하지는 않았을 것으로 보인다. 사고 장소인 저수지는 망인의 고향에서 불과 4.1km 떨어진 곳이어서 망인이 해당 저수지를 알고 있었을 가능성이 있기 때문에 더욱 그러하다.

대상판결은 고의에 의한 사고가 아닌 우연한 사고일 가능성을 다방면에서 면밀히 검토하였다는 점에서 인상적이고, 유사한 사례에서 자살로 판단한 사례(2번 대전지방법원 2021. 8. 18. 선고 2019가단123974 판결)와 비교 검토해 볼 필요가 있다.

밤에 주거지를 나가 실종신고된 상태에서 익사체로 발견된 피보험자에 대하여 우울증에 의한 자살로 보인다고 판단한 사례
(서울중앙지방법원 2021. 10. 1. 선고 2021가합519330 판결)

[사건 개요]

원고 A는 2016. 10. 10. 피고와 사이에 피보험자를 망인 E(이하 '망인'), 사망보험금 수익자를 법정상속인으로 하여, 망인의 상해, 사망 등을 보험사고로 하는 보험계약(이하 '이 사건 보험계약')을 체결함.

이 사건 보험계약의 일반상해사망보장 특별약관 및 일반상해사망 · 고도후유장해보장 특별약관에서는 피보험자가 보험기간 중 상해의 직접결과로써 사망한 경우 사망보험금을 지급하도록 규정하고 있음.

원고 A는 망인의 배우자, 원고 B, C는 망인의 자녀로 망인의 법정상속인들임.

망인은 2020. 7. 17. 22:00경부터 23:23경까지 사이에 휴대전화와 집 열쇠 등을 소지하지 않은 채 하남시 F에 위치한 주거지에서 나왔고, 원고 A는 2020. 7. 17. 23:45경 잠에서 깨어 망인이 위 주거지에서 나간 사실을 알게 되어, 다음 날 아침까지 망인이 귀가하지 않자 경찰에 실종신고를 함.

망인은 2020. 7. 18. 14:09경 실종신고를 받고 수색 중이던 하남경찰서 타격대 및 119 소방대원에 의하여 하남시 ○○ 부근 한강에 빠져 있는 사체로 발견됨.

원고들은 이 사건 보험계약에 기한 사망보험금을 청구하였으나, 피고는 망인이 '우연한 사고'로 인하여 사망하였다는 점에 대한 증명이 부족하고, 오히려 자살하였을 개연성이 매우 높다는 이유로 보험금 지급을 거절함.

[법원의 판단]

인보험계약에 의하여 담보되는 보험사고의 요건 중 '우연한 사고'라 함은 사고가 피보험자가 예측할 수 없는 원인에 의하여 발생하는 것으로서, 고의에 의한 것이 아니고 예견치 않았는데 우연히 발생하고 통상적인 과정으로는 기대할 수 없는 결과를 가져오는 사고를 의미하는 것이며, 이러한 사고의 우연성에 관해서는 보험금 청구자에게 그 입증책임이 있다(대법원 2011. 11. 9. 선고 2001다55499, 55505 판결 등 참조).

망인의 요양급여내역상 망인이 사망 전 5년간 우울증 등으로 정신과 치료를 받은 내역이 존재하지 않는 사실, 망인의 유서가 발견되지 아니한 사실을 인정할 수 있고, 그 밖에 망인이 경제적 어려움을 겪고 있었다는 등 뚜렷한 자살의 동기나 이유도 찾아보기 어렵다. 그러나 앞서 든 증거들에 변론 전체의 취지를 종합하여 인정할 수 있는 아래와 같은 사실 내지 사정들에 비추어 보면, 위 인정사실만으로는 망인이 '우연한 사고'로 인하여 사망하였다고 인정하기에 부족하고, 오히려 망인은 불상의 이유로 한강에 투신하여 사망하였을 가능성이 높아 보인다. 따라서 망인의 사망이 이 사건 보험계약에서 정한 보험사고에 해당한다고 보기 어렵다.

1) 망인은 학교 급식소에서 일을 해 왔는데, "다른 직원들이 망인의 말을 안 들어준다."는 등의 이유로 직장 생활을 힘들어 했고, 이를 알게 된 원고 A의 권유에 따라 2020. 6. 말경 퇴직하였다. 망인은 퇴직 후에도 원고 A에게 "당신 그렇게 힘들었어? 나한테 이야기를 하지."라고 이야기를 하는 등 직장 생활로 인하여 상당한 스트레스를 받았던 것으로 보인다.

2) 망인은 평소 원고 A에게 자책하는 듯한 말을 자주 한 것으로 보인다. 망인은 사망 이틀 전인 2020. 7. 16. 원고 A와 함께 한강변을 거닐면서 원고 A에게 "시어머니도 어머니도 나 때문에 돌

아가신 것 아니냐."고 이야기했고, 사체가 발견된 장소 근처 벤치에 앉아 원고 A에게 주변에 대해 물어보기도 하였다. 망인은 사망 전날인 2020. 7. 17. 저녁에도 원고 A에게 "창피해서 어떻게 살아."라고 하는 등 이해하기 어려운 말을 하였다. 이와 같은 사정에 비추어 망인은 사망 직전 우울증을 겪고 있었을 가능성이 높아 보인다.

3) 망인은 2020. 7. 17. 22:00경 원고 A가 잠들자 핸드폰과 집 열쇠 등도 그대로 둔 채 주거지에서 나왔다. 망인의 주거지 CCTV에는 2020. 7. 17. 23:23경 망인이 엘리베이터 내에서 울면서 내려가는 모습이 촬영되어 있고, 팔당대교 주변 CCTV에는 망인이 2020. 7. 18. 00:05경 망인의 사체가 발견된 장소 부근인 팔당대교 남단에서 북단으로 걸어가는 모습, 같은 날 00:35경 다시 팔당대교 북단에서 남단으로 걸어와 자전거도로 방향(강변 쪽)으로 걸어가는 모습이 촬영되어 있다.

4) 망인의 사망 직전 행적을 확인할 수 있는 위 장소 부근에 실수로 한강에 빠질 수 있을 만한 위험한 장소가 존재한다는 등의 사정을 찾아볼 수 없고, 경기남양주경찰서 과학수사팀의 검시 결과 망인의 사체에서 특이외상이 발견되지도 않았다.

5) 원고 A는 망인이 사망한 직후인 2020. 7. 18. 17:30경 수사관에게 '망인이 자살한 것 같다. 망인이 평소 우울증이 온 것같이 자책하는 듯한 말을 많이 했고, 사망 전날인 2020. 7. 17.에도 자녀들에게 아파트를 줄 것인지, 퇴직금이 얼마나 될지 등 신변을 정리하는 듯한 이야기를 하였다.'는 취지로 진술하였다. 원고 A가 부검을 원치 않아 망인에 대한 부검도 이루어지지 않았다.

6) 망인의 사망 사건을 조사한 경기남양주경찰서는 2020. 8. 7. '사건현장 및 망인의 사체 검시 결과, 주거지 및 현장 주변 CCTV 영상, 원고 A의 진술 등을 종합하여 볼 때 망인이 신변을 비관하고 물에 뛰어들어 자살한 것으로 보이고 범죄 관련성 찾아볼 수 없다.'는 이유로 내사를 종결하였다.

[설명]

대상판결(서울중앙지방법원 2021가합519330 판결) 사안의 경우 피보험자인 망인이 우울증 치료를 받은 전력도 없고, 유서를 남기지도 않았으며, 망인에게 달리 자살의 동기나 이유를 찾아볼 수 없었다. 그럼에도, 대상판결은 망인이 '우연한 사고'로 인하여 사망하였다고 인정하기에 부족하고, 오히려 망인은 불상의 이유로 한강에 투신하여 사망하였을 가능성이 높다고 판단하였다.

대상판결은 망인의 사망사고의 우연성을 인정하기에 부족하고 오히려 자살의 개연성이 높다고 보았으나, 그 판단 근거로 삼은 사유들을 살펴보면, 우연성에 대한 입증의 정도를 너무 엄격한 잣대로 본 측면이 있고, 사실상 보험자의 면책사유에 대한 입증책임을 보험금 청구자에게 지운 결과나 다름없다고 판단된다.

광주지방법원 2021. 4. 30. 선고 2020가단533094 판결(1번 사례) 등에서 살펴본 바와 같이, 보험사고의 요건인 사고의 우연성의 개념에 '피보험자의 고의에 의하지 아니한 것'이라는 의미가 포함되는 것으로 해석하고 그에 관한 입증책임을 보험금 청구자가 부담한다고 보는 것은 '피보험자가 고의로 자신을 해친 경우'를 보험자의 면책사유로 보고 그에 관한 입증책임은 보험자가 부담한다고 보는 것과 일견 모순되는 것처럼 보인다. 이에 다수의 판결례들은 보험금 청구자로서는 "예측할 수 없는 원인에 의하여 발생할 가능성이 있다거나 그것이 통상적인 과정으로는 기대할 수 없는 결과를 가져올 수도 있다는 것을 증명하고, 객관적 정황상 고의에 의한 사고라는 것이 명확하지 않다면 일응 '사고의 우연성'에 관한 입증을 다한 것"으로 보아야 하고, 보험자로서는 유서 등 객관적인 물증의 존재나, 일반인의 상식에서 자살이 아닐 가능성에 대한 합리적인 의심이 들지 않을 만큼 명백한 주위 정황사실을 입증하여야 면책된다는 전제하에서 판단하여 오고 있다.

이에 반해 대상판결 사안의 경우 과연 망인의 사망사고가 예측할 수 없는 원인에 의하여 발생할 가능성조차도 입증되지 않았고, 일반인의 상식에서 자살이 아닐 가능성에 대한 합리적인 의심이 들지 않을 만큼 명백한 주위 정황이 입증되었다고 볼 수 있을까?

먼저 전자와 관련하여서는 결국 망인이 실족 등 실수로 한강에 빠져 익사하였을 가능성이 있는가의 문제로 귀결된다. 이와 관련하여, 대상판결은 망인의 사망 직전 행적을 확인할 수 있는 장소 부근에 실수로 한강에 빠질 수 있을 만한 위험한 장소가 존재한다는 등의 사정을 찾아볼 수 없고, 경기남양주경찰서 과학수사팀의 검시 결과 망인의 사체에서 특이외상이 발견되지도 않았다는 점을 지적하고 있다. 사실 판결 이유에서 망인이 우연히 한강에 빠졌을 가능성과 관련한 사실인정 부분은 이점이 유일하다.

판결문만으로는 정확한 사고 지점이 어디인지 확인하기 어려우나, 망인이 익사한 채로 발견된 지점이 한강으로 추락한 지점과 같은 곳인지도 분명하지 않고, 추락한 지점이 어디인지도 불명확한 상태에서 실수로 한강에 빠질 수 있을만한 위험한 장소가 존재하지 않는다고 단정할 수 있는지부터 의문이다. 오히려 카카오맵 로드뷰 영상을 통해 사고 인근 지점으로 추정되는 팔당대교 남단 인근 자전거도로 부근을 살펴보면, 한밤중에 길을 걷다가 강 쪽으로 추락했을 가능성을 배제할 수 없다. 그곳 자전거도로는 한강 쪽에는 추락을 방지하기 위한 난간이 설치되어 있기는 하지만, 일부 미설치된 구간도 있고, 미설치된 구간 아래쪽으로는 강물과 바로 인접한 쪽에 보행자가 걸을 수 있는 폭이 좁은 포장로가 설치되어 있다. 또한 자전거도로 아래쪽으로 비탈져 있으며, 가로등과 가로등 사이 간격이 매우 멀어 사건 발생 시각인 한밤중에는 꽤 어두웠을 것으로 보인다. 즉, 자전거도로 아래쪽 폭이 좁은 길을 걷다가 추락했을 가능성이나 자전거도로 가장자리 쪽으로 걷다가 난간이 설치되지 않은 구간에서 비탈진 쪽으로 발을 헛디뎌 아래쪽으로 미끄러졌을 가능성을 배제할 수 없는 것이다.

한편, 망인의 경우 직장 생활 중 스트레스를 받았던 점, 자신을 자책하여 온 점, 한밤중에 휴대폰도 놓고 외출하여 강변을 걷는 이상행동을 한 점 등 이 사건 당시 우울증이 발병했을 것으로 의심될 만한 정황은 있으나, 우울증 치료를 받은 적도 없고, 그 치료를 고려할 정도로 증상이 심했다고 볼만한 사정도 찾아보기 어렵다. 그리고 달리 자살의 동기나 이유가 없고, 자살시도를 한 적도, 자살을 암시하는 말이나 행동을 보인 적도 없다. 오히려 망인은 배우자와 사이가 돈독해 보였던 사정 등 제반 사정을 고려해 보면, 자살의 위험성이 높은 상태였다고까지 단정하기는 어렵다.

경찰조사 결과도 망인의 사망사고와 관련하여 범죄 혐의점을 찾기 어렵다는 정도일 뿐, 자살이라는 객관적인 증거가 있었던 것도 아니다. 이러한 상태에서 망인의 사망사고에 대하여 실족에 의한 익사사고 발생 가능성을 배제할 수 없다면, 대상판결이 적시한 사정만으로 일반인의 상식에서 자살이 아닐 가능성에 대한 합리적인 의심이 들지 않을 만큼 명백한 주위 정황사실이 입증되었다고 보기는 어렵다고 본다.

5

피보험자가 아파트 난간에서 추락하여 사망한 사고에서 투신자살로 보아 사망보험금 지급의무가 없다고 본 사례
(의정부지방법원 고양지원 2021. 5. 7. 선고 2020가합77759 판결)

[사건 개요]

원고(보험자)는 2014. 12. 30.경 피고와 사이에 피보험자 A, 보험수익자 피고, 보험기간 2014. 12. 30.부터 2088. 12. 30.까지, 상해사망보험금(100세 만기) 2억 원, 상해사망보험금(70세 만기) 1,000만 원, 무배당상해통원실손의료비(외래) 250,000원 등을 내용으로 하는 보험계약(이하 '이 사건 보험계약')을 체결함.

이 사건 보험계약의 피보험자 A(이하 '망인')는 2020. 7. 8. 14:53경 고양시 덕양구 ○○아파트, 00호 현관문 앞 복도 난간에서 1층 화단으로 추락하여 급히 응급실로 후송되었으나, 같은 날 16:41경 다발성 외상으로 사망함(이하 '이 사건 사고').

피고는 2020. 9. 4. 원고에게 이 사건 사고를 이유로 실손의료비 및 상해사망보험금을 청구하였으나, 원고는 이 사건 사고는 우울증을 앓아 오던 망인의 투신자살로 발생한 것으로서, 면책사유에 해당함을 이유로 보험금 지급을 거절하고, 이 사건 채무부존재확인 소송을 제기함.

[법원의 판단]

① 망인의 어머니인 피고는 이 사건 사고 발생 당일 경찰에 출석하여 '망인이 취업 문제로 힘들

어했고 직장을 그만두고 집에서 주로 생활한 지 3개월 정도 되었으며 점점 우울증 증상이 심해지면서 자신이 실패했다고 생각하다 보니 이 사건 사고가 발생한 것 같다.'는 취지로 진술한 점, ② 망인의 건강보험 요양급여내역에 의하면, 망인이 직장을 그만두고 집에서 생활하고 있었을 것으로 보이는 2020년 5월 초순경 수면개시 및 유지 장애(불면증), 이명으로 3차례 외래진료를 받은 사실이 확인되는 점, ③ 원고 측의 의뢰로 ○○주식회사가 작성한 보고서에 의하면, 신장 160cm의 망인이 복도에 있는 높이 약 119cm의 난간 외벽 쪽으로 넘어지거나 중심을 잃더라도 외벽을 이탈하지 않고, 망인이 외벽을 이탈하기 위해서는 팔 또는 다리를 사용하여 외벽 위쪽으로 올라가야 하므로, 망인은 자신의 의지에 의해 스스로 외벽 위쪽으로 올라가 추락한 것으로 판단된다는 의견을 제시한 점에 비추어 보면, 피고가 제출한 증거들만으로는 이 사건 사고가 그 주장과 같이 망인이 집 안에 들어온 벌레를 쫓다가 복도 난간에서 추락하여 발생한 것이라고 인정하기 부족하고, 달리 이를 인정할 증거가 없다.

① 망인은 이 사건 사고발생일로부터 약 3개월 전까지 직장 생활을 하였던 것으로 보이고, 사고발생 전날 밤에는 이력서를 작성하였으며, 사고발생 당일 오전까지 메모장에 그날 및 다음 날 공부 계획을 기록하는 등 평소와 다름없는 생활을 하고 있었던 점, ② 망인은 이 사건 사고발생 당일 오전 11시경부터 오후 1시경까지 공원을 산책하였고, 주일에는 어머니와 함께 성당에 가서 미사를 보거나 평소 필요한 물건을 직접 구입하는 등 큰 문제없이 일상생활을 영위해 왔던 것으로 보이는 점, ③ 망인이 이 사건 사고발생 당시 자유로운 의사결정을 할 수 없을 정도로 심각한 정신질환을 앓고 있었다거나, 음주를 하였다는 등의 사정은 드러나지 않는 점에 비추어 보면, 피고가 제출한 증거들만으로는 망인이 심신상실 등으로 자유로운 의사결정을 할 수 없는 상태에서 자살에 이른 것이라고 인정하기에 부족하고, 달리 이를 인정할 증거가 없다.

[설명]

1번 사례(광주지방법원 2021. 4. 30. 선고 2020가단533094 판결)에서 살펴본 바와 같이, 보험사고의 우연성에 관해서는 보험금 청구자에게 그 증명책임이 있고(대법원 2003. 11. 28. 선고 2003다35215, 35222 판결), 고의로 자신을 해친 경우라는 점에 대하여는 보험자가 자살이 아닐 가능성에 대한 합리적인 의심이 들지 않을 만큼 명백한 주위 정황사실을 증명하여야 한다(대법원 2010. 5. 13. 선고 2010다6857 판결 등 참조). 따라서 보험금 청구자로서는 적어도, 피보험자가 고의로 자신을 해친 경우(자살 등)가 아니더라도, 다른 원인에 의해 사망하였을 가능성이 있다는 점에 대한 주장·입증이 필요하다.

대상사건(의정부지방법원 고양지원 2020가합77759 판결)의 경우를 살펴보면, 먼저 법원이 판단 근거로 든 사정들 중 망인의 어머니인 피고의 경찰에서의 진술과 이 사건 사고 전 치료병력에 기하여 망인이 투신자살을 한 것으로 볼 수 있는지는 다소 의문이 든다. 망인의 유서가 발견되지도 않았고, 법원이 인정한 사실관계에 따르더라도 불면증 치료를 3차례 받은 정도에 불과하며, 이 사건 사고 당일까지도 평소와 다름없는 생활을 영위하였던 점에 비추어, 망인에게 우울증과 같이 자살의 원인이 될 만한 정신질환이 발병했다고 단정하기 어렵다. 그리고 피고의 경찰에서의 진술은 이 사건 사고 당일 아들의 갑작스런 사망으로 인해 경황이 없는 상태에서 이루어진 것이기 때문에, 객관적 신빙성을 인정하기에는 부족하다. 오히려 피고는 망인과 주말에 성당에서 미사를 보는 등 가족과의 유대관계가 나빴다고 볼 사정도 없고, 취업 스트레스가 있었다고는 하나 이 사건 사고 3개월 전까지도 직장 생활을 하였던 점에 비추어 보면, 그로 인해 자살을 결의할 정도였다고 보기에도 부족하다.

다만, 대상사건에서 법원이 판단 근거로 든 또 다른 사정 즉, 망인의 신장(160cm)과 아파트 난간의 높이(119cm)를 고려할 때, 망인이 직접 난간 위에 올라가지 않는 이상 추락하기 어렵다는 점은 자살로 볼 수 있는 유력한 증거가 될 수 있음은 부정하기 어렵다고 본다. 난간의 높이를 고려할 때, 피고의 주장처럼 망인이 벌레를 쫓다가 균형을 잃거나 넘어지는 등의 실수로 난간 외벽을 넘어 추락했다고 보기는 어렵기 때문이다. 이 사건 사고의 성격상 보험금 청구자인 피고로서는 망인이 투신한 것이 아닌 다른 원인에 의하여 추락하였을 가능성이 있다는 점에 대하여 주장·입증하는 것이 수월하지는 않았을 것으로 보인다.

대상사건의 경우와 같이 추락사고가 발생한 장소의 난간이나 창문의 높이는 투신한 경우인지, 아니면 실수에 의한 추락인지를 가늠하는 중요한 판단 자료가 되곤 한다. 예컨대, ① 전주지방법원 군산지원 2019. 8. 16. 선고 2018가단57979 판결은 피보험자가 투숙하고 있던 모텔 옥상에서 바닥으로 추락하여 사망한 사건에서, 원고는 사고 당시 피보험자가 기분을 전환하기 위해 옥상에 올라갔다가 실족하여 떨어져 사망하였다고 주장했으나, 단지 흡연을 하거나 기분 전환을 할 목적으로 옥상에 간 것이라면 1m 높이의 난간에 올라갈 이유가 없는 점 등에 비추어 보면, 망인은 스스로 옥상에서 뛰어내려 자살한 것으로 봄이 타당하고 달리 망인이 실족하여 추락한 것이라고 인정할 만한 증거가 없다고 판단하였다.

이에 반해 ② 대구고등법원 2022. 9. 22. 선고 2021나25947, 2021나25954 판결은 피보험자가 아파트 18층에 있는 자신의 방 안에 있다가 창문 밖으로 추락하여 사망한 사건에서, 추락에 의한 사망사고는 그 성격상 과실로 인하여 발생하는 것이 가능한데, 망인의 방 침대에서 창문틀까지의 높이는 약 84cm, 개방된 창문의 길이는 약 86cm, 망인의 키는 약 177cm이므로, 망인이 침대 위에 올라가 창문틀에 기대면 망인의 상반신 전체가 창문 밖으로 나올 수 있고, 여기에 이 사건 사고 후에 망인의 방에서 이 사건 사고 전날에는 보이지 않던 빈 소주병이 발견된 점, 이 사건 사고 무렵 망인의 방 안은 그 온도가 섭씨 22도로 평균 기온이 섭씨 14도인 바깥보다 더웠던 점 등을 더하여 보면, 망인이 술에 취한 상태로 바람을 쐬기 위해 침대 위에 올라가 창문을 열고 창문틀에 기대거나 앉아 있다가 균형을 잃고 추락하였을 가능성을 배제할 수 없다고 판단하였다.

③ 서울중앙지방법원 2021. 4. 30. 선고 2020가단5079673 판결은 피보험자인 망인이 남자친구와 동거하던 오피스텔 창문을 통하여 2층 테라스로 추락하여 사망한 사건에서, 망인이 사고 발생 당시 혈중알콜농도가 0.265%에 이를 정도로 만취하여 자신의 몸조차 가누기 어려운 상태였던 것으로 보이고, 망인이 침대에 선 상태에서 창문을 열었다가 중심을 잃고 추락하였거나, 위험한 행동임을 인지하지 못한 채 창문틀에 기대거나 창문 밖으로 몸을 내밀었다가 추락했을 가능성이 있는 점, 망인의 동거인도 망인이 평소에도 자주 침대 위에 선 상태에서 창문을 열고 담배를 피웠다고 진술한 점, 망인이 떨어진 창문에는 추락을 방지하기 위한 별다른 안전장치가 없었고, 또한 창문 난간의 높이는 창문 옆에 놓여 있던 침대를 기준으로 약 77cm이고, 창문의 폭은 약 98cm이었으므로, 키 159cm, 몸무게가 45kg인 망인이 침대 위에 올라선 상태에서 중심을 잃을 경우 의도치 않게 창문을 통하여 추락할 가능성이 충분해 보이는 점 등의 사정들을 종합하여, 망인이 창문을

열고 침대 위에 서 있다가 중심을 잃고 창문 밖으로 추락하여 사망하였을 가능성을 배제하기 어려우므로, '사고의 우연성'은 입증되었다고 판단하였다.

④ 부산지방법원 서부지원 2021. 6. 23. 선고 2020가단116508 판결 역시 고인이 추락한 곳은 거실 창문으로, 바닥에서부터 창틀 턱까지 높이는 약 50cm이고, 창문 밖에 높이 약 90cm인 난간이 설치되어 있었는데, 고인의 키는 176cm이므로, 고인이 카펫을 털기 위해 창틀 턱을 밟고 올라섰다면 신체의 일부가 난간 상단 부분을 넘어서게 되는 점, 고인이 추락한 다음 1층 주차장 입구 바닥에서 발견되었는데, 당시 고인은 사각 팬티만 입고 있었고, 그 주변에는 카펫이 발견된 점 등에 비추어 고인이 술에 취해 거실 창문의 창틀 턱에 올라서서 카펫을 털다가 중심을 잃고 난간 밖으로 추락할 가능성이 없다고 단정할 수 없다고 보아 망인의 추락사고가 우연한 사고라고 판단하였다.

요컨대, 대상사건의 경우 앞서 살펴본 바와 같이 망인이 투신자살한 것으로 단정하기는 여전히 어렵지만, 사고발생의 우연성에 대한 입증책임이 보험금 청구자에게 있기 때문에, 원고의 청구(채무부존재)가 인용될 수 있었다고 본다.

6

피보험자가 빌라 옥상 난간에서 추락하여 사망한 사건에서 자살로 단정하기 어렵다고 본 사례
(전주지방법원 군산지원 2021. 4. 7. 선고 2020가단54409 판결)

[사건 개요]

망 A(이하 '망인')는 피고와 사이에 망인을 보험계약자 및 피보험자, 보험수익자를 법정상속인으로 하여 이 사건 보험계약을 체결하였고, 원고는 망인의 어머니로서 단독 법정상속인이며, 이 사건 보험계약에 따른 보험수익자임.

이 사건 보험계약에 따르면, 망인이 상해로 인하여 사망한 경우 피고는 보험수익자인 망인의 법정상속인에게 사망보험금 1억 2천만 원을 지급하여야 함.

망인은 2018. 7. 26. 19:30경 익산시 ○○빌라(이하 '이 사건 빌라') 00호에 있는 망인의 집에서 원고, 올케인 G와 함께 이야기를 나누다 담배를 피우겠다며 집에서 잠시 나감.

G는 망인이 집에 돌아오지 않자 망인을 찾으러 주차장 쪽으로 나갔고, 비명 소리와 함께 '쿵' 하는 소리를 듣고 그쪽으로 가 보니 망인이 머리에서 피를 흘리며 쓰러져 있는 것을 발견함.

망인은 119 구급대의 응급처리를 받고 ○○병원 응급실로 후송되었으나, 같은 날 19:54 외상성 쇼크를 직접사인으로, 추락에 의한 다발성골절을 간접 사인으로 하여 사망함(이하 '이 사건 사망 사고').

피고는 망인이 10년간 사귀어 온 남자친구와 헤어진 후 신변을 비관하다가 스스로 투신하여 사망한 것이라며, 사망보험금 지급을 거절함.

[법원의 판단]

망인이 사망할 당시 약 2~3달 전에 10년 동안 사귀고 결혼을 약속하였던 남자친구와 헤어진 상태였으며, 이로 인하여 원고와 G에게 많이 힘들다는 취지의 말을 하였던 사실, 원고와 G는 망인의 사망과 관련하여 수사기관에 '망인이 남자친구와 헤어진 후로 괴로워하면서 죽고 싶다는 말을 여러 번 한 것으로 보아 신변을 비관하여 이 사건 빌라 옥상으로 올라가 투신을 하여 사망한 것으로 보인다.'는 취지의 진술을 한 사실, 수사기관은 원고와 G의 위 진술 등을 바탕으로 망인이 신변을 비관하여 이 사건 빌라 옥상으로 올라가 투신하여 사망한 것으로 판단하여 망인의 사망사건을 내사종결한 사실, 망인의 키는 약 150cm 정도이고, 이 사건 빌라 옥상에 있는 난간의 높이는 망인이 스스로 위 난간에 올라가지 않는 한 이를 넘기 어려운 높이인 122cm인 사실이 각 인정되고, 위와 같은 사실에 의하면 망인이 자살하기 위하여 이 사건 빌라 옥상에 있는 난간에 올라가 스스로 추락한 것이 아닌지 의심이 들기는 한다.

그러나 망인이 사망할 당시 망인이 직접 작성한 유서가 발견되지 않는 등 자살의 의사를 추정할 만한 객관적인 물증이 전혀 존재하지 않는 점, 망인은 사망하기 전 약 3년 동안 우울증 등으로 정신과적 치료를 받은 사실이 없으며, 최근 남자친구와 헤어졌다는 사실만으로 자살을 하였을 것으로 단정하기 어려운 점, 망인은 평소에 이 사건 빌라의 옥상에 올라가 담배를 자주 폈던 것으로 보이고, 이 사건 사망사고 당시에도 위 옥상의 난간에서 담배꽁초가 발견되었는데, 이 사건 사망사고 당시 술을 마시고 난간에 걸터앉아 담배를 피다가 실수로 추락하였을 가능성을 완전히 배제하기는 어려운 점, 자살을 결심한 자는 보통 신발과 옷가지 등을 정리해 놓고 투신하는 경우가 많은데, 망인은 이 사건 빌라의 옥상에서 추락할 당시 안경을 쓰고, 신발을 신고 있었던 것으로 보이는 점, 일반적으로 자살을 실행하기 위해서는 고층 건물을 선택하고자 할 것으로 보이나, 망인이 추락한 건물은 5층 저층이고 망인이 스스로 떨어지면서 비명을 질렀다는 것도 쉽게 납득이 가지 않는 점, 이 사건 사망사고 직전 망인과 함께 있었던 원고와 G는 이 사건 사망사고가 일어난 직후

수사기관에서 망인이 자살한 것으로 추정된다는 취지의 말을 하기는 하였으나, 원고와 G가 이 사건 사망사고를 직접 목격한 것은 아니었고 타살 정황이 전혀 없는 사건에서 자살로 추측하여 그러한 말을 하였을 수 있으며, 원고와 G의 위 추측 진술만으로 망인이 자살한 것으로 단정할 수 없는 점 등을 종합적으로 고려하여 보면, 이 사건 사망사고가 피보험자인 망인의 고의에 의하여 발생한 것이라는 점이 일반인의 상식에서 합리적 의심을 배제할 정도로 명백히 증명된 것으로 보기 어렵고, 따라서 피고는 원고에게 보험금 지급책임을 면할 수 없다.

[설명]

보험계약의 보험약관에서 '피보험자가 고의로 자신을 해친 경우'를 보험자의 면책사유로 규정하고 있는 경우 보험자가 보험금 지급책임을 면하기 위해서는 위 면책사유에 해당하는 사실을 증명할 책임이 있다. 이 경우 보험자는 자살의 의사를 밝힌 유서 등 객관적인 물증의 존재나, 일반인의 상식에서 자살이 아닐 가능성에 대한 합리적인 의심이 들지 않을 만큼 명백한 주위 정황사실을 증명하여야 한다(대법원 2010. 5. 13. 선고 2010다6857 판결 등).

따라서 건물에서 추락한 사건에서 있어서도 추락 장소의 특성상 실수로 추락하는 것이 쉽지 않다는 사정이 있더라도, 달리 자살을 시도하였음을 추단할 만한 물증이나 목격자 등이 없는 이상 자살이라고 단정하여서는 안 된다. 위 대법원 2010다6857 판결의 경우도 추락 장소인 창문에서 사람이 실수로 추락하는 것이 쉽지는 않으나 180㎝가 넘는 원고가 술에 취해 바람을 쐬거나 구토하기 위하여 머리를 밖으로 내미는 경우 균형을 잃고 이 사건 건물 밖으로 추락할 가능성이 없다고 단정할 수 없는 점을 들어 피보험자인 원고가 고의로 자신을 해친 경우에 해당하지 않는다고 판단하였다.

대상사건(전주지방법원 군산지원 2020가단54409 판결)의 경우도 법원은 추락한 옥상의 난간 높이, 남자친구와의 결별 등 망인이 자살을 한 것으로 의심이 드는 사정이 있기는 하지만, 자살을 시도하였다는 객관적 물증이나 목격자가 없고, 추락한 빌라 옥상이 비교적 저층인데다가, 옥상 난간에 걸터앉아 담배를 피우다 실수로 추락했을 가능성을 배제할 수 없다는 등의 사유를 들어 망인이 자살을 한 것으로 단정하기 어렵다고 판단하였다.

대상사건의 경우와 같이 난간의 높이 등 추락 장소의 특성상 피보험자가 자살한 것이 아닌지 의심이 드는 경우에도, 피보험자가 추락 위험이 있는 곳에 올라가거나 난간에 기댄 것이 투신 의도가 아닌 다른 이유가 있었을 것으로 볼 수 있는 다른 사정이 인정된다면, 자살로 단정하기 어렵다. 예컨대, ① 서울중앙지방법원 2017. 9. 28. 선고 2016가단5277432 판결은 피보험자인 망인이 주거지인 아파트 주방 창문에서 추락하여 사망한 사례에서, 「망인은 이 사건 사고 당시 집에서 혼자 소주(640ml PET 2병)와 맥주(1600ml PET 1병)를 마신 상태였다. 망인이 술을 많이 마신 상태에서 집 안에서 담배가 피고 싶어졌고, 담배를 집 안에서 필 경우 부모님에게 들킬 우려가 있어 이를 숨기기 위해 부엌 쪽에 위치한 베란다 싱크대를 밟고 올라서 창문에서 고개를 내밀고 담배를 피우던 중 술을 많이 마신 상태에서 균형 감각이 저하되어 추락했을 가능성을 배제할 수 없다.」고 판단한 바 있다(상해사망보험금 청구 인용).

② 서울중앙지방법원 2021. 5. 20. 선고 2020나62046 판결 역시 피보험자인 망인이 7층 복도의 난간에서 약 13m 정도 아래인 3층 바닥으로 추락하여 사망한 사례에서, 「이 사건 사고 현장에 망인의 슬리퍼가 놓여 있었다고 하나 구두가 아닌 슬리퍼는 일부러 벗지 않아도 난간에서 추락하면서 벗겨질 수 있는 점, 망인이 키가 175cm이고 난간의 높이는 116cm여서 난간에 기대었다가 추락할 가능성은 낮을 것으로 보이지만, 망인이 이 사건 사고 당시 혈중알콜농도 0.243%의 상태로, 엘리베이터에서 10층뿐 아니라 7층과 지하 1층을 함께 누르고 벽에 기대어 조는 모습도 보이고, 7층에서 내린 것으로 보아 망인은 만취 상태에 있었던 것으로 보이는 바, 그렇다면 망인이 난간에 기대었다가 무게 중심을 잃으면서 추락할 가능성을 배제할 수 없는 점, 망인이 이 사건 사고 직전 1층까지 내려와 쓰레기 분리수거를 하고, 자신이 흘린 피를 닦기 위해 10층 주거지에서 휴지를 가져와서 엘리베이터 내부를 닦고 1층으로 내려가 분리수거장에 남긴 피를 닦았는데 곧 자살할 의사를 가진 사람의 행동으로는 여겨지지 않는 행태를 보인 점 등에 비추어 보면, 이 사건 사고는 망인으로서는 예견할 수 없었고 통상적 과정으로도 기대할 수 없었던 것으로서 망인이 예측할 수 없었던 원인에 의하여 발생한 것으로 우연한 사고에 해당한다고 봄이 상당하다.」고 판단한 바 있다.

다만, 대상사건의 경우 10미터가 훨씬 넘는 높이인 5층 높이 옥상 난간에 걸터앉아 담배를 피우는 것은, 더구나 키가 150cm인 망인(여성)이 122cm나 되는 난간에 올라가서 걸터앉는 것은 일반인으로서는 쉽지 않은 일이다. 실제로 의정부지방법원 고양지원 2021. 5. 7. 선고 2020가합77759 판결(사망보험금 5번 사례)의 경우 신장 160cm의 망인이 복도에 있는 높이 약 119cm의 난간 외벽 쪽으로 넘어지거나 중심을 잃더라도 외벽을 이탈하지 않고, 망인이 외벽을 이탈하기 위해서는 팔 또는 다리를 사용하여 외벽 위쪽으로 올라가야 하므로, 망인은 자신의 의지에 의해 스스로 외벽 위쪽으로 올라가 추락한 것으로 판단한 바 있다. 따라서 이 부분과 관련하여, 망인이 실수로 추락하였을 가능성에 대하여는 좀 더 심리가 필요했을 것으로 판단된다.

이와 관련하여, 대상판결은 망인이 술을 마시고 난간에 걸터앉아서 담배를 피웠을 가능성이 있다고 보았는데, 이러한 경우 자살을 시도하기 위해 옥상 난간에 걸터앉은 것이 아니라고 보려면, 망인이 취할 정도로 술을 많이 마셨는지(이성적 판단이 흐려지거나 두려움을 상실할 정도로), 난간에 올라가기 쉬운 구조물이나 의자 등이 사건 현장에 있었는지 등의 사정이 좀 더 뒷받침되었어야 한다고 본다.

7

피보험자가 트럭 화물칸에서 일산화탄소 중독으로 사망한 채 발견된 사례에서 사고의 우연성을 인정한 사례
(광주지방법원 2021. 2. 17. 선고 2019나67356 판결)

[사건 개요]

A(이하 '망인')는 2016. 8. 9. 피고와 사이에, 피보험자를 자신으로 하여 피보험자의 상해에 대한 위험을 보장하는 보험계약을 체결하면서, 피보험자가 상해의 직접결과로써 사망한 경우 법정상속인인 수익자가 상해사망보험금으로 2억 원을 지급받기로 하는 상해사망특약(이하 '이 사건 보험계약')을 체결함.

망인은 2017. 9. 15. 15:20경 파주시 ○○주차장에 주차되어 있던 망인 소유의 포터 차량의 화물칸 냉장고 위에서 반듯이 누운 자세로 사망한 채 발견됨.

국립과학수사연구원 서울과학수사연구소에서 이루어진 망인에 대한 사체부검결과는 망인의 사인을 일산화탄소 중독(헤모글로빈 농도 54%)으로 추정하였음.

경찰은 부검결과 사체에서 부패 외에 외상은 없는 점, 간이나 신장 등 조직에 대한 검사 결과 독성물질은 검출되지 않은 점, 직접적인 사인은 일산화탄소 중독인 점 등에 비추어 타살 혐의점은 발견할 수 없다는 이유로 내사 종결함.

망인의 아버지로 망인의 단독상속인인 원고는 피고에게 상해사망보험금을 청구하였으나, 피고는 피보험자가 고의로 자신을 해친 경우(자살)에 해당한다는 이유로 그 지급을 거절함.

[법원의 판단]

보험금 청구자로서는 보험사고가 사고의 외형이나 유형상 피보험자의 과실 또는 제3자의 고의 또는 과실, 기타 예측할 수 없는 원인에 의하여 발생할 가능성이 있다거나 그것이 통상적인 과정으로는 기대할 수 없는 결과를 가져올 수도 있다는 것을 증명하고, 객관적 정황상 고의에 의한 사고라는 것이 명확하지 않다면, 일응 '사고의 우연성'에 관한 입증을 다한 것으로 봄이 타당하다. 이 경우 보험자로서는 그 사고가 피보험자의 고의에 의하여 발생한 것이라는 점을 일반인의 상식에서 합리적 의심을 배제할 정도로 명백히 증명하여야 보험금 지급책임을 면할 수 있게 된다.

망인이 사체로 발견된 포터 차량 화물칸에서 인위적으로 일산화탄소를 발생시킬 수 있는 번개탄 등의 물질이 발견되지 않은 점, 자동차 배기구에서 나온 일산화탄소에 의해 질식사한 사례가 존재하고, 교통안전공단은 자동차 배기가스가 차 실내로 유입되는 현상이 발생함에 따라 이에 관한 관리기준을 마련하기 위하여 연구를 수행하기도 한 점, 위 포터 차량의 화물칸은 두꺼운 천으로 덮여 있어 일단 일산화탄소가 유입되는 경우 빠져나가기 어려운 것으로 보이는 점 등을 종합하면, 망인이 화물칸에서 잠을 자다가 화물칸에 유입된 일산화탄소에 의해서 사망하였을 가능성이 있다는 것을 충분히 수긍할 수 있고, 이로써 사고의 우연성의 요건은 갖추었다고 봄이 타당하다.

포터 차량의 운전석 라디오 아래의 빈 공간에서 '오늘 나는 죽는다. 죽는 것이 무섭지만 사는 게 힘들다.' 등의 내용이 기재된 수첩이 발견된 사실은 인정된다. 그러나 망인이 사망 당시 특별한 직업이 없었고 ○○조합에 대출금 채무가 1,100만 원 정도 존재하였으나, 통장에 잔고가 500만 원 정도 남아 있었고 현금으로 30만 원도 가지고 있었는바, 위와 같은 채무의 존재만으로는 망인이 경제적 이유로 자살에 이르렀다고 보기 어려운 점, 망인은 사망 당시 기존의 만두 장사를 하지 않고 있었으나 2017. 가을부터는 다시 만두 장사를 시작할 계획이었던 것으로 보이는 등 달리 망인이 자살을 하였을 특별한 이유를 찾아보기 어려운 점, 망인이 자살의 의사를 밝힌 수첩은 망인이 2016. 3.경부터 2016. 9.경까지 매형인 B와 함께 만두 장사를 하였을 때 사용하던 수첩이고, 그 수첩이 발견된 장소도 포터 차량의 화물칸이 아닌 운전석이었는바, 수첩에 기재된 문구가 망인이 사망하기 직전에 작성된 것이라고 단정할 수 없는 점 등을 종합하면, 피고가 제출한 증거들만으로는 이 사건 사고가 망인의 고의에 의하여 발생한 것이라는 점이 일반인의 상식에서 합리적 의심을 배제할 정도로 명백히 증명되었다고 보기 어렵다. (원고 청구 인용)

[설명]

1번 사례(광주지방법원 2021. 4. 30. 선고 2020가단533094 판결)에서 살펴본 것처럼, 보험금 청구자로서는 사고의 외형이나 유형으로 보아 피보험자가 예견하거나 기대하지 않은 과실로 사고의 발생이 가능하다는 점을 합리적으로 수긍할 수 있는 정도로 일응 증명하면 일단 사고의 우연성에 관한 입증을 다한 것으로 보게 되고, 대상판결(광주지방법원 2019나67356 판결, 1심 광주지방법원 2018가단520620 판결) 역시 같은 취지이다.

대상판결의 경우 망인이 자살하였음이 명백한 증거가 없는 반면, 망인이 화물칸에서 잠을 자다가 화물칸에 유입된 일산화탄소에 의해서 사망하였을 가능성도 있다고 보아 사고의 우연성이 입증되었다고 판단하였다. 그리고 실제로 대상판결에서 언급한 바와 같이 자동차 배기가스가 차량 실내로 유입되는 현상과 관련한 피해보고나 연구는 이미 국내에서도 다수 나와 있다. 자동차 배기가스의 유입 현상은 자동차가 주행할 때 자동차 표면 공기 흐름의 유선이 형성되게 되고, 자동차 표면 형상에 의해 차체에 부분적으로 압력의 차이가 발생하는 것이 원인이라고 한다. 즉, 주행 시 발생된 압력의 차이로 차체 후방의 후류에 의해 갇히게 된 배기관으로부터 배출된 배기가스가 차체의 틈새로 유입된다는 것이다.[1] 이와 같이 이론상 배기가스가 발생하여 유입되는 현상은 주로 주행 중에 일어나게 된다.

이에 반해, 대상 사건의 경우는 어떤 경위로 일산화탄소가 망인이 발견된 화물차 화물칸에 유입되었을 가능성이 있는지에 대하여는 설명이 없다. 트럭의 배기가스가 화물칸에 유입이 되려면

---

1) 이현우, 「자동차 배기가스 실내유입 시험방법 연구」, 한국기술교육대학교 대학원 박사학위논문(2014. 8.), 8페이지 참조.

주행 중이어야 하는데, 사망 당시 해당 트럭은 주행 중이 아니라 정차해 있었기 때문이다. 따라서 망인이 화물칸에서 일산화탄소 중독이 되었을 가능성이 있으려면, 트럭의 배기가스가 주행 중 화물칸에 유입이 되었다가 빠져나가지 못한 상태에서 망인이 화물칸에 들어갔을 가능성이 있다는 것이 먼저 입증이 되었어야 한다. 이와 관련하여, 대상판결은 위 포터 차량의 화물칸은 두꺼운 천으로 덮여 있어 일단 일산화탄소가 유입되는 경우 빠져나가기 어려운 것으로 보이기 때문에, 주행 중 배기가스가 유입되었다가 빠져나가지 못했을 가능성이 있다고 본 것으로 판단된다. 사건기록을 열람해 본 것은 아니기 때문에 정확히 알 수는 없으나, 이런 경우에도 해당 포터트럭이 사고 발생 장소에 정차하기 이전에 언제, 어느 정도 거리를 운행하였는지 등에 대하여는 좀 더 살펴볼 필요가 있었다고 본다.

한편, 사망 현장에서 자살의 의사를 밝힌 유서가 발견된 경우 자살로 추정할 수 있는 매우 유력한 증거임에는 틀림없다(대법원 2010. 5. 13. 선고 2010다6875 판결 등). 그런데, 대상 사건의 경우 법원은 망인이 사망한 장소인 포터 트럭에서 자살을 암시하는 듯한 내용이 기재된 수첩이 발견되었음에도, 이를 자살의 객관적 증거로 볼 수 있는 유서로 보기는 어렵다고 판단하였다. 해당 수첩이 사용된 시점이 사고 발생 시점(2017. 9. 15.)보다 훨씬 이전(2016. 3.경 ~ 2016. 9.경)이고, 발견된 곳이 사망한 곳(화물칸)이 아닌 다른 곳(운전석)이었다는 점에 비추어 사망 당시 작성된 것으로 단정할 수 없고, 달리 자살을 할 만한 이유나 동기를 찾아보기 어렵기 때문이다. 자살을 암시하는 듯한 내용이 적힌 유서가 발견되었다고 하더라도, 그 작성시기가 언제인지 검토해 보아야 하는 이유이다.

8

우울증 치료를 받던 피보험자가 술을 마신 후 사망한 채 발견되었으나 국과수 부검결과 사인 불명인 경우에도 사고의 우연성을 인정한 사례
(대구지방법원 2021. 4. 9. 선고 2019가단125246 판결)

[사건 개요]

원고들은 피고들과 사이에 자녀인 망 F(이하 '망인')를 피보험자, 보험수익자를 법정상속인으로 하여 상해의 직접결과로써 사망하는 경우 사망보험금이 지급되는 보험계약을 2005. 3. 15.과 2013. 3. 4. 각 체결함.

망인은 2019. 4. 3. 새벽까지 술을 마시고 주거지인 대구 수성구 OO, OO호로 돌아온 다음 같은 날 06:00부터 12:00경까지 사이에 사망하였음(이하 '이 사건 사고').

망인의 지인은 2019. 4. 6. 03:19경 망인과 연락이 되지 않아 망인의 위 주거지를 방문하여 벨을 눌러보고 전화를 하여도 인기척이 없자 112 신고 및 119 구급대를 통한 강제 개방으로 위 주거지에 들어가 보게 되었고, 망인이 하의를 탈의한 채 소파 가장자리(팔걸이)에 우측 대퇴를 걸치고 뒤로 넘어진 자세로 숨겨 있는 것을 발견함.

시체 검안을 담당한 의사는 2019. 4. 6. "부패 현상 외에 압박 흔적이나 외상 등 특기할 이상 소견이 인지되지 않은 점, 소파 앞 탁자 위에 빈 소주병 한 개와 평소 복용하는 약물, 음료수 페트병, 커피 등이 놓여 있고, 부엌 싱크대 문에 걸쳐 놓은 쓰레기 비닐봉지 안에 찢어진 빈 약봉지 한 개가 들어 있는 현장 상황, 망인이 2019. 4. 3. 새벽까지 지인들과 술을 마시고 취한 상태였던 점 등에 비추어 망인의 직접사인을 급성 중독사, 중간선행 사인을 만취 상태하 정신신경용제(수면제, 최면진정제, 항우울제 등) 복용"으로 판단하였음.

국립과학수사연구원 대구과학수사연구소 법의학과는 2019. 4. 8. 망인에 대한 부검을 실시하고, "진행된 부패로 인해 전신에서 특기할 외상이나 내부 장기에서 특기할 질병을 확인하지 못하였고, 약독물 검사에서 항정신병약인 쿠에티아핀과 레보에프라진, 항우울제인 이미프라민, 데시프라민, 수면제인 졸피뎀 성분이 검출되었으나 모두 알려진 치사 농도에는 미치지 못하였으며, 근육조직의 에틸알코올농도는 0.161%이나 노르말프로필알코올농도를 감안하면, 부패로 인해 에틸알코올이 생성되었을 가능성을 배제할 수 없으므로, 사인으로 고려할 소견을 보지 못하여 망인의 사인은 불명이다."는 의견을 제시함.

[법원의 판단]

보험금 청구자로서는 보험사고가 사고의 외형이나 유형상 피보험자의 과실 또는 제3자의 고의 또는 과실, 기타 예측할 수 없는 원인에 의하여 발생할 가능성이 있다거나 그것이 통상적인 과정으로는 기대할 수 없는 결과를 가져올 수도 있다는 것을 증명하고, 객관적 정황상 고의에 의한 사고라는 것이 명확하지 않다면 일응 '사고의 우연성'에 관한 입증을 다한 것으로 봄이 타당하다.

다음의 사실 및 사정에 비추어 보면, 망인은 과음한 상태에서 평소 복용해 오던 수면제, 항우울제 등 정신신경용제를 복용하고 자는 과정에서 위 약물들 및 알코올의 상호작용에 의한 '우연한 사고'로 사망에 이르렀다고 봄이 타당하다.

① 망인을 발견한 즉시 시체 외부의 검사와 현장조사 등을 통해 망인의 사인을 만취 상태 후 정신신경용제 복용으로 인한 급성 중독사로 판단한 시체검안서는 훼손되지 않은 사망현장에서 빈 약봉지 1개와 빈 소주병 1병이 발견되고, 평소 복용하는 약물 봉투에서 그 약품명과 성분(최면진정제, 향정신병약물, 항우울제 등)들을 확인한 후 당시 망인의 음주 정보 등 관련 정보들을 종합적으로 고려하여, 복용 중인 정신과의 중추신경계 작용 약물들과 병용 금기인 알코올을 동시에

복용하게 되면 상호작용이 발생해 치사 농도 이하에서도 충분히 사망할 수 있다는 의학적 지식을 근거로 한 것이므로 충분히 신빙할 만하다. 검안의의 역할이 부검의와 달리 약물 농도나 조직을 검사하지 않고 시체 외부의 검사와 현장조사 등을 통해 사인을 판단하는 전문가인 점에 비추어 볼 때 약독물 검사 및 혈중알코올농도에 대한 검사를 시행하지 않았다는 사실만으로 위 시체검안서를 신빙할 수 없다고 할 수 없다.

② 부검감정서의 경우 부패로 인해 알코올 농도의 판단은 할 수 없으나 치사량 이하의 치료약물 검출 외에 특이사항을 찾을 수 없어 사인을 특정하지 못한 것이므로, 타살이나 자해나 과량의 독극물 사용 등 자살의 증거가 없음은 시체검안서와 결론이 일치하고 있다.

③ 망인은 2015. 10. 26. 비기질성 불면증과 양극성 정동장애, 현존정신병적 증상이 없는 심한 우울증으로 진단받은 이래 사망 직전인 2019. 4. 1.까지 규칙적으로 ○○의원을 방문하여 최면진정제, 향정신병약물, 항우울제 약물을 처방받아 치료를 받았는데, 최근 수개월 내에 약물의 종류나 약 용량의 변화도 없었고 특이사항을 호소한 흔적도 없다.

④ 망인이 주치의 ○○○로부터 과도한 음주 후 약물 복용 시 사망에 이를 수 있다는 점에 관하여 주의를 들었다고 하더라도 의료 전문가가 아닌 일반인인 망인이 술을 마신 상태에서 해당 약물을 복용할 경우 상승 작용으로 인해 사망할 수 있음을 예견하고 자살 목적을 달성하기 위해 술과 함께 평소 하루 한 번 취침 전 복용하던 해당 약물을 복용하였다고 단정하기는 어렵다.

⑤ 만일 망인이 자살을 결심하였다고 가정할 경우 망인은 2019. 4. 1. 14일분의 약을 처방받은 상태였으므로 평소 복용하는 약물을 여러 개 복용하는 등으로 과다 복용하였을 것으로 추측되나, 현장에서 발견된 빈 약봉지는 한 개에 불과하고 소파 앞 탁자 위에 평소 복용하는 약물이 그대로 놓여져 있었다.

⑥ 망인이 2010년부터 2016년경까지 여러 차례 자살 시도를 한 적은 있으나, 2016. 2. 7. 이후부터 이 사건 사고 발생일 이전까지 동일한 시도는 발견되지 않았고, 주치의 ○○○ 또한 망인이 자

해나 자살 관련 증상을 호소하는 경우는 없었고, 자살 충동에 관하여 심층 상담을 한 적이 없다고 한다.

⑦ 망인은 유서를 남기지 않았고, 그 밖에 죽음을 앞두고 자신의 신변을 정리한 것으로 볼 수 있을 만한 특별한 사정도 보이지 않으며, 망인이 자살을 결정하였던 뚜렷한 동기도 없다.

[설명]

대상사건(대구지방법원 2019가단125246 판결)의 경우 피보험자인 망인이 자살시도를 여러 차례 한 적이 있을 정도로 심한 우울증으로 치료를 받아 왔고, 국과수 부검감정결과에서도 알코올에 의한 주정중독이나 약물중독에 의한 사망 등으로 단정할 수 없고, 사인불명 소견을 보인 점이 문제 되었다. 보험사는 망인의 우울증 등 정신병력에 기초하여 자살이 의심되는 점 등을 이유로 보험금 지급을 거절하였다.

사고의 우연성의 입증책임은 보험금 청구자에게 있고, 면책사유인 자살(고의에 의한 사망)이라는 점은 보험자에게 입증책임이 있는데, 대상사건의 경우와 같이 '사인불명'인 경우 일단 사고의 우연성은 어떻게 입증할 것인가가 문제 된다. 이와 관련하여, 대상판결의 경우도 광주지방법원 2021. 4. 30. 선고 2020가단533094 판결(1번 사례), 광주지방법원 2021. 2. 17. 선고 2019나67356 판결(사망보험금 7번 사례), 대전지방법원 2021. 8. 18. 선고 2019가단123974 판결(사망보험금 2번 사례)의 경우와 마찬가지로, "예측할 수 없는 원인에 의하여 발생할 가능성이 있다거나 그것이 통상적인 과정으로는 기대할 수 없는 결과를 가져올 수도 있다는 것을 증명하고, 객관적 정황상 고의에 의한 사고라는 것이 명확하지 않다면 일응 '사고의 우연성'에 관한 입증을 다한 것"으로 보아야 한다고 판단하였다. 이러한 기준에 따르면, 국과수 부검감정 등에서 '사인 불명'이라고 판단된 경우라고 하더라도, 피보험자의 고의가 아닌 다른 원인에 의하여 사망에 이를 가능성이 존재함이 입증되고(가능성의 입증으로 족하고, 해당 원인이 사망의 원인이 되었을 가능성이 높다는 개연성까지 입증할 것을 요하는 것은 아니다), 피보험자가 자살을 한 것이라는 명확한 증거가 없으면 사고의 우연성이 인정된다.

그런데, 망인을 검안한 의사의 시체검안서에서 망인의 직접사인을 급성 중독사, 중간선행 사인을 만취 상태하 정신신경용제(수면제, 최면진정제, 항우울제 등) 복용으로 판단하였고, 실제로 망인이 복용한 약물 성분인 '쿠에티아핀' 등은 중추신경계작용 약물이나 알코올과 병용 시 주의하여야 하는 것으로 알려져 있다. 망인에 대한 국과수의 부검감정 소견에서 검출된 약물이 치사에 이를 수 있는 농도에 이르지 못하였고, 혈중알콜농도 역시 마찬가지지만, 이는 각각 단독으로 작용하였을 경우이다. 약물과 알코올이 상호작용을 일으켰을 가능성을 배제할 수 없다는 점에서, 사망의 원인이 되었을 가능성이 있고, 따라서 사고의 우연성이 입증되었다고 판단한 것이다.

---

6. 상호작용

1) 에피네프린의 작용을 역전시켜 중증 혈압강하를 일으키므로 병용하지 않는다.

2) 쿠에티아핀의 중추신경계 작용을 고려할 때 이 약은 다른 중추신경계작용약물이나 알코올과 병용 시 주의하여야 한다.

• 식사와 함께 혹은 식사 직후에 복용하면 효과가 늦어질 수 있다. 알코올에 의해 졸피뎀의 부작용이 증가할 수 있어 만약 저녁에 술을 마셨다면 당일 밤에는 복용하지 않는다.

출처: 약학정보원 의약품 상세정보(http://www.health.kr)

참고로 부산지방법원 2021. 10. 22. 선고 2018가단305716, 2018가단316341 판결(19번 사례)에서도, 뇌기능 손상에 의한 판단력 저하와 충동성 감소 목적으로 처방한 약(오르필서방정) 복용 중 술을 마시면 자기조절력과 판단력 저하 및 억제능력 저하로 인한 충동성이 증가한다는 주치의 소견 등에 근거하여, 피보험자가 자유로운 의사결정을 할 수 없는 상태였다고 판단한 바 있다. 위 약품 역시 알코올을 포함하여 간 독성 가능성이 있는 약물과 병용 시 간 독성이 악화될 수 있는 것으로 알려져 있다. 이처럼, 단독으로는 사망 등 결과의 원인이 되기에는 부족한 경우라도, 상호작용을 통해 그 결과의 원인이 될 수 있는지 여부까지 반드시 검토되어야 한다.

나아가 망인의 경우 유서 등 자살로 볼만한 객관적 물증이 없는 점, 국과수 부검감정에서도 자살로 볼만한 증거(약물중독 등)가 나오지 않은 점, 심한 우울증 치료 중이었지만, 최근 수년간은 자살시도나 증상 악화의 증거가 없는 점 등이 망인이 자살을 한 것으로 볼만한 명백한 증거가 없다는 근거가 되었다. 그 외 판결 이유에는 설시되지 않았지만, 망인이 하의를 탈의한 상태로 사망하였다는 점, 자살을 시도하려는 사람이 잠 잘 때 먹는 약을 그것도 정량을 복용하였다고 보기는 어려운 점 역시 자살로 보기 어려운 근거가 될 수 있을 것으로 생각된다.

9

경찰 수사결과보고서에 자살이라고 기재되었으나 수면제와 알코올의 상호작용에 의한 우연한 사고로 사망한 것으로 본 사례
(서울중앙지방법원 2021. 3. 25. 선고 2018가합564705 판결)

[사건 개요]

E는 2016. 8. 23. 피고 C와 피보험자 E, 사망 시 수익자를 법정상속인으로 하는 보험계약을, 2012. 10. 25. 피고 D와 피보험자 E, 사망 시 수익자를 법정상속인으로 하는 보험계약을 각 체결함.

위 각 보험계약은 피보험자가 보험기간 중 상해의 직접결과로써 사망하는 경우 상해사망보험금을 지급하도록 되어 있고, '피보험자가 고의로 자신을 해친 경우'를 보험금 지급 면책사유로 정하고 있음.

E는 2016. 11. 18. 자신의 거주지에서 약물중독(졸피뎀 등)으로 사망하였고, E의 법정상속인인 원고들은 피고들에게 상해사망보험금을 청구함.

피고들은 E가 오랜 기간 우울증을 앓아 온 점, 졸피뎀 및 항우울제 약물 복용 시 술을 마실 경우 부작용에 대하여 의사나 약사로부터 주의를 받았을 것인 점, 사망 당일 수면제 과다 복용 전에 친언니에게 자살을 암시하는 말을 한 점, 시체검안서에 '자살'로 기재된 점 등을 이유로 우연한 사고로 사망에 이른 것이 아니라 고의로 자살한 것임을 이유로 보험금 지급을 거절함.

[법원의 판단]

E가 사망 당시 과음한 상태에서 다량의 졸피뎀을 복용하여 졸피뎀, 셀트랄린 및 알코올의 상호작용에 의한 약물중독으로 사망하였다는 사실은 당사자 사이에 다툼이 없는 바, 그 사망이 '우연한 사고'에 의한 것인지, 자살하기 위한 '고의 행위'에 의한 것인지 살펴본다.

살피건대, 다음의 사실 및 사정에 비추어 보면, E는 술을 마신 상태에서 잠이 잘 오지 않자 평소보다 많은 수면제를 먹고 자는 과정에서 졸피뎀과 셀트랄린 및 알코올의 상호작용에 의한 '우연한 사고'로 사망에 이르렀다고 봄이 타당하고, 제출된 증거들만으로는 E가 자살하기 위하여 고의로 다량의 수면제를 먹고 사망하였다는 사실을 인정하기에 부족하며, 달리 이를 인정할 증거가 없다.

1) E는 사망 당시 성인 1일 권장량 10mg을 초과하는 대략 4알(40mg) 정도의 졸피뎀을 먹은 것으로 보인다. 그러나 E 부검 결과 혈액에서 검출된 졸피뎀의 함량은 0.5mg/L로서 치사 농도의 1/3 내지 1/4 함량에 불과하다.

2) E는 배우자가 2016년 초경에 사망하자 잠을 잘 자지 못하여 수면제 처방을 받은 적이 있고, 술을 먹으면 더 잠을 이루지 못하여 술을 먹은 상태에서 수면제를 먹고 잔 적이 있다. E는 사망 당일에도 과음한 후 잠을 이루지 못하자 평소보다 많은 4알 정도의 수면제를 먹고 잔 것으로 보인다.

3) 만일 E가 자살을 결심하였다고 가정할 경우, 현장에서 발견되었고 불과 사망 3일 전에 28일분의 양을 처방받은 셀트랄린을 과다 복용하는 것이 합당하나, 부검 결과 E의 혈액에서 셀트랄린은 치료 농도 범위 내로 검출되었다.

4) 의료전문가가 아닌 일반인인 E가 술을 마신 상태에서 졸피뎀을 복용할 경우 상승작용으로 인해 사망할 수 있음을 예견하고, 자살 목적을 달성하기 위해 술과 졸피뎀 4알을 복용하였다고 보기는 상식적으로 어렵다. E가 의사, 약사로부터 졸피뎀, 셀트랄린을 과다 복용, 오남용하거나 알

코올과 함께 섭취할 경우 사망에 이를 수 있다는 점에 관하여 충분히 주의를 들었다거나, 졸피뎀 설명서에서 위 관련 내용을 읽었다거나, 그로 인하여 위와 같은 사항을 충분히 인식하고 있었다고 단정할 수 없다.

5) E는 과거에 자살 시도를 한 적이 있고, 2015년에는 우울증, 정동장애를, 2016년 사망 직전에는 우울증으로 각 치료를 받았으며, 담당 의사에게 죽고 싶다고 말하기도 하였다. 그러나 E가 자살 시도를 한 것은 일자를 특정할 수 없을 정도로 과거의 일이고, 2015년 12월경 이후로 양극성 정동장애로 진료를 받은 적이 없으며, 우울증의 경우도 중등도의 심각한 우울증이라고 볼만한 증거가 없다. 또한 배우자의 사망, 둘째 딸의 이혼 등 주변 상황이 좋지는 않았으나, 최근 아파트 청약에 당첨되기도 하였고, 새로운 남자를 만난다고 말하는 등 E가 자살을 결정하였을 뚜렷한 동기가 없다. E의 유서 또한 발견되지 않았다.

6) E는 사망 당일 언니에게 전화하여 수면제를 먹고 죽겠다는 취지로 말하기는 하였으나, E가 원고 B가 자려는 것을 보고 "에이, 술이나 더 먹고 자자."라고 말하며 술을 더 마셨던 상황을 감안하면, E의 위 말은 자살의사를 표현한 것이라고 단정할 수는 없고, 자신의 신세를 한탄한 것이라고 봄이 합리적이다.

7) E의 변사사건에 관한 수사결과보고서의 직접사인란에 '약물중독사', 간접사인란에 '기타우울증(자살)'으로 각 기재되어 있으나, 위 수사결과보고서의 경찰의견란에 '타살혐의점 없어 내사종결 의견임'이라고 기재된 점에 비추어 보면, 경찰수사결과는 타살이 아니라는 점 이외에 E가 자살하였는지, 비의도적 사고로 사망하였는지 여부를 증명할 자료라고 볼 수 없다. 또한 E의 시체검안서의 직접사인란에 '급성약물중독(추정)', 직접사인의 원인란에 '약물(항우울제) 과다 복용(추정)' 의도성 여부란에 '자살'이라고 각 기재되어 있으나, 위 시체검안서는 의사의 육안 관찰 및 위 경찰수사결과 등에 근거하여 작성된 것으로서 E가 2016. 11. 18. 3:00경 급성약물중독으로 사망한 점 이외에 E가 자살하였는지, 비의도적 사고로 사망하였는지 여부를 증명할 자료라고 볼 수는 없다(위 시체검안서는 E가 수면제가 아닌 항우울제를 과다 복용한 것으로 추정하고 있기도 하여 부검결과와 배치된다).

[설명]

 대상사건(서울중앙지방법원 2018가합564705 판결)의 경우와 같이 약물중독사로 볼 수 있는 경우 '자살'로 볼 것인지의 판단은 사망이라는 결과를 예측하고 해당 약물을 복용한 것인지 여부에 달려 있다. 사망이라는 결과를 예측하지 못한 행동이라면, 당연히 고의로 자신을 해치는 '자살'이나 '자해'로 보기 어렵고, 우연한 사고로 볼 수 있다. 이때, 사망이라는 결과를 예측하였다고 보려면, 객관적으로는 약물을 치사량에 이를 정도로 과다 복용하였거나, 복용한 약물의 양이 치사량에 이르지 못하는 경우라도 다른 약물이나 알코올과의 상호작용에 의한 부작용으로 인해 사망할 수 있는 정도에는 해당하여야 할 것이다. 그리고 주관적으로는 피보험자가 약물 과다 복용 혹은 부작용을 유발하여 사망에 이를 수 있다는 점을 인식하였다고 볼 수 있어야 한다.

 대상사건의 경우 부검 결과 피보험자가 복용한 약물 중 수면제인 졸피뎀은 과다 복용하기는 하였지만, 치사량에는 현저히 미치지 못하는 수준이었고, 항우울제인 셀트랄린은 치료 농도 범위였기 때문에, 객관적으로 볼 때, 약물 자체를 과다 복용하여 사망한 경우로 보기는 어렵다. 음주 상태에서 졸피뎀 등의 복용으로 인한 부작용이 원인으로 추정되는 경우이다. 이와 관련하여, 보험사는 피보험자가 음주 상태에서 졸피뎀 등을 복용할 경우의 위험성에 대하여 의사나 약사로부터 주의를 받거나, 졸피뎀 의약품 설명서 내용을 통해 알고 있었다고 보아야 하므로, 피보험자의 고의성을 인정할 수 있다고 주장하였다.

 그러나 설령 피보험자가 음주 상태에서 졸피뎀 등의 약물을 복용할 경우 부작용 위험성을 의사나 약사로부터 고지받았다고 가정하더라도(대상사건의 경우는 이를 입증할 증거가 현출된 바 없는 듯하다), 그것만으로 피보험자가 사망이라는 결과를 예측하고 행동한 것으로 단정하기는 어렵다(대상판결 외에도, 8번 사례 대구지방법원 2019가단125246 판결 역시 같은 취지로 판단한 바 있다). 어느 정도로 음주를 한 상태에서, 어느 정도의 약을 복용하여야 하는지 일반인으로서는 정확히 알기도 어렵기 때문에, 결국 사망을 의도한 것이라면, 상당한 과음을 하였거나 적어도 다량의 약을 복용하였어야 할 것이다. 그러나 대상사건 피보험자의 경우 그렇지 않았다.

대상사건 피보험자의 경우 셀트랄린은 처방받은 약이 많이 있었음에도 치료에 필요한 정량만 복용하였던 것으로 보이는데, 이는 자살을 의도한 경우로 보기 어려운 정황이다. 이에 반해 졸피뎀의 경우 1일 1회 1정(10mg)이 권장량인 반면, 대상사건 피보험자는 이보다 많은 4알을 복용하여 과다 복용한 것은 사실이다. 하지만, 수면제의 경우 내성이 생기면 권장량보다 더 복용하게 되는 경향이 있고, 피보험자의 복용량이 치사량에는 현저히 미치지 못하였을 뿐 아니라, 피보험자는 사고 이전에도 술을 먹으면 더 잠을 이루지 못하여 술을 마신 상태에서 수면제를 먹고 잔 적이 있었다는 점으로 볼 때, 역시 자살시도를 위한 과다 복용으로 보기는 어렵다.

실제로 대학병원 응급실에 내원한 졸피뎀 음독 자살군의 특성을 연구한 국내 연구결과에 따르면, 응급실에 내원한 177명의 졸피뎀 음독 자살시도군 177명의 졸피뎀 음독량은 평균 17.77알이었으며, 의학적 치명도로 구분하였을 경우 '경도에서 중등도'는 평균 16.81알, '중도'는 24.28알이었다고 한다.[2] 위 연구결과에서의 통상적인 졸피뎀 자살시도자의 예에 비추어 볼 때, 대상사건 피보험자의 경우 졸피뎀 자살시도와는 거리가 있어 보인다.

---

2) 맹헌규 외, 「일 대학병원 응급실에 내원한 졸피뎀 음독 자살시도군의 특성」, 정신신체의학 29권 2호, 146페이지.

10

피보험자가 원인 미상의 화재 현장에서 사망한 채 발견된 사건에서 자살로 단정하기 어렵다고 본 사례
(대구지방법원 김천지원 2021. 3. 19. 선고 2020가합16245 판결)

[사건 개요]

망 D(이하 '망인')는 2016. 3. 3. 피고 C와 사이에 피보험자를 망인으로, 보험수익자를 법정상속인으로 하여 상해사망 등의 보장사항이 포함된 여러 건의 보험계약을 체결하였고, 2015. 9. 30. 피고 대한민국과 사이에 피보험자를 망인, 보험수익자를 법정상속인으로 하여 장해 및 사망 등의 보장사항이 포함된 보험계약을 체결함.

망인은 2019. 1. 1. 21:54경 자신의 승용차를 운전하여 경북 군위군 ○○소재 ○○식당(이하 '이 사건 식당') 안으로 진입하였는데, 이후 22:00경 이 사건 식당에 화재가 발생하였고, 같은 날 23:28경 화재가 발생한 이 사건 식당 2층에서 진화 작업을 하던 소방관에 의해 사망한 채로 발견되었음. (이하 '이 사건 사고')

국립과학수사연구원 대구과학수사연구소의 부검결과, 망인은 화재 현장에서 탄화된 상태로 발견되었고, 점막이 선홍색을 띠며, 기관지에서 그을음이 보이고, 일산화탄소-헤모글로빈 농도가 70%로 검출되므로, 망인은 화재 현장에서 화상과 일산화탄소 중독에 의해서 사망한 것으로 판단된다는 등의 이유로 '화재사'로 판정됨.

망인의 법정상속인인 원고들은 상해사망보험금을 청구하였으나, 피고들은 망인이 자살하였음을 이유로 보험금 지급을 거절함.

[법원의 판단]

보험금 청구자로서는 보험사고가 사고의 외형이나 유형상 피보험자의 과실 또는 제3자의 고의 또는 과실, 기타 예측할 수 없는 원인에 의하여 발생할 가능성이 있다거나 그것이 통상적인 과정으로는 기대할 수 없는 결과를 가져올 수도 있다는 것을 증명하고, 객관적 정황상 고의에 의한 사고라는 것이 명확하지 않다면, 일응 '사고의 우연성'에 관한 입증을 다한 것으로 봄이 타당하다.

다음과 같은 사정들을 종합하여 보면, 이 사건 사고는 망인이 자신의 감정을 이기지 못하여 이 사건 식당을 훼손한 후 2층에 있던 중에 불상의 원인으로 발생한 화재로 인하여 사망하였을 가능성을 배제하기 어려우므로 '사고의 우연성'은 입증되었다고 봄이 타당하다.

① 이 사건 식당에서 화재가 발생할 당시 CCTV상으로 망인이 자신의 차량을 식당 안으로 운행함으로써 식당 건물을 훼손하는 장면은 명확히 관찰되나, 망인이 직접 방화를 하는 장면은 나타나지 않는다.

② 국립과학수사연구원의 법안전감정서상 'CCTV 자료상, 1층의 식당 내부로 차량이 이동된 후, 식당 내부에서 최초 화염이 식별되면서 연소가 확산되며 …중략… 1층 내부 좌측 부분에서 발화되었을 가능성을 고려해 볼 수 있으나 …중략… 1층 및 2층에서 수거한 바닥 잔해에서 인화성 물질이 검출되지 않아, 구체적인 발화개소 및 발화 원인에 대한 단정은 어려운 상태임'이라고 기재되어 있는 등 명확한 화재 원인이 밝혀지지 않았고, 망인이 식당 안으로 차량을 운전한 것과 관계없이 전기·기계적인 요인 등 불상의 원인으로 인하여 화재가 발생하였을 가능성을 전적으로 배제할 수 없다.

③ 망인이 식당의 소유권과 관련하여 불만을 표현하였지만, 친구 K는 이 사건 사고 이틀 전 2018. 12. 30. 망인과 전화 통화 시에는 망인이 죽고 싶다거나 시댁 식구들과 사이가 좋지 않다는

등의 부정적인 이야기는 없었다고 진술하고 있고, 망인이 자신의 감정을 이기지 못하여 식당을 훼손하는 정도에 그치지 않고 실제로 방화하여 자살이라는 극단적인 행동을 할 것을 계획했다거나 이를 실행에 옮겼다고 볼만한 근거가 없어, 망인이 이 사건 식당에서 화재가 발생할 당시에 자살의 의도가 있었다고 단정하기 어렵다.

피고들의 면책사유 주장에 대하여도, 위와 같은 사정 및 유서가 발견되지 않는 점, 소방서화재현장조사 결과에 의하더라도 화재 원인이 확인되지 않는 점, 국립과학수사연구원의 법화학감정서 회신결과에서도 인화성 물질이 검출되지 않은 점, 망인에 대한 부검결과 말초혈액에서 에틸알코올 농도가 0.171%로 검출되어 사망 당시 주취상태였던 것으로 보이는 점에 비추어 보면, 망인의 사망이 자살에 의한 것이 아닐 가능성에 대한 합리적인 의심을 배제할 정도로 증명이 이루어졌다고 보기 어려우므로 면책사유인 '피보험자가 고의로 자신을 해친 경우'에 해당한다고 인정하기에 부족하다고 판단함.

[설명]

대상사건(대구지방법원 김천지원 2020가합16245 판결)에서 법원은 망인이 이 사건 사고 장소인 식당의 소유권 문제로 불만이 있어 가족회의를 한 후 자신의 승용차로 이 사건 식당에 진입하여 파손하는 등 이상행동을 한 직후에 화재가 발생하였고, 더구나 배우자에게 전화하여 "왜 나한테만 그러느냐, 살기 싫다."고 말한 직후 식당 2층에서 불길로 추정되는 빛이 발생한 점 등을 고려하면, 망인의 방화로 화재가 발생한 것이 아니냐는 의심이 든다는 것은 인정하였다.

그러나 대상판결 역시 광주지방법원 2021. 4. 30. 선고 2020가단533094 판결(1번 사례), 광주지방법원 2021. 2. 17. 선고 2019나67356 판결(7번 사례), 대전지방법원 2021. 8. 18. 선고 2019가단123974 판결(2번 사례), 대구지방법원 2021. 4. 9. 선고 2019가단125246 판결(8번 사례)의 경우와 마찬가지로, 보험금 청구자로서는 "예측할 수 없는 원인에 의하여 발생할 가능성이 있다거나 그것이 통상적인 과정으로는 기대할 수 없는 결과를 가져올 수도 있다는 것을 증명하고, 객관적 정황상 고의에 의한 사고라는 것이 명확하지 않다면 일응 '사고의 우연성'에 관한 입증을 다한 것"으로 보아야 하고, 보험자로서는 유서 등 객관적인 물증의 존재나, 일반인의 상식에서 자살이 아닐 가능성에 대한 합리적인 의심이 들지 않을 만큼 명백한 주위 정황사실을 입증하여야 면책된다는 전제하에서 판단하였다.

대상사건의 경우 이 사건 사고 당시 망인이 배우자와의 전화 통화 시 '살기 싫다'는 말을 한 사실은 있으나, 이것을 자살의 결의나 유서에 준하는 것으로 보기는 어려운 반면, 망인의 혈중알코올 농도가 만취 수준이었고, 국립과학수사연구원 등의 조사에서도 화재 원인이 명확하지 않았을 뿐 아니라, 인화물질 등 방화로 볼만한 증거가 달리 발견되지도 않았다. 그리고 승용차로 식당에 진입하였다는 것만으로 자살을 하려고 했다고 보기는 어렵고, 그러한 행위가 화재 발생 가능성을 인지하고 한 것도 아니므로, 대상사건의 경우 적어도 화재 발생 및 그로 인한 사망이라는 결과 발생에 있어 우연성이 인정되는 데 문제가 있지는 않다.

다만, 대상사건의 경우는 우연성 및 자살면책사유와 관련하여, 아래와 같은 사항에 대하여 좀 더 살펴볼 필요가 있다.

첫째, 망인은 화재 발생 직전까지도 친구 및 배우자와 전화 통화를 하고 있었다. 즉, 술에 취해 잠이 든 상황도 아니었는데, 화재 발생 직후 탈출을 하지 못하고 사망에 이른 이유가 무엇인지 의문이다. 더구나 망인이 발견된 곳은 2층으로, 설령 대피로를 찾지 못했더라도, 뛰어내려 대피하는 것도 가능했다. 이와 같이 탈출을 시도한 정황이 있었는지, 탈출 시도조차 하기 어려운 사정이 있었는지 여부는 자살인지 여부의 판단에 있어 중요한 자료가 될 수 있다(예컨대, 3번 사례 전주지방법원 2021. 10. 21. 선고 2020나7036, 2020나7043 판결 참조). 따라서 화재가 급속도로 번졌고, 유독가스 흡입으로 곧바로 의식을 잃어 탈출을 하지 못한 경우인지, 아니면 탈출을 할 수 있었는데, 하지 않은 경우인지 CCTV 등을 통해 면밀히 검토해 볼 필요가 있다고 본다.

둘째, 대상판결은 망인에 대한 부검결과 말초혈액에서 에틸알코올 농도가 0.171%로 검출되어 이 사건 사고 당시 망인이 상당한 주취 상태였던 것으로 보았고, 이는 자살면책사유에 해당하지 않는다는 주요 판단 근거가 되었다. 그런데, 이는 사후 사체에 대하여 이루어진 것일 뿐 아니라,

망인은 신원 확인이 불가능할 정도로 소사된 상태로 발견되었기 때문에, 위 에틸알코올농도가 생전의 혈중알코올농도와 차이가 있을 가능성은 없는지 살펴보아야 하지 않을까. 더불어 망인이 사고 전 술을 마신 사실이 있는지, 마셨다면 어떤 술을 얼마나 마셨는지 등에 대하여는 가족회의 참석자 등을 통해서도 확인할 수 있다. 망인은 사고 직전 친구와 전화 통화 시에도 대화는 전혀 하지 못하였고, 망인이 우는 듯한 소리가 들렸다는 것과 실제로 차량을 몰고 식당에 진입하는 이상 행동을 한 것을 볼 때, 이성적 판단이 불가능할 정도로 만취했을 가능성도 있다. 만약 혈중알코올농도, 당시 마신 술의 양 등이 증명된다면, 자살로 인정되는지는 별론으로 하더라도 자유로운 의사결정능력을 상실한 상태였는지 여부의 판단도 어느 정도 가능할 것이다.

11

피보험자가 자살한 경우는 재해사망보험금 지급사유에 해당하지 않는다고 본 사례
(창원지방법원 2021. 5. 6. 선고 2020가단11592 판결)

[사건 개요]

망 B(이하 '망인')는 피고와 사이에 피보험자를 망인, 사망 시 보험수익자를 원고로 하는 하이로 정기보험(이하 '이 사건 보험')을 체결함.

망인은 2019. 12. 18. 14:00경 창원시 의창구 ○○ 농로에서 자신의 차량을 주차해 놓고 운전석에 앉은 채 안전벨트로 목을 매어 사망함. (이하 '이 사건 사고')

원고는 피고에게 이 사건 보험에 따라 망인의 사망으로 인한 보험금을 청구하였고, 피고는 2020. 1. 15. 일반사망보험금 2,000만 원은 지급하였으나, 망인이 자살을 하여 재해로 인해 사망한 것으로 볼 수 없다는 이유로 재해사망보험금 2,000만 원의 지급은 거절함.

[법원의 판단]

이 사건 보험은 하나의 약관에서 재해로 인한 사망뿐만 아니라, 재해 외의 원인으로 인한 사망도 보험금 지급사유인 보험사고에 포함시켜, 전자의 경우에는 재해사망보험금을, 후자의 경우에는 일반사망보험금을 지급하도록 구별하여 규정하고 있고, 별표2 재해분류표의 규정에서 보듯이 고의에 의한 자살은 특별한 사정이 없는 한 우연성이 결여되어 이 사건 보험의 약관에 따른 재해라고 할 수 없으므로, 고의적인 자살로 인한 사망의 경우는 원칙적으로 재해 외의 원인으로 인한 보험사고에 해당하여 일반사망보험금의 지급사유가 될 수 있을 뿐이라 봄이 상당하고(대법원 2010. 11. 25. 선고 2010다45777 판결 참조), 망인이 정신질환을 앓았다는 사정만으로는 이와 달리 볼 수 없다.

[설명]

보험약관의 재해분류표상 '재해'는 우발적인 외래의 사고(다만 질병 또는 체질적 요인이 있는 자로서 경미한 외부요인에 의하여 발병하거나 또는 그 증상이 더욱 악화되었을 때에는 그 경미한 외부요인은 우발적인 외래의 사고로 보지 아니함)로서 재해분류표에 따른 사고로 규정되어 있다. 즉, 재해로 볼 수 있으려면, 우연한 사고여야 한다. 그리고 인보험계약에 의하여 담보되는 보험사고의 요건 중 '우연한 사고'라 함은 사고가 피보험자가 예측할 수 없는 원인에 의하여 발생하는 것으로서, 고의에 의한 것이 아니고 예견치 않았는데 우연히 발생하고 통상적인 과정으로는 기대할 수 없는 결과를 가져오는 사고를 의미한다(대법원 2001. 11. 9. 선고 2001다55499, 55505 판결). 따라서 고의에 의하여 사망의 결과가 발생하는 '자살'의 경우는 우연한 사고로 볼 수 없어 재해사망보험금의 지급사유를 충족하기 어렵다.

---

1. 보장 대상이 되는 재해
다음 각 호에 해당하는 재해는 이 보험의 약관에 따라 보험금을 지급하여 드립니다.
① 한국표준질병·사인분류 상의 (S00-Y84)에 해당하는 우발적인 외래의 사고
② 감염병의 예방 및 관리에 관한 법률 제2조 제2호에 규정한 감염병

출처: 우체국 '하이로정기보험(40027, 41067)' 약관 재해분류표 中

법원 역시 고의에 의한 자살 또는 자해는 원칙적으로 우발성이 결여되어 재해사망특약에서 정한 보험사고인 재해에 해당하지 않는다고 판단해 오고 있다(대법원 2010. 11. 25. 선고 2010다45777 판결, 대법원 2016. 5. 12. 선고 2015다243347 판결 등 참조). 다만, 재해사망특약에서 "피보험자가 정신질환상태에서 자신을 해친 경우와 책임개시일부터 2년이 경과된 후에 자살하거나

자신을 해친 경우"를 면책사유에서 제외하고 있는 경우는 자살의 경우라고 하더라도, 재해사망보험금 지급사유에 해당할 수 있음을 유의해야 한다(위 2015다243347 판결 참조).

대상판결(창원지방법원 2020가단11592 판결) 역시 위와 같은 견지에서 망인이 자살한 경우는 '재해'로 인한 사망으로 볼 수 없어 재해사망보험금 지급사유에 해당하지 않는다고 본 것이다. 다만, 대상판결이 "망인이 정신질환을 앓았다는 사정만으로는 이와 달리 볼 수 없다."고 설시한 부분은 적절치 않다. 대법원은 정신질환으로 인하여 자유로운 의사결정을 할 수 없는 상태에서 사망의 결과를 발생케 한 경우는 우발적인 사고로 보아 재해사망보험금 지급사유에 해당한다고 보기 때문이다(대법원 2006. 3. 10. 선고 2005다49713 판결). 따라서 대상사건의 경우 망인이 정신질환을 앓았다는 사실이 주장되었다면, 그로 인해 이 사건 사고 당시 자유로운 의사결정을 할 수 없는 상태였다고 볼 수 있는 사정이 있었는지 여부도 검토되어야 한다(다만, 대상사건의 경우 원고가 이와 관련된 주장·입증을 하였는지 여부는 불분명하다). 만약 자유로운 의사결정을 할 수 없는 상태였음이 인정된다면, 망인의 목맴으로 인한 사망사고는 한국표준질병사인분류(KCD) Y20(의도 미확인의 목맴, 교액 및 질식)에 해당하는 재해사망사고에 해당할 수 있다.

12

피보험자가 보장개시일로부터 2년이 경과하여 자살한 경우 재해사망보험금을 지급하여야 한다고 본 사례
(서울중앙지방법원 2017. 2. 16. 선고 2016가단5108772 판결)

[사건 개요]

망 B(이하 '망인')의 처인 원고는 2004. 3. 31. 피고와 피보험자를 망인, 사망 시 보험수익자를 원고로 하여 피보험자의 사망 및 일정한 장해에 대하여 보험금을 지급하는 내용의 무배당교보종신보험계약을 체결하면서 가입금액을 1억 원으로 하는 재해사망특약(이하 '이 사건 보험계약')에 가입함.

피고가 이 사건 보험계약 체결 후 1주일가량 경과 후 원고에게 교부한 약관(이하 '이 사건 약관') 제9조는 피보험자가 보험기간 중 재해분류표에서 정하는 재해로 인하여 사망한 경우 가입금액을 보험금으로 지급한다고 규정하고 있고, 약관 제11조는 다음과 같이 규정하고 있음.

> 제11조(보험금을 지급하지 아니하는 보험사고)
> ① 회사는 다음 중 어느 한 가지의 경우에 의하여 보험금 지급사유가 발생한 때에는 보험금을 지급하지 아니함과 동시에 이 계약을 해지할 수 있습니다.
> 1. 피보험자가 고의로 자신을 해친 경우
> 그러나 피보험자가 정신질환 상태에서 자신을 해친 경우와 계약의 책임개시일(부활계약의 경우에는 부활청약일)부터 2년이 경과한 후에 자살하거나 자신을 해침으로써 장해등급분류표 중 제1급의 장해상태가 되었을 경우에는 그러하지 아니합니다.

출처: 무배당 교보종신보험(판매기간: 2004. 4. 1. ~ 2004. 6. 30. 중 무배당 재해사망특약 약관 中

망인은 2014. 7. 6. 자살하였고, 원고는 2014. 8. 22. 피고에게 이 사건 보험계약에 기한 보험금 지급을 청구함.

[법원의 판단]

이 사건 약관의 규정에 따르면 이 사건 계약은 자살을 원인으로 한 사망의 경우 이를 원칙적으로는 재해로 보지 아니하여 보험금을 지급하지 아니하나, 예외적으로 피보험자가 자유로운 의사결정을 할 수 없는 경우와 그 보장개시일로부터 2년이 지난 후에 자살하는 경우에는 보험금을 지급할 것을 그 내용으로 하고 있다고 보아야 한다. (망인이 보장개시일로부터 2년이 경과하여 자살하였으므로, 재해사망보험금 지급하여야 함)

이 사건 계약 체결을 전후하여 피고가 원고에게 이 사건 약관 이외에 다른 약관을 교부하였다는 아무런 증거가 없는 이상 이 사건 계약에 관하여는 피고가 교부한 유일한 약관인 이 사건 약관이 적용되는 것이 당연하고, 피고가 회사 내부 방침으로 이 사건 약관을 2014. 4. 1.부터 판매 개시된 보험상품에 적용하기로 결정한 바 있다 하더라도 이를 이유로 원고에게 대항할 수는 없다.

[설명]

생명보험 표준약관은 자살의 경우에도 2년의 면책기간이 경과하여 자살한 경우에는 사망보험금을 지급하도록 하고 있고, 이는 생명보험사의 보통약관에 반영이 되어 있다. 그리고 특약의 경우는 특약에서 따로 정하고 있지 않은 내용은 보통약관의 규정을 준용하도록 되어 있기 때문에, 재해사망특약[재해로 인해 사망하거나 고도후유장해(제1급 또는 80% 이상 장해상태)가 되었을 때에 보험금을 지급]의 경우에도, 자살면책과 관련하여 따로 규정하고 있지 않았던 경우에는 위 보통약관의 규정을 준용할 수 있는지가 문제 되어 왔다.

그러던 중 보험약관이 개정되면서, 재해사망특약의 경우 자살면책과 관련한 약관 규정이 대상 사건(서울중앙지방법원 2016가단5108772 판결)에서의 약관 규정(제11조)과 같이 변경되었고, 해당 보험회사 홈페이지 공시실에서는 위 개정된 약관이 2004. 4. 1. 판매되는 보험 상품부터 적용되는 것으로 되어 있다.

대상사건 피고(교보생명)의 약관개정(2004. 4. 1.부터 적용) 전 '무배당 교보종신보험'의 '무배당 재해사망특약' 역시 자살면책과 관련한 약관 규정을 따로 두고 있지 않고, 주계약(보통약관) 약관의 규정을 따르도록 정하고 있었다. 이때, 보통약관의 자살면책 제한 규정을 재해사망특약에도 그대로 적용된다고 해석하게 되면, 보장개시 후 2년이 경과한 후 자살한 경우 재해사망보험금이 지급된다고 보아야 하나, 법원은 이러한 경우 보통약관의 규정이 적용되지 않는다고 보아 재해사망보험금 지급의무가 없다고 판단하였다.

예컨대, 대법원 2009. 5. 28. 선고 2008다81633 판결은 「이 사건 주계약 약관에서 정한 자살면책 제한 규정(계약의 책임개시일부터 2년이 경과한 후에는 그 면책을 허용하지 않고 피보험자가 고의로 자살한 경우에도 보험금을 지급하도록 하는 규정)은 자살이 이 사건 주된 보험계약에서 정한 보험사고에 포함될 수 있음을 전제로 하여 그 면책 및 그 제한을 다룬 것이므로, 보험사고가 재해를 원인으로 한 사망 등으로 제한되어 있어 자살이 보험사고에 포함되지 아니하는 이 사건 각 특약에는 해당될 여지가 없어 준용되지 않는다고 보는 것이 합리적이며 이 사건 각 특약의 취지에도 부합된다.」고 판단한 바 있다. 즉, 자살은 우연성이 없어 재해(우발적인 외래의 사고)에 해당하지 않기 때문에, 재해사망특약에서 정한 보험사고인 '재해로 인한 사망'에 해당하지 않고, 따라서 주계약상 자살면책 제한 규정이 적용되지 않는다고 해석한 것이다.

그러나 약관 개정으로 대상사건에서의 재해사망특약과 같은 자살면책 제한 규정이 신설되었고(이는 2010년 다시 개정되었다) 그 해석과 관련하여, 대법원 2016. 5. 12. 선고 2015다243347 판결은 「평균적인 고객의 이해 가능성을 기준으로 살펴보면, 위 조항은 고의에 의한 자살 또는 자해는 원칙적으로 우발성이 결여되어 이 사건 특약 약관 제9조가 정한 보험사고인 재해에 해당하지 않지만, 예외적으로 단서에서 정하는 요건, 즉 피보험자가 정신질환상태에서 자신을 해친 경우와 책임개시일부터 2년이 경과된 후에 자살하거나 자신을 해침으로써 제1급의 장해상태가 되었을 경우에 해당하면 이를 보험사고에 포함시켜 보험금 지급사유로 본다는 취지로 이해할 여지가 충분하다.」고 보아, 재해사망특약에 규정된 자살면책 제한 규정이 적용되므로, 자살의 경우에도 책임개시일로부터 2년이 경과하였다면, 재해사망보험금을 지급하여야 한다고 판단하였다.

대상판결 역시 위 2015다243347 판결의 취지에 따라 망인이 보장개시일로부터 2년이 경과하여 자살하였으므로, 재해사망보험금을 지급하여야 한다고 판단한 것이다.

다만, 대상사건의 경우 이 사건 보험계약 체결일은 2004. 3. 31.로 2004년 개정약관이 적용되기 하루 전임에도, 피고가 위 개정약관을 교부하여 준 경우 어느 약관을 적용하여야 하는지가 문제 되었다. 앞서 살펴본 것처럼, 2004년 개정 이전의 약관을 적용할 경우 망인의 자살에 대하여 피고는 재해사망보험금 지급의무가 없게 되고, 개정약관을 적용할 경우에는 그 반대가 된다. 대상판결은 자세한 이유 설시 없이 피고가 교부한 약관을 적용하는 것이 당연하다고 판단하였으나, 피고에게 약관의 사본을 교부하고 설명할 의무가 있는 점(약관의 규제 관한 법률 제3조 제2항, 제3항), 약관에서 정하고 있는 사항에 대하여 이와 다르게 합의한 사항이 있을 때에는 그 개별약정이 우선하는 점(위 법률 제4조) 등을 고려할 때, 대상판결의 판단과 같이 피고가 원고에게 실제 교부한 약관(개정약관)이 적용되는 것으로 해석하는 것이 타당하다고 판단된다.

13

피보험자가 보험가입 후 2년이 경과하여 자살하였더라도 재해사망보험금 지급사유에 해당하지 않는다고 본 사례
(서울중앙지방법원 2021. 10. 19. 선고 2021가단5056882 판결)

[사건 개요]

고인의 모 G는 피보험자를 고인, 사망 시 보험수익자를 상속인으로 하여 2004. 4. 20. 피고 C 주식회사와 재해사망특약이 포함된 '무배당○○ 보험계약'(이하 '제1보험') 및 2008. 8. 20. 피고 D 주식회사와 상해사망특약, 상해사망추가특약, 상해가족생활지원금특약이 각 포함된 '무배당○○ 보험계약'(이하 '제2보험')을 각 체결함.

고인은 2013. 6. 17. 피고 E 주식회사와 피보험자를 고인, 사망 시 보험수익자를 상속인으로 하여 일반상해사망특약이 포함된 '무배당○○ 보험계약'(이하 제3보험')을 각 체결함.

고인은 2021. 1. 10. 12:10경 부산 사상구 ○○에 있는 고인의 친정집 아파트 13층 베란다에서 지상 화단으로 떨어져 사망하였고, 고인의 사망사건을 내사한 부산사상경찰서는 고인이 우울증으로 자살한 것으로 추정하고 내사를 종결함.

고인의 상속인들인 배우자 원고 A와 자녀 B는 고인이 실족하여 사망하였음을 이유로 이 사건 각 보험계약에 기한 사망보험금을 청구하였고, 제1보험의 경우 고인이 책임개시일로부터 2년이 경과하여 사망하였으므로, 설령 고인이 자살하였다고 하더라도 주계약 제19조의 면책예외조항에 따라 원고들에게 재해사망특약에 따른 보험금을 지급할 의무가 있다고 주장함.

[법원의 판단]

보험금 청구자가 사고의 외형이나 유형으로 보아 피보험자가 예견 가능하거나 기대하지 않은 과실로 외래의 사고 발생이 가능하다는 점을 합리적으로 수긍할 수 있는 정도로 증명하면 사고의 우연성에 관한 증명을 다하여 보험사의 보험금 지급사유가 발생하고, 이러한 경우에는 보험자가 그 사고가 피보험자의 고의에 의하여 발생한 것이라는 점을 일반인의 상식에서 합리적 의심을 배제할 정도로 증명하여야 보험금 지급책임을 면하게 된다고 봄이 타당하다.

고인의 키가 153cm 정도이고 고인이 떨어진 아파트 베란다 난간의 높이는 120cm 이상이었던 사실, 베란다에는 창문과 위 난간 및 난간 바깥쪽으로 선반이 각 설치되어 있어 창문을 열고 난간과 선반을 모두 넘어야 밖으로 떨어질 수 있는 구조인 사실, 원고 A가 경찰에서 고인이 스트레스를 받고 있었고 우울증 증세가 있었다고 진술한 사실, 고인이 한낮에 원고들과 TV를 보던 중 베란다로 갔고 이후 화단에 쓰러진 상태로 발견된 사실을 인정할 수 있다. 또한 위 인정사실에 비추어 고인이 사망 당시 술이나 다른 약물의 영향 아래 있었던 것으로 보이지 않고, 겨울철이므로 베란다의 창문이 열려 있었을 가능성도 크지 않다고 보인다.

위와 같은 사실 및 사정에 비추어 보면, 고인이 유서를 남기지 않았고, 추락 직전까지 자살 징후를 보이지 않았다는 원고들 주장이나 갑 제5, 8호증의 각 기재를 비롯하여 원고들이 제출한 증거들만으로는 사고의 우연성에 관한 증명이 이루어졌다고 보기 어려우므로, 이와 다른 전제에 선 원고들의 주장은 받아들이지 아니한다.

원고들은 재해사망특약 제15조 제1항의 준용규정(이 특약에 정하지 아니한 사항에 대하여는 주계약 약관의 규정에 따릅니다)에 의하여 주계약 약관 제19조 제1항 제1호의 자살면책제한 규정(피보험자가 정신질환상태에서 자신을 해친 경우와 계약의 책임개시일부터 2년이 경과한 후에 자살하거나 자신을 해침으로써 장해등급분류표 중 제1급의 장해상태가 되었을 경우에는 그러하지 아니합니다)이 재해사망특약에 준용된다고 주장하나, 다음과 같은 이유로 위 주장은 받아들이지 아니한다.

위 준용규정은 그 문언상으로도 '특약에 정하지 아니한 사항'에 대하여 주계약 약관을 준용한다는 것이므로, '특약에 정한 사항'은 주계약 약관을 준용할 수 없음은 명백하고, 재해사망특약이 정하지 아니한 사항에 한하여 특약의 본래의 취지 및 목적 등에 반하지 아니하는 한도 내에서 주계약 약관 조항들을 준용하는 취지라고 해석된다. 이러한 해석에 비추어 보면, 주계약 약관에서 정한 자살면책제한 규정은 자살이 주계약에서 정한 보험사고에 포함될 수 있음을 전제로 하여 그 면책 및 제한을 다룬 것이므로(한편 피고 C는 위 규정에 따라 제1보험 주계약에 따른 일반사망보험금 1억 원은 지급한 것으로 보인다), 보험사고가 재해를 원인으로 한 사망 등으로 제한되어 있어 자살이 보험사고에 포함되지 아니하는 이 사건 특약에는 해당될 여지가 없어 준용되지 않는다고 보는 것이 합리적이며 재해사망특약의 취지에도 부합된다(대법원 2009. 5. 28. 선고 2008다81633 판결, 대법원 2009. 9. 24. 선고 2009다45351 판결 등 참조).

[설명]

대상판결(서울중앙지방법원 2021가단5056882 판결) 사안에서는 사고의 우연성에 관한 입증이 되었는지 여부와 보험자의 책임개시 후 2년이 경과한 경우에는 자살의 경우라도 재해사망특약의 보험사고에 해당할 수 있는지, 즉, 자살면책의 예외가 인정되는지 여부가 문제 되었다.

먼저 대상판결은 사고의 우연성에 관하여는 1번 사례(광주지방법원 2021. 4. 30. 선고 2020가단533094 판결), 7번 사례(광주지방법원 2021. 2. 17. 선고 2019나67356 판결) 등에서 살펴본 바와 마찬가지로, 사고의 외형이나 유형으로 보아 피보험자가 예견 가능하거나 기대하지 않은 과실로 외래의 사고 발생이 가능하다는 점을 합리적으로 수긍할 수 있는 정도로 증명하면 사고의 우연성에 관한 증명을 다한 것으로 보았다. 그런데, 대상사건의 경우 고인이 추락한 베란다의 높이와 구조, 당시 상황 등을 고려할 때, 고인이 실족사 하였을 가능성은 거의 없다고 보아 우연성에 관한 증명이 되지 않았다고 판단하였다[5번 사례(의정부지방법원 고양지원 2021. 5. 7. 선고 2020가합77759 판결)에서 신장 160cm의 망인이 복도에 있는 높이 약 119cm의 난간 외벽 쪽으로 넘어지거나 중심을 잃더라도 외벽을 이탈하지 않고, 망인이 외벽을 이탈하기 위해서는 팔 또는 다리를 사용하여 외벽 위쪽으로 올라가야 한다는 점을 근거로 실수로 난간에서 추락한 것으로 보기 어렵다고 판단한 것과 유사하다].

다음으로, 자살면책의 예외와 관련하여, 대상사건 제1보험계약 주계약 약관은 피보험자가 고의로 자신을 해친 경우에도 피보험자가 계약의 책임개시일부터 2년이 경과된 후에 자살한 경우에는 사망보험금을 지급하도록 함으로써, 자살면책의 예외를 인정하고 있고(이에 주계약에 따른 일반사망보험금은 지급됨), 위 보험계약 재해사망특약은 자살면책과 관련하여 별도의 규정을 두지 않고, 주계약 규정을 준용하고 있다.

대상사건 제1보험계약의 재해사망특약의 경우와 달리 비슷한 시기에 판매된 다른 보험 상품의 무배당 재해사망특약의 경우 그 특약에 별도로 위 자살면책의 예외규정을 두고 있었고(사망보험금 12번 사례 '무배당 교보종신보험' 무배당 재해사망특약 참조), 대상사건 제1보험계약과 같은 명칭의 2005. 4. 1. 이후 판매된 보험 상품의 무배당 재해사망특약 역시 자살면책 예외규정을 두고 있다.

제19조(보험금을 지급하지 아니하는 보험사고)
① 회사는 다음 중 어느 한 가지의 경우에 의하여 보험금 지급사유가 발생한 때에는 보험금을 드리지 아니하거나, 보험료의 납입을 면제하지 아니함과 동시에 이 계약을 해지(解止)할 수 있습니다.
  1. 피보험자가 고의로 자신을 해친 경우
  그러나, 피보험자가 정신질환 상태에서 자신을 해친 경우와 계약의 책임개시일(부활 계약의 경우에는 부활 청약일)부터 2년이 경과된 후에 자살하거나 자신을 해침으로써 장해등급분류표 중 제1급의 장해 상태가 되었을 경우에는 그러하지 아니합니다.

출처: 삼성생명 무배당 삼성변액종신보험(2004. 4. 14. ~ 2005. 3. 31.) 약관 주계약 中

제15조(주계약 약관 및 삼성단체취급특약 규정의 준용)
① 이 특약에 정하지 아니한 사항에 대하여는 주계약 약관의 규정을 따릅니다.

출처: 삼성생명 무배당 삼성변액종신보험(2004. 4. 14. ~ 2005. 3. 31.) 재해사망특약 中

제13조(보험금을 지급하지 아니하는 보험사고)
① 회사는 다음 중 어느 한 가지의 경우에 의하여 보험금 지급사유가 발생한 때에는 보험금을 드리지 아니하거나, 보험료의 납입을 면제하지 아니함과 동시에 이 특약을 해지(解止)할 수 있습니다.

> 1. 보험대상자(피보험자)가 고의로 자신을 해친 경우
> 그러나 보험대상자(피보험자)가 정신질환 등으로 자유로운 의사결정을 할 수 없는 상태에서 자신을 해친 사실이 증명된 경우와 특약의 보장개시일[부활(효력회복)계약의 경우는 부활(효력회복)청약일로부터 2년이 경과된 후에 자살하거나 자신을 해침으로써 장해분류표(별표 2 참조) 중 동일한 재해로 여러 신체 부위의 합산 장해지급률이 80% 이상인 장해상태가 되었을 경우에는 그러하지 아니합니다.

출처: 삼성생명 무배당 삼성변액종신보험(2005. 4. 1. ~ 2006. 1. 3.) 재해사망특약 中

그런데, 피보험자가 보험계약 책임개시일로부터 2년이 경과한 후 자살한 사례에서 대법원은 재해사망특약에 자살면책 예외규정을 따로 둔 경우와 그렇지 않고 주계약을 준용하는 경우에 대하여 달리 판단해 오고 있다.

대상판결이 인용하고 있는 대법원 2009. 5. 28. 선고 2008다81633 판결은 재해사망특약에서 자살면책 예외규정을 따로 두지 않고 주계약을 준용하는 경우에 대하여, 「보험사고가 재해를 원인으로 한 사망 등으로 제한되어 있어 자살이 보험사고에 포함되지 아니하는 재해사망특약에는 해당될 여지가 없어 준용되지 않는다.」고 판단하였다. 이에 반해 대법원 2016. 5. 12. 선고 2015다243347 판결은 재해사망특약에서 자살면책 예외규정을 따로 두고 있는 경우에 대하여 「위 조항은 고의에 의한 자살 또는 자해는 원칙적으로 우발성이 결여되어 이 사건 특약 약관 제9조가 정한 보험사고인 재해에 해당하지 않지만, 예외적으로 단서에서 정하는 요건, 즉 피보험자가 정신질환 상태에서 자신을 해친 경우와 책임개시일부터 2년이 경과된 후에 자살하거나 자신을 해침으로써 제1급의 장해상태가 되었을 경우에 해당하면 이를 보험사고에 포함시켜 보험금 지급사유로 본다는 취지로 이해할 여지가 충분하다.」고 판단하였다

정리하자면, 재해사망특약에서 위와 같은 자살면책 예외규정을 두고 있는 경우(대개 2004년부터 2010년까지 사이에 판매된 생명보험사 상품 중에 있음)가 아니라면, 자살의 경우는 '재해'의 요건인 '사고의 우연성'이 결여되어 재해사망보험금 지급사유에 해당하지 않고, 보험사고의 성질상 주계약상의 자살면책 예외규정이 적용되지 않는다.

14

정신병원 입원 중 투신하여 사망한 피보험자가 자유로운 의사결정을 할 수 없는 상태였다고 보아 보험사의 면책주장을 받아들이지 않은 사례
(창원지방법원 밀양지원 2021. 1. 15. 선고 2018가합10028 판결)

[사건 개요]

망 F(이하 '망인')는 피고들과 사이에 자신을 피보험자로, 사망 시 보험수익자를 법정상속인으로 하여 이 사건 각 보험계약을 체결하였는데, 이 사건 각 보험계약에서는 상해를 원인으로 사망 시 사망보험금이 지급됨.

망인은 2017. 3. 16. 주요우울장애, 치매(신경인지장애)로 ○○병원 정신건강의학과 보호 병동에 입원했다가 2017. 4. 13. 일반 병동으로 옮겨졌고, 2017. 4. 15. 위 병원 9층 야외 휴게소에서 284cm 높이의 난간을 넘어 지상에 추락해 사망함(이하 '이 사건 보험사고').

원고들은 망인의 상속인들(배우자 및 자녀)로서 이 사건 각 보험계약상 보험수익자임.

피고들은 망인이 자유로운 의사결정이 가능한 상태에서 고의로 투신하여 사망하여 우연성이 없고, 망인의 고지의무위반을 이유로 이 사건 각 보험계약을 해지하고 보험금 지급을 거절함.

[법원의 판단] - 자살면책 주장에 대한 부분

다음과 같은 사실 및 사정들을 종합하면, 망인은 이 사건 보험사고 당시 정신질환으로 자유로운 의사결정을 할 수 없는 상태였다고 봄이 상당하므로, 이 사건 보험사고는 고의에 의하지 않은 우발적 사고에 해당한다(원고 청구 인용).

① 망인은 아래 [표 2] 기재(생략)와 같이 2010. 6. 23.부터 정신과 통원치료를 시작했다. 망인은 2016. 11. 18. 자살을 시도하여 입원을 권유받았고, 2016. 12. 29. 입원치료를 시작으로 입원치료와 통원치료를 반복하는 등 그 무렵부터 우울증 증상이 심해진 것으로 보인다.

② 망인은 ○○병원 정신건강의학과 입원 중 우울증치료를 위해 항우울제, 항정신병제, 벤조디아제핀계 항불안제 등을 투약했는데, 경구 약물을 하루 2~4회 투약했고, 필요시 주사로도 벤조디아제핀계 항불안제 등을 투약했다.

③ 망인은 ○○병원 정신건강의학과 입원 중 우울, 체중감소, 죄책망상, 피해망상, 빈곤망상, 초조, 불면, 불안, 집중력 저하, 죄책감, 자살사고 등의 증상을 호소했고, 2017. 4. 11.에는 우울, 불면, 망상 증상을 보였다. 망상 증상은 망인의 현실 검증력과 판단력이 상당히 손상되었음을 의미한다.

④ 망인은 2017. 4. 12. 폐렴에 감염되었다. 감정인은 폐렴 감염으로 섬망이 발생해 망인의 인지능력과 사물 판별능력이 급격히 떨어졌을 가능성을 제시했다.

⑤ 망인은 2017. 4. 13. 보호 병동에서 일반 병동으로 옮겼는데, 의료진은 망인의 보호자에게 자해, 자살시도 등 자타해 위험이 높으므로 24시간 개호가 필요하다고 고지했다.

⑥ 망인은 2017. 4. 14. 위 병원 9층에서 투신하여 이 사건 보험사고가 발생했다.

[설명]

대상사건(창원지방법원 밀양지원 2018가합10028 판결)의 경우 망인이 성인 남성의 키를 훨씬 넘는 284cm 높이의 난간을 넘어 추락한 점으로 볼 때, 타살로 볼 수 있는 정황이 없는 한 망인 스스로 난간을 올라가서 투신하였을 가능성이 매우 높고, 그 외 달리 망인이 실족 등 실수로 추락했을 가능성은 거의 없어 보인다. 따라서 망인이 자유로운 의사결정을 할 수 없는 상태였다고 볼 수 있는 경우가 아니라면, 보험사의 보험금 지급의무는 면책된다.

법원은 정신질환 등으로 자유로운 의사결정을 할 수 없는 상태에서의 사망이었는지 여부에 대하여 자살자의 나이와 성행, 자살자의 신체적·정신적 심리 상황, 그 정신질환의 발병 시기, 그 진행경과와 정도 및 자살에 즈음한 시점에서의 구체적인 상태, 자살자를 에워싸고 있는 주위 상황과 자살 무렵의 자살자의 행태, 자살행위의 시기 및 장소, 기타 자살의 동기, 그 경위와 방법 및 태양 등을 종합적으로 고려하여 판단하고 있다(대법원 2021. 2. 4. 선고 2017다281367 판결 등).

대상사건의 경우 망인은 우울증 등 증상으로 입원치료를 받은 병력이 있는데, 이 사건 사고 발생 몇 개월 전에도 자살시도로 입원치료를 받은 적이 있고, 특히 이 사건 보험사고 당시 보호 병동에서 일반 병동으로 옮긴 직후로 24시간 개호가 필요할 정도로 자살시도 위험이 높은 상태였다는 점이 중요하게 고려되었다. 더구나 망인의 경우 우울증 등 기존의 정신질환뿐 아니라 이 사건 사고 당시 폐렴 감염 후 섬망으로 인한 인지능력과 사물 판별능력의 급격한 저하가 있었을 수도 있었다는 진료기록 감정을 한 감정의의 소견도 있었다. 섬망은 신체 질환 등으로 인해 인지기능 저하가 동반되는 의식의 장애로, 수 시간에서 수일에 걸쳐 급격히 일어나며 기분, 지각, 행동장애도 흔히 나타나는 것을 특징으로 하므로(네이버 지식백과 서울대학교병원 의학정보 참조), 섬망으로 인한 일시적인 증상 역시 이 사건 사고 당시 망인의 의사결정능력에 영향을 미쳤을 가능성이 있다는 측면이 고려된 것이다.

15

우울증으로 자살시도 경험이 있음에도 자살을 미리 준비하여 실행하는 등 충동적이지 않다는 등의 이유로 자살면책의 예외가 인정되지 않는다고 본 사례
(울산지방법원 2021. 1. 22. 선고 2019가단111461 판결)

[사건 개요]

원고의 아들인 망 C(이하 '망인')는 피고와 사이에 피보험자를 망인, 피보험자 사망 시 보험수익자를 법정상속인으로 하여, 2009. 7. 10. ○○보험계약(이하 '제1보험계약'), 2011. 8. 24. ○○○보험계약(이하 '제2보험계약')을 각 체결함.

이 사건 각 보험계약에 의하면, 피보험자의 상해사망 시 피고는 제1보험계약 1억 원, 제2보험계약 8,000만 원을 각 지급하여야 함.

제1보험계약 제15조(보상하지 아니하는 손해) 제1항은 피보험자의 고의(1호)로 인하여 생긴 손해와 피보험자의 심신상실 또는 정신질환(6호)으로 인하여 생긴 손해는 보상하지 않는다고 정하고 있음.

제2보험계약 제17조(보상하지 아니하는 손해) 제1항은 피보험자의 고의에 의하여 보험금 지급 사유가 발생한 때에는 보험금을 지급하지 아니하고, 다만, 피보험자가 심신상실 등으로 자유로운 의사결정을 할 수 없는 상태에서 자신을 해친 경우에는 보험금을 지급하는 것으로 정하고 있음.

망인은 2018. 3. 12. 02:20경 망인의 주거지인 울산 남구 ○건물 0호에서 얼굴에 비닐봉투를 뒤

집어쓰고 양 손목을 케이블 타이로 결박한 채 엎드려 자살한 상태로 발견되었음.

[법원의 판단]

다음과 같은 사실 또는 사정에 비추어 보면, 망인이 우울증으로 인해 자유로운 의사결정을 할 수 없는 상태에서 자살에 이른 것이라고 인정하기 어렵고, 달리 이를 인정할 증거도 없다. 따라서 망인의 자살은 피보험자의 고의에 의한 사고에 해당하므로, 상법 제659조 제1항 및 이 사건 각 보험계약에 따른 각 보험약관에서 정한 보험금 지급의무의 면책사유에 해당하고, 이 사건 제2보험계약에 따른 보험약관에서 정한 면책사유의 예외에 해당한다고 볼 수 없다.

① 망인은 2017년경에도 자살을 시도한 바 있었고, 2018. 2. 8.부터 2018. 3. 7.경까지 약 한 달간 수천 회에 걸쳐 다양한 자살 방법을 검색하였으며, 2018. 3. 6.과 2018. 3. 7. 테이프와 비닐봉투를 이용한 자살 방법으로 수백 회 검색을 하고, 그로부터 5일 후 최종 검색한 방법대로 자살에 이르렀던바, 망인은 충동적으로 자살에 이른 것이 아니라 스스로의 판단하에 생을 마감하기로 결심하고 이를 실행에 옮긴 것으로 보인다.

② 망인이 2014. 12. 5.부터 2017. 10. 21.경까지 우울하고 불안한 증세 등으로 정신과 치료를 받았지만, 그 기간 동안 '바'를 운영하는 등 사회생활을 하고, 여자친구와 교제하는 등 일상생활을 하였던 바, 망인이 겪고 있던 우울증의 증세가 자유로운 의사결정을 방해할 정도로 극심하였다고 보기 어렵다.

[설명]

정신질환 등으로 자유로운 의사결정을 할 수 없는 상태에서의 사망이었는지 여부는 자살자의 나이와 성행, 자살자의 신체적·정신적 심리 상황, 그 정신질환의 발병 시기, 그 진행 경과와 정도 및 자살에 즈음한 시점에서의 구체적인 상태, 자살자를 에워싸고 있는 주위 상황과 자살 무렵의 자살자의 행태, 자살행위의 시기 및 장소, 기타 자살의 동기, 그 경위와 방법 및 태양 등을 종합적으로 고려하여 판단하여야 한다(대법원 2021. 2. 4. 선고 2017다281367 판결 등 참조).

다만 면책약관에서 피보험자의 정신질환을 피보험자의 고의나 피보험자의 자살과 별도의 독립된 면책사유로 규정하고 있는 경우, 이러한 면책사유를 둔 취지는 피보험자의 정신질환으로 인식능력이나 판단능력이 약화되어 상해의 위험이 현저히 증대된 경우 증대된 위험이 현실화되어 발생한 손해는 보험보호의 대상으로부터 배제하려는 데에 있고 보험에서 인수하는 위험은 보험 상품에 따라 달리 정해질 수 있는 것이어서 이러한 면책사유를 규정한 약관조항이 고객에게 부당하게 불리하여 공정성을 잃은 조항이라고 할 수 없으므로, 만일 피보험자가 정신질환에 의하여 자유로운 의사결정을 할 수 없는 상태에 이르렀고 이로 인하여 보험사고가 발생한 경우라면 위 면책사유에 의하여 보험자의 보험금 지급의무가 면제된다(대법원 2015. 6. 23. 선고 2015다5378 판결).

먼저, 대상사건(울산지방법원 2019가단111461 판결)에서 판결 이유로 들고 있지는 않았지만, 제1보험계약은 피보험자의 정신질환으로 인하여 생긴 손해에 대하여 피보험자의 자살과 별도의 독립된 면책사유로 규정하고 있으므로, 설령 피보험자가 우울증으로 인하여 자유로운 의사결정을 할 수 없는 상태에 이르렀다고 하더라도, 위 면책사유에 의하여 보험금 지급의무가 면제된다. 제1보험계약은 2010. 1. 29. 개정된 질병·상해보험표준약관의 시행 전 '장기손해보험표준약관'을 반영한 상해보험 약관인데, 피보험자가 '정신질환으로 자신을 해친 경우'를 보험자의 면책사유로 규정하고 있었고, 대법원은 위 면책약관을 유효한 것으로 판단해 오고 있기 때문이다(대법원 2015. 6. 23. 선고 2015다5378 판결[3] 등).

---

3) 위 판결은 「면책약관에서 피보험자의 정신질환을 피보험자의 고의나 피보험자의 자살과 별도의 독립된 면책사유로 규정하고 있는 경우, 이러한 면책사유를 둔 취지는 피보험자의 정신질환으로 인식능력이나 판단능력이 약화되어 상해의 위험이 현저히 증대된 경우 증대된 위험이 현실화되어 발생한 손해는 보험보호의 대상으로부터 배제하려는 데에 있고 보험에서 인수하는 위험은 보험상품에 따라 달리 정해질 수 있는 것이어서 이러한 면책사유를 규정한 약관조항이 고객에게 부당하게 불리하여 공정성을 잃은 조항이라고 할 수 없으므로, 만일 피보험자가 정신질환에 의하여 자유로운 의사결정을 할 수 없는 상태에 이르렀고 이로 인하여 보험사고가 발생한 경우라면 위 면책사유에 의하여 보험자의 보험금지급의무가 면제된다.」고 판단하였다. 위 판결에 대하여는 상해보험의 경우 '피보험자의 심신상실 또는 정신질환'이라는 문구가 면책사유로 되어 있었지만, 이는 부당한 측면이 있어 법원과 대다수 학자들에 의해 효력이 없는 것으로 취급되어 위 면책사유를 직접적으로 적용한 사례를 찾아볼 수 없었으나, 대법원이 그러한 상황을 모두 무시하고 사실상 사문화된 종전의 약관 규정을 적용한 것이라는 비판이 있다[김재형 외 1, 「자유로운 의사결정을 할 수 없는 상태에서의 사망에 관한 생명보험 및 상해보험 판례의 동향」, 법학논총 제23권 제1호(조선대학교 법학연구원 2016. 4.), 417페이지].

대상사건 제2보험계약의 경우 피보험자가 우울증으로 인하여 자유로운 의사결정을 할 수 없는 상태였다면, 자살면책의 예외가 인정되고 보험금 지급의무가 인정된다. 법원은 망인이 자살 방법을 미리 검색하였고, 최종 검색한 방법대로 자살을 실행에 옮긴 점(즉, 충동적으로 자살에 이른 것이 아닌 점)과 망인이 사회생활을 하는 등 우울증으로 인한 증상이 극심한 정도로 보기 어렵다는 점을 근거로 망인이 자유로운 의사결정을 할 수 없는 상태는 아니었다고 판단하였다. 위와 같은 법원의 판단은 종전 판결례들에서 자살에 즈음한 시점에서의 구체적인 상태와 자살 방법 및 태양 등을 종합적으로 고려하여 판단하여 온 것과 맥락을 같이 한다.

대상사건에서와 같이, 자살 방법과 태양은 자유로운 의사결정을 할 수 없는 상태였는지의 판단에 있어 중요한 요인으로 작용하고 있다. 예컨대, ① 서울중앙지방법원 2021. 5. 26. 선고 2019가합507891 판결은 「망인이 자살하기 위해 택한 방식은 빨래 건조대에 개 목줄을 사용하여 목을 매는 것이었는데 이는 목을 매는 장소와 도구 등을 미리 생각하여 준비하는 것이 필요한 방법이다. 그렇다면 망인의 자살 기도가 여타의 다른 자살 기도 방식들(창밖으로 뛰어내리거나, 보이는 물건으로 자해하는 등)과 비교해 볼 때 충동적이거나 돌발적이었다고 보기 어렵다.」는 점을, ② 서울중앙지방법원 2021. 6. 22. 선고 2020가단5139629 판결 역시 「망인이 자살하기 위해 택한 방식은 작은방 행거에 의자를 놓고 올라가 다리미 줄을 사용하여 목을 매는 것이었는데, 이는 목을 매는 장소와 도구 등을 미리 생각하여 준비하는 것이 필요한 방법이다. 그렇다면 망인의 자살 기도가 창밖으로 뛰어내리거나, 보이는 물건으로 자해하는 등 여타의 다른 자살 기도 방식들과 비교해 볼 때 충동적이거나 돌발적이었다고 보기 어렵다.」는 점을 각각 망인이 사고 당시 자유로운 의사결정을 할 수 없는 상태였다고 보기 어려운 근거로 든 바 있다.

다만, 아쉬운 점이 있다면, 대상사건의 경우 망인이 오랜 기간 우울증으로 치료를 받아 왔고, 심지어 이전에도 자살시도가 있었다는 점을 감안할 때, 우울증의 정도가 심각한 경우였을 가능성을 배제할 수 없음에도, 이에 대한 의학적 판단근거의 설시가 부족하다는 점이다. 자살 방법을 미리 검색하고 준비한 것으로 보이기는 하지만, 이는 이미 자살을 시도하였다가 실패한 경험이 있기 때문으로 볼 수도 있다. 자유로운 의사결정을 할 수 있는 상태였는가의 판단에 있어 자살이 충동적이었는가가 결정적인 기준은 아니기 때문에 더욱 그러하다. 실제로 ③ 대법원 2018. 2. 8. 선고 2017다226537 판결 역시 극심한 우울 상태에서는 판단력이 떨어질 수 있는데, 판단력이 떨어져도 유서 작성이나 다른 사람에게 전화를 걸어 자녀의 신변을 부탁하는 것은 가능하다는 점 등을 감안하여 피보험자가 유서를 작성하고 목을 매 사망한 사건에서 피보험자가 정신질환 등으로 자유로운 의사결정을 할 수 없는 상태에서 사망의 결과를 발생케 한 경우에 해당한다고 판단한 바 있다. 즉, 충동적인 자살 실행이 아닌 경우라도, 극심한 우울 상태였다면, 자유로운 의사결정을 할 수 없는 상태에서의 자살로 평가될 수 있는 것이다. 또한 ④ 서울중앙지방법원 2021. 1. 27. 선고 2020가합525918 판결 역시 「망인이 스스로 밧줄을 가지고 이 사건 사고 현장에 갔고 사망 전 유서를 남기긴 하였으나, 이러한 사정만으로 망인이 합리적인 판단 아래 계획적으로 자살하였다고 단정하기는 어렵다. 망인은 사망 전 신변 정리를 한 사실이 없고, 사망 직전까지 특별한 자살 징후를 보이지 아니하였고, 자살 직전까지 업무 인수인계를 진행하고 병가신청서를 제출하려고 하는 등 정상적으로 업무를 보던 중 갑자기 목을 매어 사망하였다.」고 판단한 바 있다. 마지막으로 ⑤ 부산고등법원 2014. 12. 23. 선고 2014나1935 판결은 정신분열병으로 입·퇴원을 5회에 걸쳐 반복한 피보험자가 소나무 가지에 나일론 끈으로 목을 매어 사망한 상태로 발견된 사례에서, 「망인이 자동차를 운전하여 백운산에 가서 나일론 끈을 이용해 나무에 목을 매기는 하였으나, 망인이 평소 걷기보다는 자동차를 운전해서 시장과 등산을 다닌 것으로 보이고, 망인이 나일론 끈을 미리 구입하였음을 인정할 증거가 없을 뿐만 아니라, 망인의 정신분열병에 비추어 설령 망인이 나일론 끈을 구입해서 이를 이용해 목을 매었다 하더라도 그것만으로 망인의 자발적이고 의도적인 자살로 보기 어려운 점 등을 종합하여 보면, 이 사건 사고는 망인이 정신질환 등으로 자유로운 의사결정을 할 수 없는 상태에서 사망의 결과를 발생케 한 경우에 해당한다.」고 판단[4]하였다.

더구나 대법원은 주요우울장애와 자살의 관련성에 관한 의학적 판단 기준이 확립되어 있으므로, 사실심 법원으로서는 주요우울장애로 자유로운 의사결정을 할 수 없는 상태에 이르러 자살하였다고 볼만한 의학적 견해가 증거로 제출되었다면 함부로 이를 부정할 수 없고, 만약 법원이 그러한 의학적 소견과 다르게 인과관계를 추단하려면 다른 의학적·전문적 자료에 기하여 신중하게 판단하여야 한다(대법원 2021. 2. 4. 선고 2017다281367 판결)는 입장이다.

---

4) 위 판결의 상고심(대법원 2015. 6. 23. 선고 2015다5378 판결) 역시 망인이 목을 매어 사망한 것은 정신분열증으로 인하여 자유로운 의사결정을 할 수 없는 상태에서 사망의 결과를 발생케 한 경우에 해당한다고 판단하면서도, 면책 약관 중 '피보험자의 정신질환으로 인한 상해'에 해당함을 이유로 파기환송하였다.

따라서 대상사건의 경우 정신과 주치의에 대한 사실조회나 진료기록감정을 통해 자살을 할 즈음에 이르러 우울증의 정도가 심각한 수준이었는지 여부에 대한 의학적 소견이 뒷받침되었어야 한다. 그러나 대상사건의 경우 이러한 의학적 소견이 충분히 현출되지 않은 것으로 보이고(주치의에 대한 사실조회나 진료기록감정을 하지 않은 것으로 보임), 판결 이유에서도 망인과 관련된 의학적 소견은 전혀 언급이 없는 점이 아쉽다.

16

우울증이 있기는 하였지만 자유로운 의사결정능력을 상실한 상태에서 음독자살을 한 것으로 보기는 어렵다고 본 사례
(대전지방법원 2021. 4. 29. 선고 2018가단222645 판결)

[사건 개요]

원고는 2009. 2. 20. 아들 망 C(이하 '망인')를 피보험자로 하여 피고와 사이에 가입 금액을 5천 만 원, 월 보험료를 128,500원으로 하여, 피보험자의 사망 시 5천만 원 및 가산보험금을 지급하는 내용의 주계약을 체결하면서, 가입 금액을 5천만 원, 월 보험료를 9,000원으로 하여, 피보험자의 재해로 인한 사망 시 5천만 원을 지급하는 내용의 '무배당 재해보장특약'을 체결함.

망인은 2018. 7. 13. 13:00경 세종특별자치시 ○○에 있는 망인의 자택 욕실에서 욕실 문틀에 머리를 기댄 채 욕실 바닥에 쓰러져 있었고, 망인의 처가 신고해 출동한 경찰 등이 이를 발견하여 인근 병원으로 이송해 심폐소생술을 실시하였으나 같은 날 14:03경 사망함.

망인에 대한 국립과학수사연구소의 부검감정결과 '망인의 혈액과 위 내용물에서 청산염이 검 출되어 청산염 음독이 인정되고, 혈중알코올농도가 0.121%로 검출되어 사망 당시 음주 상태였을 것으로 추정되나, 일반적인 사망에 이를 정도(0.4%)에 미치지 못하는 점 등을 종합해 볼 때, 망인 의 사망 원인은 청산염 중독으로 판단된다.'라는 취지로 회신됨.

[법원의 판단]

망인에 대하여 사망이라는 보험사고가 발생하였고, 사망일이 이 사건 주계약의 보장개시일로부터 2년이 훨씬 도과하였음은 당사자 사이에 다툼이 없어 위 보험사고는 이 사건 면책제한규정에도 해당한다. 이에 특별한 사정이 없는 한 피고는 보험수익자인 원고에게 이 사건 주계약에 따른 사망보험금 5,000만 원 및 가산보험금 31,165원 합계 50,031,165원 및 이에 대한 지연손해금을 지급할 의무가 있다.

이 사건 주된 보험계약에서 자살면책 제한 규정을 두고 있고, 이 사건 각 특약의 약관에서 이 사건 주된 보험계약의 약관을 준용한다는 취지의 규정을 두고 있으므로, 이 사건 주계약 준용규정에 의하여 이 사건 주된 보험계약의 자살면책 제한 규정이 이 사건 각 특약에 준용되는지 여부가 약관의 해석상 문제 될 수 있다. 그러나 이 사건 주계약 준용규정은, 어디까지나 그 문언상으로도 '특약에서 정하지 아니한 사항'에 대하여 주계약 약관을 준용한다는 것이므로 '특약에서 정한 사항'은 주계약 약관을 준용할 수 없음은 명백하고, 이 사건 각 특약이 정하지 아니한 사항에 한하여 이 사건 각 특약의 본래의 취지 및 목적 등에 반하지 아니하는 한도 내에서 이 사건 주된 보험계약의 약관 조항들을 준용하는 취지라고 해석된다. 따라서 이러한 해석에 비추어 보면, 이 사건 주계약 약관에서 정한 자살면책 제한 규정은 자살이 이 사건 주된 보험계약에서 정한 보험사고에 포함될 수 있음을 전제로 하여 그 면책 및 그 제한을 다룬 것이므로, 보험사고가 재해를 원인으로 한 사망 등으로 제한되어 있어 자살이 보험사고에 포함되지 아니하는 이 사건 특약에는 해당될 여지가 없어 준용되지 않는다고 보는 것이 합리적이며 이 사건 각 특약의 취지에도 부합된다(대법원 2009. 5. 28. 선고 2008다81633 판결 참조).

① 망인이 통증이 수반되는 좌측 발목 인대 부상 외에 이에 동반하여 우울증 등을 겪고 있었던 것으로는 보이지만, 망인이 그러한 우울증 등을 겪고 있었고, 복용하던 약물이 자살을 유발할 수 있는 부작용 등이 있었다는 사정만으로 곧바로 망인이 자유로운 의사결정을 할 수 없을 정도로 정신질환 등에 시달리고 있었다고 단정하기 어려운 점, ② 오히려 망인은 사망 당일 의사결정이 불가능할 정도에 이르렀다고 볼 특별한 징후는 없는 상태에서 오전에 여동생에게 단체 문자를 보

보험전문변호사의 보험소송

내는 방법을 물어보고, 그에 따라 자신의 지인들에게 자살을 암시하는 내용의 단체 문자를 보내기도 하였으며, 사망 직전으로 보이는 12:33경 여동생에게 전화해 자살을 암시하는 말을 하는 등 자살을 계획하고 실행한 것으로 보이는 사정 등이 인정된다. 이에 의하면, 망인은 정신질환 등으로 자유로운 의사결정을 할 수 없는 상태에서 사망이라는 결과에 이른 것이라고 보기는 어렵다.

[설명]

생명보험사의 주계약 보험약관은 자살의 경우라고 하더라도, 보장개시일로부터 2년이 경과한 경우는 사망보험금을 지급하도록 하는 자살면책 제한규정을 두고 있다. 대상판결(대전지방법원 2018가단222645 판결)도 이에 따라 피보험자가 자살을 할 당시 보장개시일로부터 2년의 면책기간이 경과하였기 때문에, 주계약상 일반사망보험금을 지급할 의무가 있다고 판단한 것이다.

이에 반해 재해사망보험금의 경우는 피보험자가 보장개시일로부터 2년이 경과한 후에 자살을 한 경우 자살면책 제한규정이 적용되는지와 관련하여 약관 해석이 문제 되어 왔다. 보험기간 내에 피보험자가 재해로 인하여 사망한 경우 재해사망보험금을 지급하는 재해사망특약(대상사건의 경우는 '재해보장특약')은 주계약과 같은 자살면책 제한규정을 따로 두지 않은 경우와 자살면책 제한규정을 따로 두고 있는 경우로 나뉜다.

먼저, 자살면책 제한규정을 따로 두지 않은 경우에도 특약에서 따로 규정하지 않는 한 주계약을 준용하는 규정을 두고 있으므로, 주계약상 자살면책 제한규정을 재해사망특약에도 준용할 것인지가 문제 되는데, 대상판결 사안의 경우가 이에 해당한다. 이 경우 대법원 2009. 5. 28. 선고 2008다81633 판결은 보험사고가 재해를 원인으로 한 사망 등으로 제한되어 있어 자살이 보험사고에 포함되지 아니하는 재해사망특약에는 해당될 여지가 없어 준용되지 않는다고 판단한 바 있고, 대상판결도 이에 따랐다.

다음으로, 재해사망특약에서 자살면책 제한규정을 따로 둔 경우 대법원 2016. 5. 12. 선고 2015다243347 판결은 「평균적인 고객의 이해 가능성을 기준으로 살펴보면, 위 조항은 고의에 의한 자살 또는 자해는 원칙적으로 우발성이 결여되어 이 사건 특약 약관 제9조가 정한 보험사고인 재해에 해당하지 않지만, 예외적으로 단서에서 정하는 요건, 즉 피보험자가 정신질환상태에서 자신을 해친 경우와 책임개시일부터 2년이 경과된 후에 자살하거나 자신을 해침으로써 제1급의 장해상태가 되었을 경우에 해당하면 이를 보험사고에 포함시켜 보험금 지급사유로 본다는 취지로 이해할 여지가 충분하다.」고 보아, 재해사망특약에 규정된 자살면책 제한 규정이 적용되므로, 자살의 경우에도 책임개시일로부터 2년이 경과하였다면, 재해사망보험금을 지급하여야 한다고 판단한 바 있다(이에 대하여는 12번 사례 서울중앙지방법원 2017. 2. 16. 선고 2016가단5108772 판결 참조).

한편, 대상판결 사안의 경우 혈중알콜농도 0.121%로 음주 상태이기는 하지만, 부검감정결과 청산염(청산가리)이 검출되었고, 청산염 중독이 사인으로 판단되었으므로, 일응 자살을 한 경우로 볼 수 있다. 다만, 위와 같은 음주 상태 및 우울증 병력 등에 비추어 볼 때, 피보험자인 망인이 정신질환 등으로 자유로운 의사결정능력을 할 수 없는 상태에서 사망한 것인지의 검토가 더 필요한 사건이다. 이와 관련하여 법원은 망인이 우울증 치료를 받아 온 것은 사실이고, 망인이 정신건강의학과에서 처방받아 복용한 약물들이 자살의 위험성을 높이는 부작용이 있는 것으로 알려져 있기는 하지만, 망인이 자살을 계획하고 실행한 것으로 보이는 사정에 비추어 자유로운 의사결정능력을 상실한 상태에서 사망한 것으로 보기는 어렵다고 판단하였다. 특히 대상판결은 망인이 사망 전 지인들에게 단체 문자로 자살을 암시하는 단체 문자메시지를 보내고, 여동생에게도 전화로 "그동안 나 열심히 살았어. 미안해. 그리고 많이 사랑한다."는 말을 하였다는 것을 위와 같은 사정의 주된 근거로 삼았다.

대상판결의 경우와 같이 피보험자가 미리 자살을 계획하고 실행한 것으로 보이는 경우는 중증의 정신질환 등이 있었다는 점이 인정되지 않는 한 자유로운 의사결정을 할 수 없는 상태였다고 인정되지 않을 수 있다. 예컨대, 서울중앙지방법원 2021. 4. 21. 선고 2020나33383 판결은 피보험자인 망인이 모텔에서 살충제 중독으로 인한 심정지 상태로 발견된 사례에서, 망인이 사건 발생 약 7개월 전 망상증세가 있었다는 의사의 소견이 있기는 하지만, 망인이 2018. 6. 25. 당시 농약을 구하여 스스로 병에 나누어 담아 마시는 방법으로 자살하였고, 그에 앞선 2018. 6. 22.에는 스스로 유서까지 작성하여 자살을 시도한 사실이 있는 등 수차례 자살을 시도한 것으로 보이고, 유서까지 작성하였던 점, 자살 방법에 비추어 사전에 자살을 계획한 것으로 보이는 점 등에 비추어 보면 자살 당시 망인이 심신상실 등으로 자유로운 의사결정을 할 수 없는 상태에 있었다고 보이지 않는다고 판단하였다.

　다음으로 망인이 대상판결에서 지적한 것처럼, 일응은 사실상 유서에 해당하는 단체 문자 메시지를 보내고, 여동생과 전화 통화를 한 것으로 볼 때에도, 망인이 의사결정능력을 상실한 것으로 보기는 어려운 측면이 있다. 또한 음독자살에 이용된 청산가리는 일반인이 흔히 비치해 두는 것이 아니므로, 미리 계획하에 자살한 것으로 볼 여지가 크다. 다만, 대상사건의 경우 망인이 복용하던 약물[트리아졸람(Triazolam) 성분의 졸민(Zolmin), 리보트릴(Rivotril) 등]은 알코올과의 상호작용으로 병용을 피해야 하는데, 망인의 경우 음주 자체로는 사망할 정도는 아니지만, 혈중알코올농도가 0.121%나 되었던 점이 그다지 다루어지지 않았고, 청산가리를 입수하게 된 경위가 어떠한지 불분명한 점(즉, 사전에 구입하는 등 자살을 준비한 것인지 여부를 확인할 필요)이 아쉽다. 지인들에게 단체로 보낸 문자 메시지에도 '다음에 뵐 때는 더 성숙되어 있는 사람으로 되겠습니다.'라는 내용이 포함되어 있는데, 이는 자살하려는 마음을 먹고 보낸 것으로 보기에는 다소 모순된다. 경우에 따라서는 망인이 이미 약물과 알코올의 상호작용의 영향으로 정상적인 판단능력을 상실한 상태였을 가능성을 배제할 수 없다. 자살을 미리 계획하였다고 볼만한 유력한 증거인 청산가리를 망인이 어떤 경위로 음독하게 되었는지까지 파악된다면, 사건의 실체가 보다 분명해질 수 있지 않았을까.

17

우울증 약 복용과 음주로 판단력이 저하된 상태에서 동거인과의 다툼으로 극도의 흥분되고 불안한 심리상태를 이기지 못하고 아파트 베란다에서 뛰어내린 사례

(대구지방법원 2017. 2. 16. 선고 2016가합201535, 2016가합206806 판결)

[사건 개요]

손해보험사인 원고는 2014. 10. 27., 2014. 12. 29., 2015. 1. 9., 2015. 4. 3. 피고의 누나인 망 B(이하 '망인')와 사이에 총 4건의 보험계약(이하 '이 사건 각 보험계약')을 체결함.

망인은 2015. 4. 7. 21:15경 거주지인 경산시 G 아파트 107동 1303호 베란다에서 추락하여 다발성 외상성 손상으로 사망함.

피고는 망인의 동생으로서 유일한 상속인이고, 2015. 11. 13. 원고에게 이 사건 각 보험계약과 관련한 보험금 지급을 청구하였음.

원고는 망인의 고지의무위반을 이유로 2015. 12. 9. 피고에게 제4보험계약의 해지를 통보하는 내용의 통지서를 발송하여 2015. 12. 10. 피고에게 도달함.(고지의무위반과 관련한 사실관계는 생략함)

[법원의 판단]

망인이 자살한 사실에 대하여는 당사자 사이에 다툼이 없으나, 이 사건 제1 내지 제3보험계약의 약관은 자살인 경우 원칙적으로 보험회사가 면책된다고 정하고, 한편 심신상실 등으로 자유로운 의사결정을 할 수 없는 상태에서 이루어진 자살인 경우 보험금을 지급한다고 정하고 있으므로, 망인의 자살이 심신상실 등으로 자유로운 의사결정을 할 수 없는 상태에서 이루어진 것인지 여부에 관하여 살펴본다.

위 관련 법리에 비추어 살피건대, 앞서 든 증거들과 갑 제4호증, 을 제2호증, 제8호증의 각 기재 및 변론 전체의 취지를 종합하여 인정되는 다음과 같은 사정들, 즉 ① 망인의 어머니는 2010. 6. 1. 사망하였고, 망인의 아버지는 망인이 사망하기 약 1개월 전인 2015. 3. 11. 심근경색으로 사망하였는데, 망인은 아버지의 사망 후 우울증 증세를 보여 왔고, 사망하기 직전인 2015. 3. 23., 2015. 4. 1. F 신경정신과의원에서 정신생리장애로 진단받아 진정제, 항우울제, 불면증 치료제를 각 7일분 처방받아 이를 복용하기도 한 점, ② 국립과학수사연구원 감정에 의하면 망인의 혈액에서 검출된 약물은 우울증에 사용되는 약물로 알코올과 병용하면 중추신경 억제 효과를 증강시켜 졸음 및 판단력 부족 등의 부작용을 유발할 수 있고, 망인에 대한 진료의사인 F의 소견에 의하더라도 망인에게 처방된 약은 알코올과 함께 복용 시 항불안 혹은 긴장 작용을 증가시킬 수 있는데, 망인의 혈중알코올농도는 0.045%로 측정되어 사망 전에 술을 마신 것으로 확인되는 점, ③ 망인의 주변 지인들의 진술에 의하면 망인은 생전에 술을 잘 못하는 편이었고, 이에 더하여 망인이 복용한 약물과의 상승효과를 고려하면 위 음주량만으로도 망인의 정신장애 및 판단능력의 저하를 가져올 수 있을 것으로 보이는 점, ④ 망인의 동거인으로서 사망 당시까지 함께 있었던 소외 H의 진술에 의하면, 망인은 2015. 4. 5. 21:00경 거주지에서 수면제 6알을 먹고 H에게 자신이 여태까지 낙태를 10회, 동거도 3회 하였다고 말하였고, 두 사람은 계속하여 잠을 자다가 2015. 4. 7. 15:00경 잠에서 깨어났는데, H가 낙태에 관해서 물어보니 망인은 자신이 한 말을 기억하지 못하고 그런 일이 없다고 부인을 하였으나 H가 재차 추궁하자 낙태한 것이 사실이라고 말한 점, ⑤ 그후 H는 소주를 2병가량 마시고 망인과 낙태 사실을 숨긴 문제로 인하여 다투던 중 식칼로 자신의 왼쪽 손목을 수십 차례 그어 자해하고, 돌하르방으로 자신의 머리를 때리고, 라이터로 자신의 앞머리카락을 태우는 등 망인 앞에서 위험하고 잔인한 방식으로 자해를 한 점, ⑥ 이에 더하여 망인의 거주지 거실 바닥과 안방 바닥에는 파손된 소주병 조각들이 널려져 있고, 안방 출입문 앞 거실 바닥에는 식칼이 놓여 있어 사망 직전 두 사람의 다툼의 양상이 격렬했던 것으로 보여 망인은 극도로 흥분되고 불안한 상태였을 것으로 보이는 점, ⑦ 망인은 유서를 남긴 바 없고 달리 자살을 준비한 사실도 없으며, H와 다투는 과정에서 충동적으로 베란다에서 뛰어내려 자살을 선택한 것으로 보이는 점, ⑧ 망인은 2015. 3. 중순경 가족들과 함께 거제도 여행을 다녀오기도 하였고, 사망하기 약 4일 전인 2015. 4. 3. 동생인 피고로 하여금 망인이 보험설계사로 근무하던 원고 회사의 보험 상품에 가입하도록 권유하여 보험 계약을 체결하게 하였으며, 2015. 4. 말경 피고의 결혼이 예정되어 있어 망인은 부모님을 대신하여 피고의 결혼 준비를 돕고 있었던 것으로 보이는데, 이러한 사정을 볼 때 망인은 이전부터 자살을 계획하였다고 보기 어렵고, 자신의 사망이 가져올 수 있는 변화에 대하여 진지하게 이해하지 못한 채 갑작스럽게 자살에 이른 것으로 보이는 점 등을 고려하면, 망인은 우울증 약을 복용하고도 음주를 하여 판단력이 저하된 상태에서, H가 망인의 앞에서 위험하고 잔인한 방식으로 자해를 지속하고 식칼과 깨진 소주병 조각이 곳곳에 널려져 있을 정도로 H와 극심한 다툼을 벌이다가, 극도의 흥분되고 불안한 심리 상태를 이기지 못하고 순간적인 정신적 공황 상태에서 자신의 행동으로 인하여 발생할 사망의 결과와 그로 인한 가족들 및 주변 상황의 변화에 대하여 제대로 이해하거나 예측하지도 못한 채 격분된 순간을 벗어날 방편으로 베란다에서 뛰어내림으로써 자유로운 의사결정에 의하지 아니하고 사망의 결과에 이른 것으로 볼 수 있다.

[설명]

피보험자가 정신질환 등으로 자유로운 의사결정을 할 수 없었던 경우로는 우울증, 양극성 정동장애 등 정신질환의 정도에 비추어 정상적인 판단능력을 거의 상실한 경우나, 정신질환이 아니더라도 술이나 약물에 취한 나머지 판단능력이 극히 저하된 상태 등을 들 수 있다. 그리고 위와 같은 상태에서의 사망이었는지 여부는 자살자의 나이와 성행(성행), 자살자의 신체적·정신적 심리 상황, 정신질환의 발병 시기, 진행 경과와 정도 및 자살에 즈음한 시점에서의 구체적인 상태, 자살자를 에워싸고 있는 주위 상황과 자살 무렵의 자살자의 행태, 자살행위의 시기 및 장소, 기타 자살의 동기, 그 경위와 방법 및 태양 등을 종합적으로 고려하여 판단하여야 한다(대법원 2011. 4. 28. 선고 2009다97772 판결 등).

대상판결(대구지방법원 2016가합201535, 2016가합206806 판결) 사안의 경우 우울증 등 정신질환, 음주의 영향, 자살 당시의 극도의 흥분된 상황 등이 모두 자살 사고에 영향을 준 경우이다. 먼저, 망인의 우울증은 그 발병 시기나 증상의 정도가 어떠했는지는 불분명하고, 우울증 단독으로는 자유로운 의사결정능력이 없는 상태였다고 보기 어려운 측면이 있다. 그러나 항우울제와 불면증 치료제는 알코올과 병용할 경우 그 부작용으로 인한 위험성(판단력 저하 및 억제력 저하)이 있고, 이에 대하여는 9번 사례(서울중앙지방법원 2021. 3. 25. 선고 2018가합564705 판결) 등에서도 살펴본 바 있고, 19번 사례(부산지방법원 2021. 10. 22. 선고 2018가단305716, 2018가단316341 판결)에서도 다루고 있다.

대상사건의 경우 법원은 특히 망인이 베란다에서 뛰어내릴 당시의 상황에 주목하였는데, 이미 잘 알려진 대법원 2006. 3. 10. 선고 2005다49713 판결 사안의 경우와 매우 흡사하다. 위 2005다49713 판결에서도 망인이 술에 취하여 귀가한 남편과 격렬하게 부부 싸움을 하던 중 망인이 베란다 밖으로 뛰어내린 사건에서 망인이 극도의 흥분되고 불안한 심리 상태를 이기지 못하고 순간적인 정신적 공황 상태에서 극도로 모멸스럽고 격분된 순간을 벗어날 방편으로 베란다에서 뛰어내림으로써 자유로운 의사결정에 의하지 아니하고 사망의 결과에 이른 것으로 볼 수 있다고 판단하였다. 위 2005다49713 판결 사안의 경우도 망인의 남편이 욕을 하면서 망인의 뺨을 수회 때리고 머리카락을 잡고 다시 몸을 잡아끌어 베란다로 끌고 간 다음 "같이 죽자."며 상체를 난간 밖으로 밀어내자 자녀들이 망인의 다리를 잡고 울며 남편을 말리는 등 상호 간에 매우 흥분된 상태에서 과격하게 싸움을 하였던 경우이다.

대상판결 사안의 경우에도 위 2005다49713 판결 사안의 경우 못지않다. 망인의 동거인이 술을 마신 상태에서 망인에게 낙태를 한 사실을 추궁하고, 낙태 사실을 숨긴 문제로 다투면서 식칼로 자해를 하는 등 극도의 공포감과 불안감을 유발하는 행위를 하였다. 더구나 망인은 당시 항우울제 및 수면제와 알코올의 상호작용으로 판단능력이 저하된 상태였다. 대상판결은 위와 같은 극도의 공포와 불안감하에서 망인이 자유로운 의사결정을 하지 못하고, 충동적으로 베란다에서 뛰어내린 것으로 본 것이다.

18

불면과 우울증에 시달리다 약을 과다 복용하여 자유로운 의사결정을 할 수 없는 상태에서 충동적으로 자살을 감행한 것으로 본 사례
(서울중앙지방법원 2021. 8. 25. 선고 2018가단5231133 판결)

[사건 개요]

망 D(이하 '망인')는 피고와 사이에 2011. 3. 11. 피보험자를 망인, 사망보험금 수익자는 법정상속인으로 하여 망인이 상해로 사망할 경우 1억 원의 보험금을 지급하기로 하는 보험계약을, 원고 B는 피고와 사이에 2011. 8. 19. 피보험자를 망인, 사망보험금 수익자는 법정상속인으로 하여 망인이 상해로 사망할 경우 1억 원의 보험금을 지급하기로 하는 보험계약을 각 체결함(이하 '이 사건 각 보험계약').

망인은 2018. 3. 13. 부천시 ○○아파트, 00호 주거지 베란다 빨래 건조대에 압박 붕대를 묶어 올가미를 만든 뒤 목을 매어 숨진 상태로 발견됨(이하 '이 사건 사고').

원고들은 망인의 부모로서 법정상속인으로 피고에게 상해사망보험금을 청구하였으나, 피고는 망인이 스스로 목을 매어 자살하였으므로 이는 우연성을 요건으로 하는 보험사고에 해당하지 않거나 자유로운 의사결정을 할 수 없는 상태에서 자살한 것이라고 볼 수 없어 '피보험자의 고의'에 의한 사고로 면책되었다고 주장.

[법원의 판단]

　사망을 보험사고로 하는 보험계약에서 자살을 보험자의 면책사유로 규정하고 있는 경우에, 그 자살은 자기의 생명을 끊는다는 것을 의식하고 그것을 목적으로 의도적으로 자기의 생명을 절단하여 사망의 결과를 발생케 한 행위를 의미하고, 피보험자가 정신질환 등으로 자유로운 의사결정을 할 수 없는 상태에서 사망의 결과를 발생케 한 경우까지 포함하는 것은 아니다. 따라서 피보험자가 자유로운 의사결정을 할 수 없는 상태에서 사망의 결과를 발생케 한 직접적인 원인 행위가 외래의 요인에 의한 것이라면, 그 사망은 피보험자의 고의에 의하지 않은 우발적인 사고로서 보험사고인 사망에 해당할 수 있다(대법원 2006. 3. 10. 선고 2005다49713 판결, 대법원 2014. 4. 10. 선고 2013다18929 판결 등 참조).

　아래와 같은 사실 및 사정들에 비추어 보면, 망인은 극심한 우울증과 약물 과다 복용으로 판단 능력이 극히 저하된 나머지 자유로운 의사결정을 할 수 없는 상태에서 충동적으로 자살을 감행하여 사망에 이른 것으로 인정된다.

… 중략 …

　(3) 망인은 2014. 9.경부터 불면증에 시달리면서 수면제를 처방받아 이를 복용해 왔고, 2015. 11.경부터 신경정신과에서 수면장애와 우울증 등으로 정기적으로 치료를 받으면서 아래 표 기재와 같이 졸민, 라제판, 로라반 등 벤조디아제핀계 안정제를 처방받아 매일 복용하였고, 2016. 2. 24.부터는 항우울제가 추가되어 위 안정제 등과 함께 5종의 약물을 매일 복용하였는데, 벤조디아제핀계 약물은 중독성이 강하고 부작용이 심한 약물로서 과다 복용하는 경우 의식의 혼란, 인지 기능의 변화 등의 부작용이 발생할 수 있다.

　(5) 망인은 수면장애, 불안증, 우울증의 상태가 호전되지 못하여 매일 약을 복용하였지만 수면제의 내성이 생겨 약을 늘려도 잠을 잘 자지 못하였고, 수면제와 우울증 약을 함께 복용한 상태에서 일정한 시간이 지나면 자신이 한 행동들을 기억하지 못하기도 하였다.

(7) 망인은 이 사건 사고 무렵 3일을 거의 한숨도 자지 못하여 심신이 극히 피로한 상태에 있었고, 사고 당일 새벽 5시경에 남자친구에게 '우울해.', '자고 싶은데 잘 수가 없어.'라는 문자를 보내 정신적, 육체적으로 힘든 상태에 있음을 나타냈다.

(8) 망인은 사망 당일 약속한 시간에 수강생들을 만나러 오지 않았고, 빨래 건조대에 압박 붕대를 묶은 뒤 무릎을 꿇은 상태에서 목을 매 사망하였는데, 따로 유서를 남기지는 않았다.

(9) 이 법원의 진료기록감정촉탁결과 감정의는 망인이 수면을 위해 야간에 약물을 과다 복용하고, 이후 새벽 시간에 약물 과다 복용 후 기억상실, 탈억제 등으로 의식의 혼란, 인지기능의 변화 등이 발생했을 것으로 추측되고, 그 경우 자유로운 의사결정이 되지 않았을 가능성이 있다는 의견을 밝혔다.

그렇다면, 이 사건 사고는 이 사건 보험계약에서 보장하는 '상해로 인한 사망사고'에 해당하고, 망인의 사망이 이 사건 약관상 면책사유에 해당하는 '피보험자의 고의'에 해당한다고 할 수 없음.

[설명]

상해를 직접원인으로 하여 사망한 경우에 지급되는 상해사망보험금에 있어 '상해'는 '급격하고도 우연한 외래의 사고'를 말한다. 이때, '외래의 사고'라는 것은 상해 또는 사망의 원인이 피보험자의 신체적 결함 즉 질병이나 체질적 요인 등에 기인한 것이 아닌 외부적 요인에 의해 초래된 모든 것을 의미한다(대법원 2010. 9. 30. 선고 2010다12241, 12258 판결 등 참조).

'외래의 사고'라는 상해사고 요건 측면에서 보면, 피보험자가 질병인 우울증으로 인해 자살한 경우는 외래성이 인정되기 부족하여 상해사망보험금의 보험사고가 발생한 것으로 보기 어렵다고 볼 것인지가 문제 된다. 특히 심한 우울증으로 인해 자유로운 의사결정을 할 수 없는 상태였던 경우도 외래성이 없음을 이유로 상해사고로 보기 어렵다고 볼 것인지가 문제 된다. 실제로 서울중앙지방법원 2021. 7. 1. 선고 2017가합559409 판결은「그 자살의 원인은 망인의 질병인 우울증에 기인하였다는 것인바, 이에 비추어 보면, 원고들이 제출한 증거들만으로는 망인의 사망에 사고의 외래성이 인정되기 부족하고 달리 이를 인정할 만한 증거가 없다.」고 판단하면서, 상해사망보험금 관련 보험사고가 발생한 것으로 보기 어렵다고 판단한 바 있다[한편, 고의적인 자살로 인한 사망의 경우는 우연성이 결여되어 재해사망보험금 지급사유에 해당하지 않는다고 본 사례로는 11번 사례(창원지방법원 2021. 5. 6. 선고 2020가단11592 판결) 참조].

이에 반해, 대상판결(서울중앙지방법원2018가단5231133 판결)은 대법원 2013다18929 판결 등에 기초하여, 피보험자가 자유로운 의사결정을 할 수 없는 상태에서 사망의 결과를 발생케 한 직접적인 원인 행위가 외래의 요인에 의한 것이라면, 그 사망은 피보험자의 고의에 의하지 않은 우발적인 사고로서 보험사고인 사망에 해당할 수 있다고 보았다. 즉, 망인이 스스로 목을 매어 사망한 것은 망인의 신체적 결함에 의한 것이 아니라 외부적 요인에 의한 것이므로, '외래의 사고'에 해당하고, 망인이 정신질환 등으로 자유로운 의사결정을 할 수 없는 상태에서 사망하였다면 이는 고의에 의하지 않은 우발적인 사고로서 상해사망사고에 해당한다고 본 것이다.

나아가 정신질환 등으로 자유로운 의사결정을 할 수 없는 상태의 사망이었는지 여부는 자살자의 나이와 성행(성행), 자살자의 신체적·정신적 심리상황, 정신질환의 발병 시기, 진행 경과와 정도 및 자살에 즈음한 시점에서의 구체적인 상태, 자살자를 에워싸고 있는 주위 상황과 자살 무렵의 자살자의 행태, 자살행위의 시기 및 장소, 기타 자살의 동기, 그 경위와 방법 및 태양 등을 종합적으로 고려하여 판단하여야 한다(대법원 2011. 4. 28. 선고 2009다97772 판결 등 참조).

대상사건에서 망인의 경우 우울증으로 인한 증상의 정도가 어느 정도였는지는 불분명하나, 불면증으로 인한 증상이 매우 심각하고 오래되었다는 것이 특징이다. 통상 자살사건의 경우 우울증이 주로 문제 되어 온 반면, 대상판결 사안의 경우는 불면증과 그 치료 약물의 부작용에 더 무게가 있다. 대상판결은 진료기록감정의 소견을 인용하면서, 망인이 복용하던 약물, 특히 벤조다이아제핀 계열 약물의 부작용과 그 과다 복용에 관심을 가진 것이다.

벤조다이아제핀계 약물은 불안상태 및 수면장애를 치료하는 데 가장 널리 사용되는 진정수면 제로, 금단 증상을 유발하는 의존성, 중추신경계 억제 등의 부작용을 유발할 수 있고, 장기 사용은 인지기능과 인지장애의 잠재적인 악화를 일으킬 수 있다고 추정되고 있다.[5] 대상사건의 경우 실제로 망인은 벤조다이아제핀계 약물을 복용하면서 지각, 결근, 인지능력 저하 등의 부작용이 생겼고, 이 사건 사고 무렵에는 3일간 잠을 자지 못한 상태였다는 점은 망인의 상태가 심각하였다는 것을 나타낸다고 본 것이다. 그리고 이 사건 사고 당시에는 심각한 수준의 불면증으로 수면을 위해 야간에 약물을 과다 복용하는 바람에 자유로운 의사결정 능력이 없는 상태에서 자살을 결행하였을 가능성이 있다는 감정의 소견 역시 이를 뒷받침한다.

---

5) 한국보건의료연구원, 「벤조다이아제핀 계열 약물의 처방양상 및 안정성」(2012), 10페이지.

19

외상성 뇌출혈 이후 발생한 뇌 기능 손상 상태에서 음주 후 투신한 피보험자가 일시적으로 심심상실 상태에 빠졌다고 보아 사망보험금 지급의무를 인정한 사례
(부산지방법원 2021. 10. 22. 선고 2018가단305716, 2018가단316341 판결)

[사건 개요]

원고(보험사)는 2011. 11. 14.경 피고 B와 사이에 보험계약자를 위 피고, 피보험자를 G, 보험수익자를 법정상속인으로 하는 보험계약(이하 '이 사건 보험계약')을 체결하였고, 이 사건 보험계약은 보험기간 중 상해의 직접결과로서 사망하는 경우 상해사망보험금을 지급하도록 되어 있음.

피보험자 G(이하 '망인')는 2017. 7. 17. 16:10경 자택인 부산 사하구 00아파트 00호 10층 베란다에서 투신을 하였고, 그 직후 부산대학교병원 응급실로 후송되었으나, 같은 날 17:02경 전신 다발성 손상으로 사망함(이하 '이 사건 사고').

피고들은 망인의 처와 아들로, 2017. 8. 21. 원고에게 사망보험금을 청구하였으나, 원고는 이 사건 사고는 약관에서 규정한 피보험자의 고의로 발생한 때에 해당한다는 이유로 보험금 지급을 거절하고, 채무부존재확인의 소를 제기함.

[법원의 판단]

망인은 2015. 4. 18. 계단에서 넘어져 발생한 외상성 뇌출혈 이후 감정조절장애와 알코올 중독, 우울증, 인지장애를 앓고 있었고, 이로 인해 기억력 감퇴 증상이나 섬망 증상과 같은 전두엽 및 실행기능 저하가 있었던 사실, 망인은 2017. 2. 16.부터 2017. 3. 20.까지, 2017. 4. 19.부터 2017. 6. 21.까지 ○○병원에서 기질성 정신장애, 우울장애, 알코올사용장애(인지장애 동반)로 입원치료를 받았는데, 정신보건 임상심리사가 2017. 2. 25. 심리검사를 실시하고 작성한 심리학적 평가보고서에는 '전두엽 및 실행기능의 저하가 뚜렷하며, 현재 환자는 Non-ammestic MCI(비기억성 경도인지장애)에 준하는 것으로 평가됨'이라고 기재되어 있는 사실, 망인은 2017. 7. 6. 뇌기능 손상에 의한 판단력 저하와 충동성 감소 목적으로 오르필서방정 150mg과 300mg을 처방받아 복용하고 있었던 사실, 망인은 이 사건 사고 당일인 2017. 7. 17. 오전부터 집 밖으로 나가 술을 마시고 들어와 처인 피고 B로부터 잔소리를 듣고, 차후 술을 마시면 병원에 언제든지 입원시켜도 좋다는 내용의 각서를 작성한 사실, 망인은 같은 날 오후 갑자기 죽겠다며 베란다에서 뛰어내리려고 하다가 피고 B가 만류하여 진정이 되었으나, 그 후 피고 B가 집 밖으로 나가려고 현관을 나서는 순간 "잘 살아라."라고 외치며 베란다에서 스스로 뛰어내린 사실이 인정된다.

○○병원 정신건강의학과 전문의이자 망인의 주치의였던 ○○○는 2018. 1. 30.자 진료확인서에서 '망인의 심리검사상 인지기능 저하(특히 전두엽 및 실행기능 저하가 뚜렷)의 뇌 기능 이상 소견 및 기타 우울증 양상과 신체적 질환 등이 자살사고에 영향을 주었을 것으로 사료된다.'라는 취지의 의견을 밝히고 있고, 2018. 10. 16.자 사실조회회신에서 '전두엽 및 실행기능의 저하가 있는 경우 억제능력이 떨어져 충동적 행동을 한다거나 과잉행동을 하게 되는 경우가 많다, 뇌 기능 손상에 의한 판단력 저하와 충동성 감소 목적으로 망인에게 오르필서방정을 처방하였다. 위 약물을 복용하고 있던 중에 술을 마시면 술에 의한 자기조절력과 판단력 저하 및 억제능력 저하로 인한 충동성이 증가한다. 평소 술 때문에 다툼이 있던 아내와 다시 술 때문에 다툼이 발생한 경우 망인이 자신의 감정을 조절하지 못하고 충동적으로 행동할 위험성이 있다. 뇌 기능 손상과 음주로 인한 충동성 증가로 베란다로 뛰어내리는 행동을 한 것으로 보여진다.'라는 취지의 의견을 제시하고 있다.

○○병원 감정의 Q는 2020. 9. 25.자 진료기록 감정촉탁에 대한 회신에서 '전두엽 기능의 저하는 충동적 행동을 일으킬 수 있는데, ○○병원 심리학적 평가보고서에 의하면 망인은 전두엽 및 실행기능의 저하가 뚜렷하여 망인이 자신의 행동을 억제하지 못하고 충동적으로 행동할 위험성

이 있다. 전두엽 및 실행기능의 경도인지장애 수준의 경미한 저하가 조절되지 않은 음주문제, 잦은 다툼과 연관이 있을 가능성이 있고, 또한 알코올이 사고능력 및 판단력, 감정 조절에 대한 영향이 있으므로 기저 경도인지장애 수준의 인지기능을 더욱 떨어뜨렸을 가능성이 있다.'라는 취지의 의견을 밝히고 있고, 2021. 4. 30.자 사실조회에 대한 회신에서 '섬망'이란 '신체질환이나 약물의 중독, 금단과 같은 의학적 상태의 결과로 나타나는 뇌의 전반적인 기능장애로 인한 증후군으로, 자유로운 의사결정을 하는 데에 어려움이 있는 상태인데, 부산대병원 입원 경과기록지에서 확인되는 섬망 증상, ○○병원 간호경과기록지에서 확인되는 섬망 의심 증상, ○○병원 진료기록지에서 확인되는 알코올 금단 섬망 증상이 확인되고, 투신 당시 음주한 사실이 있으므로, 자유로운 의사결정을 할 수 없는 상태에서의 자살의 가능성이 있을 것으로 보인다.'라는 취지의 의견을 제시하고 있다.

위와 같은 일련의 사실들과 의료기관의 의견을 종합하여 보면, 망인은 전두엽 및 실행기능의 장애가 사고능력 및 판단력, 감정 조절에 영향을 주어, 음주로 인한 처와의 다툼 이후 자기 조절력 및 판단력의 저하, 충동성의 증가로 자살 충동을 이성적으로 억제할 능력을 상실한 채 투신한 것으로 보이는 바, 이 사건 사고 당시 망인의 이러한 정신적 상태는 순간적 내지 일시적으로 심신상실 상태에 빠진 것으로 자유로운 의사결정을 할 수 없는 상태였다고 봄이 타당하다. (채무부존재확인 본소 청구 기각, 보험금 청구 반소 인용)

[설명]

소송 실무상 정신질환 등으로 자유로운 의사결정을 할 수 없는 상태였는지에 대한 판단에 있어서는 정신과전문의의 의학적 소견이 매우 중요하게 작용한다. 이때, 정신과 진료기록에 대한 진료기록감정촉탁결과 외에도, 자살을 한 피보험자의 정신과 주치의의 소견 역시 매우 중요한 자료가 된다.

예컨대, 대법원 2021. 2. 4. 선고 2017다281367 판결은 「주요우울장애와 자살의 관련성에 관한 의학적 판단 기준이 확립되어 있으므로, 사실심 법원으로서는 주요우울장애로 자유로운 의사결정을 할 수 없는 상태에 이르러 자살하였다고 볼만한 의학적 견해가 증거로 제출되었다면 함부로 이를 부정할 수 없다. 만약 법원이 그러한 의학적 소견과 다르게 인과관계를 추단하려면 다른 의학적·전문적 자료에 기하여 신중하게 판단하여야 한다.」고 판단한 바 있다.

대상사건(부산지방법원2018가단305716, 2018가단316341 판결)의 경우 망인이 외상성 뇌출혈 후 발생한 전두엽 및 실행기능의 저하가 있었는데, 이 경우 충동적이거나 과잉행동을 하는 경우가 많고, 망인이 사고 당시 술을 마셔 충동성이 증가하여 베란다로 뛰어내린 것으로 보인다는 주치의 소견이 있었고, 이는 진료기록감정을 한 의사의 의견 역시 대체로 이에 부합하였다. 이러한 주치의 및 감정의의 의학적 견해에 기초하여 법원은 망인이 이 사건 사고 당시 일시적으로 심신상실 상태에 빠져 자유로운 의사결정을 할 수 없는 상태였다고 판단한 것이다.

20

번개탄을 피워 일산화탄소 중독으로 사망한 피보험자가 중증의 정신질환으로 인하여 자유로운 의사결정을 할 수 없는 상태에서 자살한 것으로 본 사례
(창원지방법원 마산지원 2021. 9. 8. 선고 2020가합100574 판결)

[사건 개요]

원고는 망 C(이하 '망인')의 모친으로, 2005. 10. 31. 주피보험자를 망인으로, 보험수익자를 원고로 하는 이 사건 보험계약을 체결하였고, 이 사건 보험계약에서는 피보험자가 재해로 사망할 시에 1억 원을 사망보험금(이하 '재해사망보험금')으로 지급한다고 규정하고 있음.

망인은 2018. 8. 4. 06:00 창원시 마산합포구 ○○에 위치한 망인의 주거지 내 안방 화장실에서 번개탄을 피웠고, 같은 날 08:00경 일산화탄소 중독을 원인으로 사망하였음(이하 '이 사건 사고').

경찰은 망인이 우울증과 불안 증세를 앓고 있던 중 스스로 신병을 비관하여 자살한 것으로 판단하는 변사사건 종결처리를 하였고, 원고는 피고에게 보험금 청구를 하였으나, 피고는 이 사건 사고가 망인이 가정 내 불화 등 스트레스로 인해 자살에 의한 것이라는 이유로 재해사망보험금을 지급하지 않음.

[법원의 판단]

주요우울장애와 자살의 관련성에 관한 의학적 판단기준이 확립되어 있으므로, 사실심 법원으로서는 주요우울장애로 자유로운 의사결정을 할 수 없는 상태에 이르러 자살하였다고 볼만한 의학적 견해가 증거로 제출되었다면 함부로 이를 부정할 수 없다. 만약 법원이 그러한 의학적 소견과 나르게 인과관계를 추단하려면 다른 의학적·전문적 자료에 기하여 신중하게 판단하여야 한다(대법원 2021. 2. 4. 선고 2017다281367 판결 등 참조).

… 중략 …

(2) 망인은 2014. 12. 19. ○○신경정신과의원에 내원하여 불면, 우울감 등을 호소하였고, 위 병원의 의사 ○○○로부터 '비기질성 불면증(F51.0), 경도 우울 에피소드(F32.0)'를 진단받아 항불안제, 항우울제 등 약물을 복용하기 시작하였는데, 그 무렵부터 2018. 7. 20.까지 약 50회에 걸쳐 위 병원에서 정신과 상담 및 치료를 받아 왔다.

… 중략 …

(6) 망인을 치료하였던 ○○정신과의원 의사 ○○○는 2018. 8. 28. 망인의 진료기록을 바탕으로 "망인에게 불면증, 불안증, 우울증을 진단하여 치료하였는데, 망인은 2018. 5.경부터 피해사고를 보이며 심한 불안과 공포감을 보였고, 이에 처방하는 약물의 증량이 있었다. 망인은 이 사건 사고 당시 피해사고가 심하여 정상적 판단이 어려웠을 것으로 생각된다."는 취지의 소견을 제시하였다.

(7) 부산대학교병원장에 대한 진료기록감정촉탁 결과에 의하면, 감정의 ○○○은 "망인의 이 사건 사고 당시 상태에 대한 진단으로 가장 가능성이 높은 것은 '주요우울증 - 정신병적 증상을 동반한 심한 상태'이고, 그다음으로는 '망상장애 - 피해형'을 들 수 있는데, 이 경우에도 우울증이 합병할 수 있다. 그리고 이 사건 사고 당시 망인에게 심신상실 또는 심신미약을 유발하는 의학적 요인이 확인된다. 우울증을 앓는 환자는 이러한 상황을 벗어나려면 죽는 수밖에 없다고 잘못 판단하는 경우가 흔히 있다. 망인의 2018. 5. 14. 이후 우울증 및 불안장애의 정도는 극심하였을 것으로 보이고, 망인은 이러한 정신질환으로 인해 이 사건 사고 당시 자유로운 의사결정이 불가능했다."라는 취지로 의견을 밝혔다.

위 인정사실에 앞서 든 각 증거, 변론 전체의 취지를 종합하여 알 수 있는 아래와 같은 사정들을 앞서 본 법리에 비추어 살펴보면, 망인은 이 사건 사고 당시 피해망상을 동반한 주요우울증 등 중증의 정신질환을 앓고 있었다고 보이고, 이러한 정신질환으로 인하여 자유로운 의사결정을 할 수 없는 상태에서 우발적으로 자살을 감행하여 일산화탄소 중독으로 인한 사망에 이른 것으로 봄이 타당하다. 따라서 위 사고는 이 사건 약관 중 [별표 3] 재해분류표의 재해로 규정된 '19. 연기, 불 및 불꽃에 노출'로 인하여 발생한 것이므로, 피고는 원고에게 재해사망보험금을 지급할 의무가 있다.

(1) 망인은 ○○정신건강의학과에 최초로 내원하기 전에도 불면증으로 약물을 복용한 적이 있었다고 한 점에 비추어 망인에게 정신질환이 발병한 시기는 그보다 앞선 것으로 추정된다. 그리고 망인에 대한 진료기록에 나타난 진료 시기와 횟수, 망인이 호소하는 증상의 태양·정도, 처방받는 약물이 증량된 점에 망인이 외부 활동 없이 주거지 내에서 고립된 생활을 하는 기간이 상당하였던 점 등을 더하여 볼 때, 망인의 정신질환은 계속된 정신과 치료에도 불구하고 뚜렷한 호전 없이 악화되어 이 사건 사고 당시에는 해킹, 침입 등의 피해망상을 동반한 극심한 상태로 진행된 것으로 보인다.

··· 중략 ···

(3) 비록, 망인이 자살하면서 위와 같은 유서("내가 죽어도 모든 의문과 억울함을 풀어 주면 좋겠습니다.", "K, L, M, N에 대해 조사해 억울함을 풀어 주세요.")를 남기기는 하였으나, 그 내용은 망인과 별다른 교류가 없었던 남편 H의 지인들에 대한 억울함을 토로하는 것일 뿐 망인의 신변 정리와는 아무런 관련이 없으므로, 이를 들어 망인이 자유로운 의사결정을 할 수 있는 상태에서 자살한 것이라고 단정할 수 없다. 오히려, H의 진술에 의하면, 망인은 이 사건 사고 직전에 위 유서에 적힌 H의 지인들과의 사이에 원한 관계나 기타 특별한 이해관계를 가지고 있는 것은 아니었다는 점에서 위 유서는 망인이 피해망상에 사로잡혀 자살에 이르렀음을 뒷받침하는 정황으로 보일 뿐이다.

(4) 앞서 살펴본 바와 같이, 망인을 치료하였던 정신과 의사 ○○○와 망인에 대한 진료기록을 감정한 감정의는 전문적이고, 의학적인 지식을 바탕으로 이 사건 사고와 망인의 정신질환 간의 인과관계를 인정하는 취지의 의견을 제시하였고, 여기에 피고의 자문의사인 정신과 전문의 ○○○도 피해망상은 심신상실의 상태에서 유발되는 정신과적 증상으로 그 자체가 정상적인 대뇌 기능하에서는 일어날 수 없다는 등의 의학적 지식을 바탕으로 같은 취지의 의견을 개진한 점 등을 더하여 보면, 피고가 주장하는 사정들만으로 위와 같은 정신과 의사들의 의학적 견해를 배척한 다음 이 사건 사고가 망인이 자유로운 의사결정을 할 수 있는 상태에서 발생한 것이라고 단정하기는 어렵다.

(5) 한편, 원고는 피고 이외에 ○○주식회사와도 망인을 피보험자, 원고를 보험수익자로 하여 '○○보험계약'을 체결하였는데, ○○주식회사는 자체적으로 이 사건 사고에 대한 보험사고조사를 실시한 다음 이 사건 사고가 재해로 발생한 것임을 인정하여 2020. 11. 11. 원고에게 재해사망 보험금을 지급하였다.

[설명]

11번 사례(창원지방법원 2021. 5. 6. 선고 2020가단11592 판결)에서 살펴본 바와 같이, 법원은 고의에 의한 자살은 원칙적으로 우연성이 결여되어 있어 재해사망보험금 지급사유에 해당하지 않지만, 정신질환 등으로 인하여 자유로운 의사결정을 할 수 없는 상태에서 사망의 결과를 발생케 한 경우는 우발적인 사고로 보아 재해사망보험금 지급사유에 해당하는 것으로 판단하고 있다. 그리고 이때, 자유로운 의사결정을 할 수 없는 상태였는지 여부는 자살자의 나이와 성행, 자살자의 신체적·정신적 심리상황, 그 정신질환의 발병 시기, 그 진행 경과와 정도 및 자살에 즈음한 시점에서의 구체적인 상태, 자살자를 에워싸고 있는 주위 상황과 자살 무렵의 자살자의 행태, 자살 행위의 시기 및 장소, 기타 자살의 동기, 그 경위와 방법 및 태양 등을 종합적으로 고려하여 판단하여야 한다(대법원 2011. 4. 28. 선고 2009다97772 판결 등 참조). 그리고 정신질환의 진행 경과와 정도 및 구체적인 상태는 결국 정신과 전문의의 의학적 소견이 중요한 판단자료가 될 수밖에 없다(대법원 2021. 2. 4. 선고 2017다281367 판결 참조).

대상판결(창원지방법원 마산지원 2020가합100574 판결) 역시 주치의의 소견과 진료기록감정 촉탁 결과 등 의학적 소견을 주된 근거로 이 사건 사고 당시 망인이 극심한 우울증 및 불안장애로 인해 자유로운 의사결정이 불가능했던 것으로 판단하였다. 특히 대상판결은 망인이 주거지 내 안방 화장실에서 번개탄을 피우는 자살 방법을 선택하였고, 유서를 남기기까지 하였음에도, 망인이 자유로운 의사결정을 할 수 없는 상태였다고 판단한 점에서 의미가 있다. 자살의 태양은 자살의 방법이 계획성을 가지는가에 대한 중요한 판단요소가 될 수 있고, 보통 유서의 존재나 신변 정리의 혼적이 있는 등 각오하고 자살한 경우를 추인시킬 수 있는 사실의 존재는 피보험자에게 자유로운 의사결정을 할 여지가 있었음을 엿볼 수 있는 중요한 요소가 되는 것으로 평가되기 때문이다.[6] 이는 우울증 등 정신과적 증상이 있음에도, 자살 방법의 계획성과 유서의 존재를 이유로 자유로운 의사결정을 할 수 없는 상태로 보기 어렵다고 본 사례들과의 비교를 통해서도 알 수 있다.

예컨대, ① 서울중앙지방법원 2011. 3. 10. 선고 2010가단246967 판결은 피보험자인 망인이 자살 직전 정신과 치료를 받기 시작하였으나, 평소 이상한 행동을 보이거나 우울증으로 인한 자살 징후가 뚜렷한 정도의 심각한 상태에 있었다고 보이지 않는 점, 자살 당일 배우자에게 자살을 암시하는 문자 메시지를 보내고 아들에게 유서를 남긴 후 농약을 마시는 등 스스로 자신을 해친다는 의식을 가지고 이를 결행하였던 것으로 보이는 점 등을 종합하여 보면, 망인이 우울증으로 인한 영향을 어느 정도는 받았을지언정 자유로운 의사결정하에서 자살에 이르렀다고 봄이 타당하다고 판단하였다.

② 서울중앙지방법원 2021. 2. 18. 선고 2020가단5157474 판결은 피보험자인 망인이 중증 우울증 에피소드 진단하에 치료를 받아 오던 중 자신의 집 안방에서 옷장 경첩 부분에 넥타이로 목을 매어 사망한 사례에서, 망인의 정신과 주치의가 망인이 내원 당시 '자신의 행위에 의하여 일정한 결과가 발생하리라는 것을 알 수 있었을 정도의 정신 상태였다.'고 피고에게 확인해 준 점, 통원 치료 기간 중 망인이 적극적인 치료가 필요함에 대해 받아들이고 이후 협조하려고 노력하였다는 것이고 사고 직전 증상이 급격하게 악화되었다고 볼 자료가 없는 점, 목을 매는 자살 방법은 통상

---

6) 권영문, 「생명보험에서 피보험자의 자살과 보험자의 면책 여부」, 판례연구 제23집, 부산판례연구회(2012), 806~807페이지 - 조규성, 「손해보험사의 상해보험 약관에서 규정하고 있는 '피보험자의 정신질환' 면책조항의 효력에 관한 판례 고찰」, 「법학연구」 제56권 제4호(부산대학교 법학연구소, 2015), 206페이지에서 재인용.

자신의 행동에 대한 구체적인 계획과 사망에 이르는 시간 동안 통제력이 필요한 것인 점, 망인이 '조용히 보내 달라.'는 내용의 유서를 남긴 점, 망인이 사망 직전에도 음주를 하였다고 볼 자료는 없는 점 등에 비추어 자유로운 의사결정을 할 수 없는 상태였다고 보기 부족하다고 판단하였다.

위에서 예로 든 서울중앙지방법원 2010가단246967 판결과 서울중앙지방법원 2020가단5157474 판결의 경우는 피보험자가 우울증으로 치료를 받아 오던 점에서 대상판결 사안과 비슷하고, 심지어 2020가단5157474 판결의 경우는 중증 우울증 진단까지 된 경우였음에도, 자살 방법의 특성과 유서의 존재가 자유로운 의사결정을 할 수 없는 상태였다고 보기 어렵다는 판단의 중요한 근거로 작용하였다. 이에 반해 대상판결 사안의 경우 사전에 준비한 자살 방법과 유서의 존재에 불구하고, 사고 직전 우울증 등으로 인한 피보험자의 상태가 상당히 악화되었다는 의학적 소견이 더 중요하게 작용한 것으로 보인다.

다만, 대상판결은 이 사건 사고가 재해 분류 중 [별표 3] 재해분류표의 재해로 규정된 '19. 연기, 불 및 불꽃에 노출'로 인하여 발생한 것에 해당한다고 보았으나, 재해분류표가 준용하고 있는 한국표준질병·사인분류에 따르면, X47(일산화탄소 및 기타 가스 및 물질에 의한 불의의 중독 및 노출) 중 X47.2(가정용 연료의 일산화탄소에 의한 불의의 중독 및 노출)에 해당할 것으로 본다.

21

차에 탑승한 채로 바다로 추락하여 익사하였으나, 망인이 자유로운 의사 결정을 할 수 없는 상태에서 결과가 발생한 것으로 볼 수 없다고 본 사례
(제주지방법원 2021. 4. 12. 선고 2020가단3580 판결)

[사건 개요]

원고는 망 G(이하 '망인')의 배우자, 선정자 C, D, E, F는 망인의 자녀로 원고 등은 망인의 상속인임.

망인은 2019. 7. 15. 피고와 사이에 이 사건 승용차에 대하여 피보험자를 원고로, 보험기간을 2019. 7. 15. ~ 2020. 7. 15.로, 자기신체사고 담보를 1인당 사망 시 1억 원 한도로, 특약사항을 부부 한정으로 하는 자동차보험계약을 체결함.

망인은 2019. 11. 14. 20:00경 이 사건 승용차를 운전하던 중 제주시 ○○에 있는 ○○ 앞 방파제에서 바다로 빠지게 되었고, 그 후 망인은 119 구급대에 의하여 바다 속에 있는 이 사건 승용차 안에서 의식 없는 상태로 구조되어 병원으로 이송되었으나 같은 날 20:51경 이전에 사망한 것으로 판명됨(이하 '이 사건 사고').

[법원의 판단]

위에서 인정한 사실들 및 이에 더하여 위 인정한 사실들과 사정들을 종합하여 알 수 있는 다음의 사정들, 즉 ① 비록 이 사건 사고 당시 망인과 원고가 소유한 적극재산의 가치와 망인이 부담하고 있던 소극재산의 가치가 비슷하기는 하나, 망인은 평소 가족에 대하여 책임감을 강하게 인식하고 있었던 것으로 보이는데, 2017년경 건축업을 하기 위하여 금융기관으로부터 대출을 받아 덤프트럭을 장만하였음에도 경기 부진 등으로 이 사건 사고 당시까지 1년 6개월 정도 계속하여 제대로 된 일거리를 구하지 못하자 가족에 대한 강한 책임을 더욱 심한 압박으로 느꼈던 것으로 보이는 점, ② 이러한 고민 끝에 망인은 2019. 11. 14. 오후 및 이 사건 사고 직전에 원고 등에게 망인의 사망을 암시하는 문자 메시지나 전화 통화를 하였던 것으로 보이는 점, ③ 이 사건 사고 장소는 망인의 주거지에서 승용차로 1분 정도면 갈 수 있는 거리에 있으므로 도보로도 충분히 갈 수 있었음에도 망인은 이 사건 승용차를 운전하여 이 사건 사고 장소로 갔던 점, ④ 비록 망인이 2005. 11.경 알코올 사용장애 및 의심 증상 진단을 받고 그 무렵부터 이 사건 사고 직전까지 계속하여 진료를 받아 왔던 데다가 공황장애나 불면증 등으로 약물들을 복용하여 왔다고 하더라도, 이 사건 사고 직후 망인의 혈액에서 검출된 위 각 약물이 치료 농도 범위에 있었으므로, 이 사건 사고 당시 망인이 위 각 증상 및 위 각 약물의 영향으로 자유로운 의사결정을 할 수 없는 상태에 있었다고 보이지 아니하는 점, ⑤ 이 사건 사고 직후 망인의 혈액에서 검출된 혈중알콜농도가 0.161%인 사정에 비추어 망인이 자살을 고민하면서 다량의 주류를 마셨던 것으로 보이는 점 등을 합쳐 보면, 이 사건 사고로 인한 망인의 사망이 자유로운 의사결정을 할 수 없는 상태에서 그 결과가 발생한 것이라고 볼 수 없고, 달리 원고 등의 주장을 인정할 만한 증거가 없다.

[설명]

대상사건(제주지방법원 2020가단3580 판결)의 경우 원고 등은 망인이 명정 상태에서 이 사건 승용차의 기어를 후진으로 체결하지 못하고 전진으로 잘못 체결하여 엑셀을 밟아 해상에 추락한 가능성을 배제할 수 없고, 이 사건 사고가 자살에 의한 것임이 명백히 증명되었다고 볼 수 없다고 주장하였으나, 대상판결은 망인이 자살을 한 것으로 보았다. 특히 자살의 의사를 밝힌 유서 등 객관적인 물증의 존재는 자살로 볼 수 있는 유력한 증거가 되는데(대법원 2010. 5. 13. 선고 2010다6857 판결 등), 망인이 이 사건 사고 전 가족들에게 자살을 암시하는 문자 메시지를 보낸 것(특히, 아들에게 '나는 무덤을 만들지 말고 화장해서 바다에 뿌려라. 마지막 소원이다.'는 등의 장문의 문자 메시지를 보낸 것)은 사실상 유서를 남긴 것이나 다름없어서 그 유력한 증거가 되었다. 그리고 망인이 상당한 경제적 압박감을 느끼고 있었던 점과 사고 장소가 거주지에서 차로 불과 1분 거리임에도 굳이 승용차를 몰고 간 점 역시 망인이 자살을 한 것으로 볼만한 유력한 근거로 판단된다.

다만, 대상판결의 경우 망인이 정신질환 등으로 자유로운 의사결정을 할 수 없는 상태였는지 여부에 대하여는 좀 더 심리가 필요하지 않았나 하는 아쉬움이 남는다. 그 이유는 다음과 같다.

① 망인은 2005. 11. 1. 알코올 사용장애 및 의심 증상으로 진단을 받은 이후 이 사건 사고 당시까지 오랜 기간 치료를 받아 왔을 뿐 아니라, 주치의는 망인이 상태 악화 시 고위험음주 및 환청, 피해망상 등의 정신병적 증상이 동반되었고, 불안, 우울, 과민반응 등의 증상이 악화와 호전을 반복하였다는 소견을 보였다.

② 망인은 이 사건 사고 1년 6개월 전 대출을 받아 덤프트럭을 샀으나, 제대로 된 일자리도 구하지 못하여 경제적 압박을 받아 왔는데, 이는 망인의 증상을 악화시키는 요인이 되었을 것으로 보인다. 주치의 소견에 따를 때, 망인은 증상의 호전과 악화를 반복하였는데, 위와 같은 사정은 이 사건 사고 당시 증상이 악화되었을 가능성을 암시한다(이 사건 사고 당시 망인의 증상의 정도와 관련한 의학적 소견이 판결문상에서는 확인되지 않는다).

③ 국립과학수사연구원의 감정의뢰 회보에 의하면, 망인의 혈액에서 검출된 혈중알콜농도가 0.161%나 되었고(거의 만취 수준), 망인의 위 내용물 및 혈액에서는 향정신병약, 항우울제, 신경안정제, 최면진정제 약물 성분이 검출되었다. 대상판결은 약물 성분이 치료 농도 범위에 있었으므로, 이 사건 사고 당시 망인이 위 약물의 영향으로 자유로운 의사결정을 할 수 없는 상태에 있었다고 보이지 않는다고 판단하였으나, 망인이 복용한 약물들은 단독 작용할 경우 치료 농도 내에서는 안전할 수 있으나, 알코올과 상호작용을 일으킬 위험이 있었는지 살펴보아야 한다(8번 사례 대구지방법원 2021. 4. 9. 선고 2019가단125246 판결 참조). 실제로 국립과학수사연구원의 감정 시 망인의 위에서 검출된 '리스페리돈'(항정신병제)은 판단, 생각, 운동 능력을 떨어뜨릴 수 있는데, 약 복용 중 술을 금하도록 하고 있고, '클로르디아제폭시드'(불안·긴장, 알콜 금단 증상) 역시 음주에 의하여 상호 중추신경억제작용을 증강시킬 수 있으므로 주의하여야 한다.

④ 망인이 이 사건 사고 당시 주거지에서 단 1분 거리인 사고 장소를 승용차를 이용해 이동한 것과 관련하여, 대상판결은 망인이 자살 방법을 미리 선택하고 술을 마신 상태에서 그 실행에 나아간 것으로 판단했다. 이는 일응 일리가 있어 보인다. 그러나 그와 같이 단정하기 전에 망인의 이 사건 사고 당일 행적을 좀 더 살펴볼 필요가 있다. 사고 일시는 2019. 11. 14. 20:00경 밤이고, 망인이 주거지에서 승용차를 운전하여 사고 장소까지 이동한 것이 아니라, 주거지 인근이 아닌 다른 곳에서 술을 마신 채로 음주 운전을 하여 주거지 근처로 운전하여 왔을 가능성도 있다. 이 사건 당일 가족들에게 자살을 암시한 문자 메시지를 보낸 사실이 있으나, 이미 취한 상태에서 보냈을 가능성도 있고(문제 된 문자 메시지는 사고 전 3~4시간 전에 보낸 것이다), 이런 경우에도 자살을 실행하는 것까지는 나가지 않는 경우도 많다. 바다에 빠져 익사하는 방법으로 자살을 할 생각이었다면, 굳이 차량을 이용하지 않고 술에 취한 상태로 사고 장소인 방파제에서 바다로 뛰어들 수도 있었다. 즉, 망인이 자살 충동을 느끼는 상황이었지만, 당장 자살을 실행에 옮길 의지는 없는 상황에서 약 복용 상태로 술을 마시다 이성을 잃고 충동적으로 승용차를 몰고 바다에 추락했을 가능성도 배제할 수 없다. 더구나 망인은 알코올 의존 증세로 장기간 치료 중이었기 때문에, 자살 실행을 위해 술을 마신 것으로 단정하기도 어렵다. 따라서 망인이 승용차에 탑승하여 바다로 추락하는 방법을 자살 방법으로 미리 선택한 것으로 볼 수 있는 증거가 없는 한 망인이 어느 시점에서 술을 마셨는지, 승용차를 운전한 경로는 어떻게 되는지 등을 좀 더 면밀하게 살펴볼 필요가 있었다고 본다.

22

폐암 말기 환자가 비관 자살한 경우 암사망보험금 지급사유에 해당하지 않는다고 본 사례
(부산고등법원 2021. 3. 25. 선고 2020나54473 판결)

[사건 개요]

망인은 2014. 7. 4. 자신을 피보험자로 하여 피고와 사이에 F 암보험계약을 체결하였고, 위 암보험계약 암사망특약은 피보험자가 암을 직접적인 원인으로 하여 사망하였을 경우를 보험금 지급사유로 하고 있음(암보험 부분만 사건 개요로 정리함).

망인은 2017. 9. 28.경 폐암 말기 진단을 받고 항암치료 등을 받으며 투병하던 중 2018. 2. 10. 00:23경 경주시 구황동 704-5에 있는 분황사 건널목에서 철로 위에 목 부위를 올려놓고 엎드린 채 누워 있다가 운행 중이던 열차에 의해 목이 절단되어 사망함.

[법원의 판단]

가. 망인의 사망이 '암을 직접원인으로 한 것'이거나 암과 상당인과관계가 있는 것인지 여부

질병사망보험금은 피보험자가 보험기간 중에 발생한 질병으로 인하여 보험기간 중에 사망한 경우에 지급되는 것으로서, 질병 그 자체가 원인이 되어 사망한 경우가 아니라 외래성이 개입되어 사망하였다면 이는 질병으로 인하여 사망한 것이 아닌 상해로 인하여 사망한 것이라고 해석함이 상당하다(대법원 2013. 3. 28. 선고 2012다114158, 2012다114165 판결 및 그 원심인 광주고등법원 2012. 10. 31. 선고 2011나5454, 2011나5461 판결 참조).

이 사건 ○○암보험의 암사망특약 약관 제3조에서 암사망보험금의 지급사유로 '암을 직접적인 원인으로 사망하였을 경우'를 규정하고 있는 것은, 피보험자가 외래의 원인행위가 개입됨이 없이 암 그 자체를 이유로 사망하거나 암으로 유발된 신체적 결함이나 체질적 요인 등에 의해 사망한 경우만을 보험사고로 보아 담보한다는 의미로 해석함이 상당하다. 그런데 이 사건 암보험의 피보험자인 망인은 스스로 철로 위에 목 부위를 올려놓고 엎드린 채 누워 있다가 운행 중이던 열차에 의해 목이 절단된 결과 사망에 이르게 된 것으로, 망인의 '자살'이라는 외래의 원인행위가 개입되어 사망하였음에는 다툼이 없으므로, 망인의 사망은 '암을 직접적인 원인으로 사망하였을 경우'에 해당하지 아니하여 질병사망보험인 이 사건 암보험이 담보하는 보험사고라고 볼 수 없다.

원고는 설령 망인이 자살하지 않았더라도 폐암 말기로 조만간 사망에 이르렀을 개연성이 매우 높으므로 망인의 자살이라는 우연한 외래의 행위가 망인의 폐암 발병과 사망 사이의 상당인과관계를 방해할 수 없어, 결국 망인의 사망은 '암을 직접원인으로 한 것'이라고 해석함이 타당하다는 취지로도 주장한다.

그러나 갑 제5, 8, 10, 12, 13호증(가지번호 포함), 을나 제3호증의 3, 4의 각 기재만으로는 망인의 사망이 폐암과 상당인과관계가 있다고 인정하기 부족하고, 달리 이를 인정할 증거가 없다. 면역항암치료법이 말기 암 환자들을 상대로는 아직까지 뚜렷한 성과를 거두지 못하고 있다거나, 망인의 체중이 2017. 10. 18.경 약 51.54kg에서 2017. 12. 14.경 46.28kg으로 약 2달 만에 5kg 정도나 급격히 감소하였다거나, 망인을 진단한 의사가 망인에게 "기대 여명이 짧게는 3~6개월, 길게는 1~2년 정도밖에 안 된다."는 말을 하였다는 R의 진술이 있다는 사정만으로는, 망인이 폐암으로 인해 조만간 사망할 처지였다는 원고 주장을 뒷받침하기에 부족하다.

나. 망인이 '심심상실 등 자유로운 의사결정을 할 수 없는 상태에서 자신을 해친 경우'에 해당하는지 여부

① 망인이 항암치료 기간을 전후로 정신질환을 호소하였다거나 정신과 치료를 받았다는 자료는 드러나 있지 않은 점, ② 망인에 대한 항암치료를 담당하였던 양산부산대학교병원 측의 진료기록부에서도 망인이 정신적으로나 정서적으로 특별한 이상 증세를 보였다는 정황은 엿보이지

않는 점, ③ 망인이 입원치료와 외래진료를 반복하면서도 병원 측의 지시에 순응하면서 협조적인 자세를 보였던 점, ④ 망인이 평소 T 내과의원에서 처방받은 수면제 등 환각성 약물을 그 용법과 용량을 넘어 과도하게 복용하였다고 볼 근거도 찾기 어려운 점, ⑤ 기찻길 선로에 누워 달려오는 기차에 몸을 맡기는 자살 방법은 자신의 행동에 대한 구체적인 계획과 상당한 통제력이 필요한 행위로 보이는 점 등에 비추어 보면, 망인이 이 사건 사고(자살) 당시 자신의 신병을 비관하여 상당한 감정의 기복을 겪었을 것으로 추정해 볼 수는 있으나, 거기서 더 나아가 자신의 행위와 그로 인한 결과를 인지하지 못할 정도로 자유로운 의사결정을 할 수 없는 상태에 처해 있었다고 인정하기에는 부족하고, 달리 이를 인정할 증거가 없다.

[설명]

대상판결(부산고등법원 2020나54473 판결) 사안은 암으로 진단 확정된 후 암 자체로 인하여 사망한 것이 아니라, 자살과 같은 다른 원인이 직접 작용하여 사망한 경우에도 암사망보장특약에 기한 암사망보험금 지급사유에 해당하는지가 문제 된다.

대법원은 질병사망특약에 기한 질병사망보험금 청구와 관련하여, 목을 매 자살한 경우 외부적인 행위로 인한 상해사망 보험사고로서 질병사망 특별약관이 보장하는 보험사고인 피보험자의 질병 그 자체를 직접적인 원인으로 한 질병사망이라고 볼 수 없다고 판단한 바 있다(대법원 2014. 4. 10. 선고 2013다18929 판결, 대법원 2013. 3. 28. 선고 2012다114158, 2012다114165 판결 참조). 대상판결 역시 암사망보험금의 지급사유로 '암을 직접적인 원인으로 사망하였을 경우'로 정하고 있음에 기초하여, 위 대법원 판결의 법리에 따라 판단하였다. 즉, 자살을 한 경우는 암 자체를 직접적인 원인으로 사망한 경우로 볼 수 없다는 취지이다. 이러한 법원의 판단은 '직접적인 원인'으로 인과관계를 제한하고 있는 약관 규정의 해석상 불가피한 측면이 있다.

그러면서도, 대상판결은 망인이 폐암 말기로 조만간 사망할 처지였다는 점과 관련하여, 망인이 폐암으로 인해 가까운 시일 내에 사망에 이르게 되었으리라고 단정하기 어렵다면서, 망인의 사망이 폐암과 상당인과관계가 있다고 인정하기에 부족하다고 판단하였다. 폐암으로 인하여 가까운

시일 내에 사망할 개연성이 높았던 경우라면, 그 판단이 달라질 수 있는 여지를 남겨 둔 것으로 보아야 할까? 생각건대, 암을 직접원인으로 한 사망의 경우로 한정하는 해석에 기초하는 한 그 결론이 달라질 것으로 보이지는 않는다. 그러나 대상판결이 망인의 폐암과 사망 사이의 상당인과관계까지 부정한 것은 재고의 여지가 있다.

이 사건 암보험의 경우와 달리 암사망보장특약에서 암을 '직접적인' 원인으로 사망한 경우로 제한하지 않고, 암으로 인하여 사망한 경우로 정하고 있는 경우는 그 판단이 달라질 여지가 있다. 아래에서 예로 든 무배당 메리츠 걱정 없는 암보험(1604) 1종 '갱신형 암 사망·고도후유장해보장 특별약관'의 경우와 같이, 암사망보험금 지급사유를 '암으로 인하여 사망한 경우'로 규정하여, 암과 사망 사이의 인과관계를 요할 뿐, 그 인과관계를 직접적인 경우로 한정하고 있지 않은 경우도 있다.

제2조(보험금의 지급사유)
회사는 이 특별약관의 보험기간 중에 보험증권에 기재된 피보험자에게 다음 중 어느 하나의 사유가 발생한 경우에는 보험수익자에게 아래와 같이 약정한 보험금을 지급합니다.
① 제1조(제1회 보험료 및 회사의 보장개시) 제2항에서 정한 암보장개시일 이후에 「암」으로 진단확정되거나 제1조(제1회 보험료 및 회사의 보장개시) 제1항에서 정한 보장개시일 이후에 「기타피부암」 또는 「갑상선암」으로 진단확정되고 그 「암」, 「기타피부암」 또는 「갑상선암」으로 인하여 사망한 경우 보험수익자에게 이 특별약관의 보험가입금액 전액을 사망보험금으로 지급합니다.

출처: 무배당 메리츠 걱정 없는 암보험(1604) 1종 갱신형 암사망·고도후유장해보장 특별약관 中

제4조(보험금의 지급사유)
회사는 피보험자가 보험기간 중 제15조(보험료의 납입 및 회사의 보장개시)에서 정한 보장개시일 (단, 암은 암보장개시일) 이후에 "암", "기타피부암", 또는 "갑상선암"으로 진단이 확정되고, 진단이 확정된 "암", "기타피부암", 또는 "갑상선암"을 직접적인 원인으로 사망하였을 경우에는 보험수익자에게 암사망보험금(별표1 "보험금 지급기준표" 참조)을 지급합니다.

출처: 라이나생명 '무배당 실버암사망특약(갱신형)' 약관(2022. 4. 1.~) 中

위와 같이 '직접적인 원인'일 것을 요하지 않은 경우 진단 확정된 암과 사망 사이의 상당인과관계가 인정되면, 암사망보험금 지급사유를 충족하게 된다. 이와 관련하여, 참조할 만한 판결례를 살펴보면, 대법원 1972. 4. 20. 선고 72다268 판결은 광산사고로 후유장해가 남은 피해자가 생활고와 사고 후유증으로 인한 고통을 이기지 못하여 비관 자살을 한 경우 그 사고와 자살 사이에 상당인과관계가 있다고 판단하였고, 대법원 1999. 7. 13. 선고 99다19957 판결은 교통사고로 오른쪽 하퇴부에 광범위한 압궤상 및 연부조직 손상 등의 상해를 입은 고등학교 1학년 여학생이 사고 후 12개월 동안 병원에서 치료를 받았으나 다리 부위에 보기 흉한 흉터가 남았고 목발을 짚고 걸어 다녀야 했으며 치료도 계속하여 받아야 했는데 이로 인하여 사람들과의 접촉을 피하고 심한 우울증에 시달리다가 자신의 상태를 비관, 농약을 마시고 자살한 경우, 교통사고와 사망 사이에 상당인과관계가 있다고 판단한 바 있다.

위와 같은 판결례에 비추어 보면, 대상판결 사안에서 망인이 폐암 말기 진단을 받고 항암치료를 받았으나 치료 효과를 보지 못하던 중 주치의로부터 여생이 얼마 남지 않았다는 말을 듣고 크게 낙담한 상황이었던 점, 막대한 치료비로 인해 경제적 궁핍에 직면하여 수면장애로 약물 처방을 받는 등 극심한 육체적, 정신적 고통을 겪었을 것으로 보이는 점 등을 고려할 때, 진단 확정된 폐암과 망인의 사망 사이에 상당인과관계는 인정될 것으로 보인다. 다만 대상사건의 경우에는 대상판결이 적시한 바와 같이 망인이 자유로운 의사결정을 할 수 없는 상태였다는 점까지 인정되기는 어렵기 때문에, 자살면책사유의 예외가 인정되지 않아 암사망보험금 지급을 받기는 어렵다고 판단된다. 이와 달리, 암으로 인한 심한 우울증이 동반된 경우였다면 자살면책의 예외사유가 인정될 여지가 있고, 약관상 인과관계 범위를 '직접적인' 경우로 제한하고 있지 않다면, 자살의 경우라도 암과의 상당인과관계가 인정되어 암사망보험금이 지급될 가능성이 있다고 본다.

참고로 대상사건과 같은 말기 암환자의 경우 암으로 인한 심한 우울증이 동반된 경우였다면 자살면책의 예외사유가 인정될 여지가 있으나, 법원은 여전히 예외 인정에 인색한 편이다. 예컨대, 서울중앙지방법원 2019. 4. 3. 선고 2018가합539266 판결의 경우다. 위 판결 사안은 피보험자인 망인이 위암 진단을 받고 위원위부절제술 등의 수술과 항암치료를 받으면서 우울감 등으로 정신과 치료를 받았는데, 암이 난소로까지 전이되었다는 진단을 받고 좌·우측 난소를 제거하는 수술을 받았으나, 이어 암세포가 요도와 복막으로 전이되었다는 진단을 받으면서 기대 여명이 6개월 안팎일 가능성이 높다는 설명을 의사로부터 들은 후 퇴원하여 집에서 화장실 샤워부스 상단에 커튼 장식 줄로 목을 매어 사망한 사례이다. 위 사례에서는 망인의 유서도 발견되지 않았고, 진료기록을 감정한 감정의도 '망인이 암 투병 중 불안 및 우울 심화되어 그 정신질환의 증상으로 자살했으며 심신상실에는 해당되지 않으나, 정신질환으로 인해 자유로운 의사결정을 할 수 없는 상태(선택한 행동이 질병에 의해 심대한 영향을 받는 상태)였다고 판단된다.'는 의견을 보였다. 그럼에도, 법원은 망인이 기본적 인지능력을 상실한 상태라고 볼 수 없는 점, 망인이 자살을 실행한 방식은 커튼 장식 줄을 묶는 등 일정한 준비가 필요하고 그 과정에서 망인은 사망의 가능성을 인식하고 스스로 그 결과를 용인한 것으로 보이는 점, 자살 충동을 정신 병리에 의해 피동적으로 생겨나는 것으로 보아 모든 자살이 자유로운 의사결정에 의하여 이루어질 수 없다고 한다면 자살을 보험금을 지급하지 아니하는 면책사유로 규정할 아무런 실익이 없는 점 등에 비추어 망인이 자살 사고 당시 자유로운 의사결정을 할 수 없는 상태에 있었다고 보기 어렵다고 판단하였다. 진료기록 감정결과에서도, 정신질환으로 인해 자유로운 의사결정을 할 수 없는 상태라는 의학적 소견이 나왔음에도, 자살면책의 예외를 인정하지 않은 드문 사례이다.

23

업무상질병판정위원회가 정상적인 인식능력 등이 뚜렷하게 저하된 상태에서 자해행위를 한 것으로 인정하였음에도, 자살면책 예외사유를 인정하지 않은 사례
(부산지방법원 2021. 7. 8. 선고 2020가단341494 판결)

[사건 개요]

원고는 2011. 1. 5. 피고와 사이에 피보험자를 원고의 남편인 망인으로, 사망보험금 수익자는 원고로 하여 일반상해사망담보를 내용으로 하는 보험계약을 체결함.

망인은 E 유한회사에서 영업업무를 담당하여 오던 중 2019. 5. 20. 아침 자택에서 목을 매서 숨진 상태로 발견됨.

원고는 망인의 사망이 산업재해보상보험법상 업무상 재해에 해당함을 이유로 근로복지공단에 유족급여 및 장의비 청구를 하였으며, 이에 대하여 서울업무상질병판정위원회는 2020. 6. 19. '망인이 정상적인 인식능력 등이 뚜렷하게 저하된 상태에서 자해행위를 한 것으로 추정되므로 산업재해보상보험법 제37조 제2항에 따른 업무상 사유에 의한 사망으로 인정된다.'고 판정함.

원고는 2020. 8. 14. 피고에게 상해사망보험금을 청구하였으나 피고는 망인의 사망이 이 사건 보험약관이 면책사유로 규정한 '피보험자의 고의사고'에 해당한다는 이유로 보험금 지급을 거절함.

[법원의 판단]

　망인은 사망할 무렵 30여 년 동안 영업사원으로 근무하여 온 직장에서 업무 실적 저조와 나이로 사퇴 압박을 받고 있었던 사실, 평소 망인은 망인이 속한 부산지사 팀장뿐만 아니라 서울 본사의 담당자들에게도 일간, 주간, 월간 단위로 매출계획, 매출 달성 상황, 출퇴근 보고 등을 하고, 그들로부터 직·간접적으로 업무 지시를 받아 온 사실, 위 회사는 반품과 경비 처리를 제한하여 망인이 자비로 물품대금을 입금하고, 경비를 지출하기도 한 사실, 망인은 위 회사가 반품 처리를 하여 주지 않은 제품을 자택에 쌓아 두기도 하였고, 반품대금을 마련하기 위하여 망인 명의로 가입하였던 보험계약을 해지한 일도 있는 사실, 서울업무상질병판정위원회는 2020. 6. 19. '망인이 정상적인 인식능력 등이 뚜렷하게 저하된 상태에서 자해행위를 한 것으로 추정되므로 산업재해보상보험법 제37조 제2항에 따른 업무상 사유에 의한 사망으로 인정된다.'고 판정을 한 사실을 인정할 수 있으나, 위 인정사실만으로는 망인이 이 사건 보험약관의 면책조항 단서가 정한 심신상실 등으로 자유로운 의사결정을 할 수 없는 상태에서 자신을 해쳤다고 단정하기 어렵고, 달리 이를 인정할 만한 증거도 없다. (확정)

[설명]

　산업재해보상법 제37조 제2항은 '근로자의 고의·자해행위나 범죄행위 또는 그것이 원인이 되어 발생한 부상·질병·장해 또는 사망은 업무상의 재해로 보지 아니한다. 다만, 그 부상·질병·장해 또는 사망이 정상적인 인식능력 등이 뚜렷하게 낮아진 상태에서 한 행위로 발생한 경우로서 대통령령으로 정하는 사유가 있으면 업무상의 재해로 본다.'고 규정하고 있다. 자살의 경우 업무상의 재해로 인정되기 위한 요건(정상적인 인식능력 등이 뚜렷하게 낮아진 상태에서 한 자해행위일 것)이 생명보험표준약관과 질병·상해보험 표준약관에서 규정하고 있는 자살면책의 예외사유(피보험자가 심신상실 등으로 자유로운 의사결정을 할 수 없는 상태에서 자신을 해친 경우)와 거의 유사하다. 따라서 피보험자의 자살에 대하여 산업재해보상보험법상 업무상 재해로 인정된 경우에는 사망보험금과 관련하여서도, 자살면책의 예외사유가 인정될 여지가 큰 것이 사실이다.

실제로 ① 서울남부지방법원 2019. 5. 10. 선고 2018가합107634 판결(36번 사례)은 피보험자인 망인이 아파트 옥상에 올라가 목을 매 자살한 사례에서, 「원고 등이 근로복지공단에 망인의 자살이 업무상 재해에 해당한다고 주장하며 유족급여와 장의비 지급을 청구하였다가 거부당하자 서울행정법원에 그 거부처분의 취소를 구하는 소송을 제기하여 원고승소판결을 받아 그 판결이 확정된 사실은 앞서 본 바와 같은바, 다음과 같은 사정에 비추어 볼 때 위 확정판결은 이 사건에서 면책 제외사유가 있다고 볼 유력한 자료가 됨에 반하여 달리 이를 배척할 만한 합리적 근거가 없으므로 위 확정판결에서 인정한 사실관계와 같이 망인이 심신상실 등 자유로운 의사결정을 할 수 없는 상태에서 자살하여 이 사건 각 보험계약상의 면책 제외사유에 해당된다고 봄이 타당하다. … 중략 … 산업재해보상보험법 또한 보험금 지급요건에서 고의에 의한 사망을 보험금 지급 제외 사유로 규정하되, 다시 정신질환 등과 같은 심신상실 상태에서 자해행위를 한 경우에는 보험금을 지급하도록 하고 있는 바, 이는 이 사건 각 보험약관의 면책 및 면책 제외의 요건과 동일하므로 서울행정법원의 위 판결에서 심리·판단한 대상은 이 사건에서의 주요사실과 같다.」고 판단한 바 있다.

② 한편, 서울중앙지방법원 2021. 1. 27. 선고 2020가합525918 판결 사안은 건설현장 공사팀장인 망인이 공사 현장 내 화장실 뒤편에서 밧줄로 스스로 목을 매어 사망한 것과 관련하여, 근로복지공단이 망인의 사망사고가 업무상 재해에 해당한다고 판단하고 유족급여 및 장의비 지급처분을 한 사례이다. 위 사안의 경우 사업주가 근로복지공단의 유족급여 등 지급 처분의 취소를 구하는 소(인천지방법원 2019구단50394)를 제기하였으나, 법원은 '현장 근무의 업무상 스트레스로 발생한 우울증으로 인하여 정상적인 인식능력이나 행위 선택능력, 정신적 억제력이 현저히 저하되어 합리적인 판단을 기대할 수 없을 정도의 상황에 처하여 자살에 이르게 된 것으로 추단되므로, 망인의 자살과 업무와 사이에 상당인과관계를 인정할 수 있고, 따라서 근로복지공단의 유족급여 및 장의비 지급처분은 적법하다고 판단하여 사업주의 청구를 기각하였고, 위 판결은 그대로 확정되었다. 위 서울중앙지방법원 2020가합525918 판결은 위 서울남부지방법원 2018가합107634 판결처럼 관련 행정소송에서의 확정판결을 그대로 인용하지는 않았지만, 역시 망인이 상당 기간 업무상 스트레스로 인한 우울감, 절망감 등을 호소하였던 것으로 보이는 바, 이러한 사정을 두루 고려하면 망인은 우울증에 시달리던 중 갑작스럽게 극도로 불안한 심리 상태로 인하여 자살에 이르게 된 것으로 보인다고 판단하였다.

위 예시로 든 사례들에 비추어 보면, 대상판결(부산지방법원 2020가단341494 판결)의 경우 다소 이례적이거나, 업무상질병판정위원회에서 산업재해보상보험법 제37조 제2항에 따른 업무상 사유에 의한 사망으로 인정된다고 판단한 것과 배치되는 것이 아닌지 의문이 들 수 있다. 대상판결은 막연히「위 인정사실만으로는 망인이 사건 보험약관의 면책조항 단서가 정한 심신상실 등으로 자유로운 의사결정을 할 수 없는 상태에서 자신을 해쳤다고 단정하기 어렵고, 달리 이를 인정할 만한 증거도 없다.」고만 설시하고, 자세한 판단 이유를 언급하지는 않았다.

다만, 대상판결 사안의 경우 예시로 든 판결들과 달리 관련 행정소송에서의 확정판결이 없었다는 점에서 다를 뿐 아니라(이미 판결이 확정된 관련 사건에서 인정된 사실은 특별한 사정이 없는 한 유력한 증거가 되기 때문에, 합리적인 이유 설시 없이 이를 배척할 수 없다[7]), 자살의 경우 업무상의 재해로 인정되기 위한 요건(정상적인 인식능력 등이 뚜렷하게 낮아진 상태에서 한 자해행위일 것)보다 보험약관상 자살면책의 예외사유(피보험자가 심신상실 등으로 자유로운 의사결정을 할 수 없는 상태에서 자신을 해친 경우)가 좀 더 엄격하다는 점에서 결론이 달라질 수는 있다고 판단된다.[8] 산업재해보상보험법은 자살사고 당시 자유로운 의사결정 능력을 상실할 정도에는 이르지 못한 경우라도, 정상적인 인식능력, 행위선택능력이나 정신적 억제력이 현저히 낮아져 합리적인 판단을 기대할 수 없을 정도였다면(대법원 2021. 10. 14. 선고 2021두34275 판결 등 참조), 업무상 재해(또는 질병)로 인정한다. 예컨대, 대법원은 재해근로자가 자살 당시 심신상실의 정도에 이르지는 않았다는 진료기록감정촉탁결과가 있었고, 유서까지 남긴 경우임에도,「우울증 발현 및 발전 경위에 망인의 유서 내용, 자살 과정 등 제반 사정을 종합하여 보면, 망인은 우울증으로 인하여 정상적인 인식능력이나 행위선택능력, 정신적 억제력이 현저히 저하되어 합리적인 판단을 기대할 수 없을 정도의 상황에 처하여 자살에 이르게 된 것으로 추단되므로, 망인의 업무와 사망 사이에 상당인과관계를 인정할 수 있다.」고 판단(대법원 2017. 5. 31. 선고 2016두58840 판결 참조)한 바 있다.

---

7) 대법원 2008. 6. 12. 선고 2007다36445 판결 등.

8) 다만, 일부 하급심 판결례 중에는 심신상실의 정도에 이르지 않은, 즉 자유로운 의사결정이 제한된 심신미약 상태 역시 자살면책 예외사유에 해당하여 보험금 지급의무가 발생한다고 판단한 사례도 있다(서울남부지방법원 2019. 10. 15. 선고 2018가단208011 판결).

따라서 피보험자의 자살사고와 관련하여 산업재해보상보험법상 업무상 재해(또는 질병)로 인정되었다고 하더라도, 그것만으로 자살면책의 예외사유가 충분히 입증되었다고 섣불리 판단하고 입증 활동을 게을리해서는 안 된다.

제2장

상해사망보험금
또는 재해사망보험금

질병·상해보험 표준약관은 상해의 직접결과로써 사망한 경우를 상해사망보험금 지급사유로 규정하고 있고, '상해'에 대하여는 보험기간 중에 발생한 급격하고도 우연한 외래의 사고로 신체에 입은 상해로 정의하고 있다. 그리고 생명보험사의 상해보험약관은 재해분류표상의 '재해'로 인하여 사망한 경우를 재해사망보험금 지급사유로 규정하고 있고, '재해'에 대하여는 재해분류표에서 한국표준질병·사인분류상의 분류코드 S00~Y84에 해당하는 우발적인 외래의 사고와 감염병의 예방 및 관리에 관한 법률 제2조 제2호에서 규정한 제1급 감염병으로 정의하고 있다. 이렇듯, 손해보험사의 상해보험 약관상 '상해'와 생명보험사의 상해보험 약관상 '재해'는 동일하지 않고 다소 차이가 있되, 모두 우연성과 외래성을 요건으로 하고 있다는 점에서는 유사한 측면이 있다.

대법원은 이러한 상해보험에서의 보험사고의 요건인 '급격하고도 우연한 외래의 사고' 중 '외래의 사고'에 대하여, 사망의 원인이 피보험자의 신체적 결함 즉 질병이나 체질적 요인 등에 기인한 것이 아닌 외부적 요인에 의해 초래된 모든 것을 의미하고, 이러한 사고의 외래성 및 사망이라는 결과 사이의 인과관계에 관하여는 보험금 청구자에게 그 증명책임이 있다고 해석하고 있다(대법원 2014. 6. 12. 선고 2013다63776 판결 등).

한편 민사 분쟁에서의 인과관계는 의학적·자연과학적 인과관계가 아니라 사회적·법적 인과관계이므로, 그 인과관계가 반드시 의학적·자연과학적으로 명백히 증명되어야 하는 것은 아니고, 문제 된 사고와 사망이라는 결과 사이에 상당한 인과관계가 있어야 한다(대법원 2014. 6. 12. 선고 2013다63776 판결 등). 그러나 정작 실무에서 주로 문제 되는 사건들은 명확한 사인이 불분명한 경우가 많고, 사망 원인과 관련한 의학적 소견을 무시할 수 없다. 오히려 부검감정결과와 진료기록감정결과 등 의료전문가의 판단이 가장 중요한 판단자료로 작용한다. 문제는 이러한 부검감정결과도 없고, 달리 의학적으로는 사망 원인이 불분명한 경우이다. 법원은 사망 원인이 분명하지 않아 사망 원인을 둘러싼 다툼이 생길 것으로 예견되는 경우에 망인의 유족이 보험회사 등 상대방에게 사망과 관련한 법적 책임을 묻기 위해서는 먼저 부검을 통해 사망 원인을 명확하게 밝히는 것이 가장 기본적인 증명 과정 중의 하나가 되어야 하는데, 의사의 사체검안만으로 망인의 사망 원인을 밝힐 수 없었음에도 유족인의 반대로 부검이 이루어지지 않은 경우 사망 원인을 밝히려는 증명책임을 다하지 못한 유족에게 부검을 통해 사망 원인이 명확히 밝혀진 경우보다 더 유리하게 사망 원인을 추정할 수는 없으므로, 부검을 하지 않음으로써 생긴 불이익은 유족들이 감수하여야 한다(대법원 2010. 9. 30. 선고 2010다12241, 12258 판결 등)고 판단해 오고 있다. 즉, 부검결과가 없음으로 인해 사망 원인을 입증하지 못함으로 인한 불이익은 보험금 청구자에게 돌아간다. 실제로도 부검감정결과가 없는 경우 사망 원인이 입증이 불충분함을 이유로 입증책임이 있는 보험금 청구자가 패소하는 경우가 적지 않다(반대로 부검감정결과에서 급성 심장사 등 질병이 사망 원인으로 나오는 바람에 보험금 청구권자가 패소하는 경우도 있다).

그리고 상해사망보험금 지급사유를 충족하는지의 요건 판단에 있어서는 급격성과 외래성, 인과관계가 개념상 구분되기는 하지만, 실무상으로는 대개 사망의 원인을 먼저 판단하고, 그 원인이 된 요인이 외래의 것인지를 판단하는 순으로 하게 되고, 이 과정에서 사실상 중첩되어 판단된다. 사망의 원인으로 고려되지 않는 요인들은 미리 배제하는 것이 판단에 편리하고 불필요한 판단을 줄여 주게 될 뿐 아니라, 법률 분쟁으로 가기도 전 의학적 사인 판단 단계에서 이미 외인사인지, 질병사인지 어느 정도 구분하기 때문이다. 이런 이유로 의학적 경험칙과 소견은 이미 규범적 판단을 함에 있어 중요한 자료로 작용할 수밖에 없는 측면이 있다. 자살 여부가 문제 되는 사례뿐 아니라, 상해사망 또는 재해사망에 해당되는지가 문제 되는 사건 역시 일반인뿐 아니라 법률전문가 입장에서도 분쟁 해결이 쉽지 않은 이유기도 하다.

본 장에서는 이러한 상해 또는 재해로 인한 사망사고를 보험사고로 하는 상해사망보험금 또는 재해사망보험금에 대하여 살펴보고자 한다. 실무상 주로 문제 되는 사고의 외래성과 급격성 요건(우연성에 대하여는 제1장에서 다루었다)과 사고와 사망 사이의 인과관계 문제가 쟁점이 된 판결례를 분석하고, 이를 유사 사례와 비교 검토하였다. 그럼으로써, 상해사망 또는 재해사망 관련 분쟁의 변론 방향과 주장·입증 방향을 정하는 데 있어 유용한 정보를 제공하는 데 목적을 두었다.

마지막으로 본 장에 들어가기 전에 미리 숙지해야 할 법령 및 표준약관 조항은 다음과 같다.

* 상법

제727조(인보험자의 책임) ① 인보험계약의 보험자는 피보험자의 생명이나 신체에 관하여 보

험사고가 발생할 경우에 보험계약으로 정하는 바에 따라 보험금이나 그 밖의 급여를 지급할 책임이 있다.

제737조(상해보험자의 책임) 상해보험계약의 보험자는 신체의 상해에 관한 보험사고가 생길 경우에 보험금액 기타의 급여를 할 책임이 있다.

* 생명보험 표준약관 - 2022. 2. 16. 개정

부표 4. 재해분류표

1. 보장대상이 되는 재해

다음 각 호에 해당하는 재해는 이 보험의 약관에 따라 보험금을 지급합니다.

　① 한국표준질병·사인분류상의 (S00~Y84)에 해당하는 우발적인 외래의 사고

　② 감염병의 예방 및 관리에 관한 법률 제2조 제2호에서 규정한 제1급 감염병 〈개정 2020.7.31.〉

2. 보험금을 지급하지 않는 재해

다음 각 호에 해당하는 경우에는 재해분류에서 제외하여 보험금을 지급하지 않습니다.

　① 질병 또는 체질적 요인이 있는 자로서 경미한 외부 요인으로 발병하거나 그 증상이 더욱 악화된 경우

　② 사고의 원인이 다음과 같은 경우 〈개정 2020.7.31.〉

　- 과잉 노력 및 격심한 또는 반복적 운동(X50)

　- 무중력 환경에서의 장시간 체류(X52)

　- 식량 부족(X53)

　- 물 부족(X54)

　- 상세 불명의 결핍(X57)

　- 고의적 자해(X60~X84)

　- 법적 개입 중 법적 처형(Y35.5)

　③ '외과적 및 내과적 치료 중 환자의 재난(Y60~Y69)' 중 진료기관의 고의 또는 과실이 없는 사고(단, 처치 당시에는 재난의 언급이 없었으나 환자의 이상 반응 또는 이후 합병증의 원인이 된 외과적 및 기타 내과적 처치(Y83~Y84)는 보장) 〈개정 2020.7.31.〉

　④ '자연의 힘에 노출(X30~X39)' 중 급격한 액체 손실로 인한 탈수

⑤ '우발적 익사 및 익수(W65~W74), 호흡과 관련된 기타 불의의 위협(W75~W84), 눈 또는 인체의 개구부를 통하여 들어온 이물(W44)' 중 질병에 의한 호흡 장해 및 삼킴 장해 〈개정 2020.7.31.〉

⑥ 한국표준질병·사인분류상의 (U00~U99)에 해당하는 질병

※ 1. ( ) 안은 제8차 개정 한국표준질병·사인분류(통계청고시 제2020-175호, 2021.1.1. 시행)상의 분류번호이며, 제9차 개정 이후 상기 재해 이외에 추가로 위 1 및 2의 각 호에 해당하는 재해가 있는 경우에는 그 재해도 포함되는 것으로 합니다. 〈개정 2020.7.31.〉

2. 위 1. 보장대상이 되는 재해 ②에 해당하는 감염병은 보험사고 발생 당시 시행중인 법률을 적용하며, 2. 보험금을 지급하지 않는 재해 ⑥에 해당하더라도 보장대상에서 제외하지 않습니다. 〈신설 2020.7.31.〉

* 질병·상해보험 표준약관 - 2022. 2. 16. 개정

제2조(용어의 정의) 이 계약에서 사용되는 용어의 정의는, 이 계약의 다른 조항에서 달리 정의되지 않는 한 다음과 같습니다.

2. 지급사유 관련 용어

가. 상해: 보험기간 중에 발생한 급격하고도 우연한 외래의 사고로 신체(의수, 의족, 의안, 의치 등 신체보조장구는 제외하나, 인공장기나 부분 의치 등 신체에 이식되어 그 기능을 대신할 경우는 포함합니다)에 입은 상해를 말합니다.

제3조(보험금의 지급사유) 회사는 피보험자에게 다음 중 어느 하나의 사유가 발생한 경우에는 보험수익자에게 약정한 보험금을 지급합니다.

1. 보험기간 중에 상해의 직접결과로써 사망한 경우(질병으로 인한 사망은 제외합니다): 사망보험금

과로와 스트레스에 의한 면역력 저하 상태에서 바이러스성 뇌염에 걸려 사망한 경우 상해로 인한 사망으로 볼 수 있는지
(대법원 2016. 6. 9. 선고 2016다206550, 2016다206567 판결)

[사건 개요]

원고는 2012. 1. 16. D 군청과 사이에 피보험자를 D 군청 소속 경륜 선수(11명)로 하는 단체보험계약을, 2012. 8. 13. 대한사이클연맹과 사이에 피보험자를 소속 운동선수(780명)로 하는 단체보험계약을 각 체결함(망인은 1992년생으로 2010. 1. 1. D 군청 직장 운동경기부 사이클팀의 선수로 임용되어 선수로 활동해 왔고, 이 사건 각 보험계약의 피보험자에 포함되어 있음).

이 사건 각 보험계약 보통약관에는 보험기간 중에 피보험자가 상해(보험기간 중에 발생한 급격하고도 우연한 외래의 사고로 신체에 입은 상해를 말한다)의 직접결과로써 사망한 경우(질병으로 인한 사망은 제외한다)에 보험수익자에게 사망보험금을 지급한다고 되어 있음.

망인은 2012. 1. 7.부터 2012. 2. 26.까지 동계전지훈련을 받았고, 2012. 2. 27.부터 2012. 3. 1.까지 '강진군 일주 전국도로사이클 대회'에 출전하였으며 그때부터 다시 2012. 3. 20.부터 2012. 3. 23.까지 개최되는 '대통령기 D군 일주 전국도로사이클대회'(이하 '이 사건 대회') 준비를 위해 훈련을 받던 중 2012. 3. 17.경부터 감기와 두통이 심하여 제대로 훈련을 받지 못하게 되었음.

망인은 적절한 치료를 받지 못한 상태에서 2012. 3. 20. 이 사건 대회의 162.4km 개인도로시합에 출전하였다가 몸 상태가 좋지 않아 도중에 기권하였고, 다시 2012. 3. 23. 치러진 우천 경기에서 완주한 후 몸 상태가 좋지 않음을 호소하였음.

망인은 2012. 3. 27. 05:00경 및 05:47경 합숙소에서 두 차례 전신 경련이 발생한 후 의식을 잃은 채 119구급차로 한림대학교 춘천성심병원으로 이송되어 '전신근간대성간질중첩증, 바이러스성 뇌염(이하 '이 사건 상병')' 진단을 받고 중환자실에서 치료를 받던 중 2012. 6. 4. 바이러스성 뇌염으로 대발작 간질이 지속되다가 다발성장기부전으로 인한 심정지로 사망함.

망인의 부모로서 망인의 법정상속인인 피고들이 근로복지공단을 상대로 제기한 요양급여 불승인처분 취소소송(서울행정법원 2012구단20000)에서 법원은 「만 20세의 건강한 청년으로서 사이클 국가대표 주니어 상비군 선수로 활동할 정도의 신체 조건 및 체력을 구비하고 있었으며 기왕증이나 가족력 등의 특별한 발병인자가 없는 망인이 각종 대회의 출전 및 훈련으로 인한 과로와 스트레스가 지속되었고 이로 인하여 면역력이 저하된 상태에서 뇌염 바이러스에 감염되어 자연적인 진행 속도 이상으로 급격히 활성화되었으므로, 이는 업무상 재해에 해당한다.」고 판단함.

피고들은 2013. 9.경 망인의 사망과 관련하여, 원고에게 이 사건 각 보험계약에 기한 사망보험금을 청구하였고, 원고는 망인이 질병으로 사망한 것으로서, 상해로 인하여 사망한 것이 아니라며 보험금 지급을 거절하고, 피고들을 상대로 채무부존재확인 소송을 제기함.

1심과 2심은 원고의 본소청구가 기각되고, 피고들의 보험금 청구가 인용되었으나, 상고심은 이를 파기 환송함.

[법원의 판단]

① 의학적 소견에 의하면, 이 사건 뇌염 바이러스의 침입은 다른 병원체들과 마찬가지로 공기 등을 통해 전파된 자연스러운 것으로 보인다. 망인은 사이클 선수로서 다른 소속 선수들과 함께 합숙훈련 및 대회 출전 등 일상생활을 하던 중 바이러스에 감염된 것으로 보일 뿐, 다른 특별한 매개체에 의해 감염되었다는 등 감염 과정에 있어 외래성을 인정할 만한 특별한 사정을 발견할

수 없다.

② 망인의 과로와 스트레스는 장기간의 합숙훈련 및 대회 출전 등으로 인해 오랜 기간 동안 꾸준히 진행되어 왔던 것으로 보인다. 이 사건 뇌염 발병 직전 망인의 과로와 스트레스가 기존에 비해 급격히 증가할 정도의 훈련 등이 있었다거나, 비슷한 훈련과 대회 출전 일정을 소화한 것으로 보이는 다른 소속 선수들에 비해 더 심하였다고 볼만한 외부적인 사정을 찾아보기 어렵다.

③ 신체 조건이나 체력에 비추어 볼 때 망인이 바이러스로 인한 뇌염에 이르게 된 것은 면역력 저하 때문이었던 것으로 보이는데, 과로와 스트레스가 면역력 저하의 유인 중 하나로 작용하였다고 하더라도 신체의 퇴행 현상, 내재적 요인, 다른 질병 등 이를 야기하는 다른 유인이 존재할 가능성을 배제할 수 없다.

위와 같은 사정을 앞서 본 법리에 비추어 보면, 망인의 사망이 급격하고도 우연한 외래의 사고로 인하여 초래되었다고 쉽사리 단정할 수 없다.

[설명]

대상사건의 경우와 같이 상해보험에서 담보되는 보험사고(상해)인 '급격하고도 우연한 외래의 사고' 중 '외래의 사고'라는 것은 상해 또는 사망의 원인이 피보험자의 신체적 결함 즉 질병이나 체질적 요인 등에 기인한 것이 아닌 외부적 요인에 의해 초래된 모든 것을 의미한다. 그리고 이러한 사고의 외래성 및 상해 또는 사망이라는 결과와 사이의 인과관계에 관하여는 보험금 청구자에게 그 증명책임이 있다(대법원 2014. 7. 10. 선고 2013다210466 판결 등). 이와 관련하여, 대상사건에서는 피보험자인 망인이 과로·스트레스 상태에서 뇌염 바이러스에 감염되어 사망한 것으로 볼 경우 이를 보험약관상 사망보험금 지급사유인 상해로 인하여 사망한 경우로 볼 수 있는지가 다투어졌다. 즉, '바이러스 감염'과 '과로·스트레스'를 상해사고의 요건인 '외부적 요인'으로 볼 수 있는지, 그리고 사망과 사이의 인과관계가 인정되는지 문제 된다.

먼저 바이러스 등 감염에 대하여 살펴보면, 기생충, 바이러스, 세균 등 미생물 침투에 의한 감염병으로 건강이 훼손된 경우 상해사고의 요건인 '외래성'을 충족하는지와 관련해서는 긍정하는 견해와 부정하는 견해로 나뉘고 있다. 그리고 생명보험 표준약관 및 생명보험사 약관 재해분류표는 한국표준질병·사인분류상의 S00~Y84에 해당하는 우발적인 외래의 사고 외에도, 감염병의 예방 및 관리에 관한 법률 제2조 제2호에서 규정한 제1급 감염병도 포함시키고 있기는 하지만, 위 제1급 감염병에 해당하지 않는 감염병이나 손해보험사 보험약관의 경우는 이와 관련한 논쟁이 계속될 수밖에 없다.

부정하는 견해에서는 외래성은 기본적으로 신체가 물건이나 다른 사람이랑 충돌하거나 넘어지는 등 가시적으로 볼 수 있는 '힘의 외부적 작용'이란 측면에서 가시성은 외래성에 기본적으로 포함되어 있는 개념으로 볼 수 있다는 전제하에, 세균 침입에 의한 질병은 의학적으로는 현미경 등으로 세균 침입이 확인될지 몰라도 직접 바로 볼 수 있는 가시적인 것은 아니란 점에서 외래성이 부정된다고 보는 견해[9], 일상적 침입 경로를 통한 감염병에 외래성을 인정한다면, 계절성 독감이나 단순 감기 등 사회통념상 당연히 질병으로 인식되는 경우도 '외래의 사고'가 되어 버리는 난점이 있다고 보아 외래성을 부정하는 견해[10] 등이 있다.

하급심 판결 역시 긍정한 경우와 부정한 경우로 나뉘고 있다. 예컨대, 광주지방법원 2019. 7. 18. 선고 2018나65643, 2018나65636 판결은 망인이 일본뇌염모기에 물린 것은 일응 외부에서 돌발적으로 발생한 우연한 사고에 해당한다고 할 수 있을 것이나, 모기에 물린 것 자체는 어떠한 치료를 요하지 않는 경미한 피부 점막의 손상에 불과하고, 일본뇌염 바이러스가 체내에 침투한 것 자체로 신체에 손상이 발생하지는 않는다 할 것이므로, 일본뇌염모기에 물린 것은 상해보험에서 보장하는 보험사고인 '상해'에 해당한다고 평가할 수 없다고 판단하고, 나아가 일본뇌염모기에 물려 일본뇌염에 이르게 된 것을 두고 '급격한 외래의 사고로 입은 상해'라고 보기는 어렵다고 판단하였다.

---

9) 강보은, 「상해보험의 보험사고에 관한 법적 연구」, 고려대학교 법무대학원 석사학위논문(2015), 65페이지.
10) 양승현, 「손해보험 약관의 '상해'요건과 감염병에 관한 소고」, 보험법리뷰 제9호, 보험연구원(2021. 2.), 7페이지.

대상판결(대법원 2016다206550, 2016다206567 판결)이 「일상생활을 하던 중 바이러스에 감염된 것으로 보일 뿐, 다른 특별한 매개체에 의해 감염되었다는 등 감염 과정에 있어 외래성을 인정할 만한 특별한 사정을 발견할 수 없다.」고 판단한 것 역시 일상생활 중의 바이러스 등 감염에 대하여는 외래성을 인정하지 않는 취지로 해석된다(대상판결에서 '감염 과정에 있어 외래성을 인정할 만한 특별한 사정'이 인정되는 경우의 예시를 들고 있지는 않지만, 의료인이 바이러스에 감염된 환자의 혈액을 채취한 주사 바늘에 찔려 감염된 경우를 그 예로 들 수 있을 것이다).

전주지방법원 2005. 9. 15. 선고 2005나1080 판결은 감염과 관련된 사안은 아니나, 상해보험에서의 '외래의 사고'는 신체 상해의 발생 원인이 피보험자의 신체에 내재하는 신체적 결함과는 달리 명백히 가시적으로 인식할 수 있는 외부에 있는 사고에 기인하는 것을 의미한다고 보아 가시성을 그 요건으로 하고 있다. 이러한 견해에 따르면 바이러스나 세균 감염의 외래성을 부정할 가능성이 높다.

이에 반하여 광주지방법원 순천지원 2019. 8. 14. 선고 2018가단78050 판결은 「망인의 일본뇌염은 일본뇌염 바이러스에 감염된 모기에 물림으로써 급격하고도 우연히 발병하였고, 이를 직접 원인으로 사망하였는바, 망인의 이러한 전염은 망인의 신체적 결함 즉, 질병이나 체질적 요인 등에 기인한 것이 아닌 특별한 매개체인 모기에 물리는 외부적 요인에 의해 초래되었으므로, 망인이 일본뇌염 모기에 물린 것은 이 사건 보험계약에서 정한 외래의 사고에 해당하고, 그 사고와 사망의 결과 사이에 인과관계도 인정된다.」고 판단하였다.

다음으로 과로·스트레스를 외부적 요인으로 볼 수 있는지 여부에 대하여 살펴보면, 대상사건의 1심(전주지방법원 2015. 1. 8. 선고 2014가단9740, 2014가단21962 판결)은 망인이 신체의 외부로부터 뇌염 바이러스가 감염된 상태에서 과로·스트레스와 같은 외부적 요인에 의하여 신체의 면역력이 저하됨으로써 뇌염 바이러스가 자연적 진행 속도 이상으로 급격하게 활성화되어 신체에 상해를 입었고, 이로 인하여 사망하였다고 봄이 상당하다고 판단(상해사망으로 판단)하였고, 항소심도 1심과 같이 판단하였다. 즉, 과로·스트레스를 외부적 요인으로 보아 그것이 사망의 중요한 원인으로 작용하였다면, 상해로 인한 사망으로 볼 수 있다는 취지이다. 대상판결(대법원

2016다206550, 2016다206567 판결) 역시 「이 사건 뇌염 발병 직전 망인의 과로와 스트레스가 기존에 비해 급격히 증가할 정도의 훈련 등이 있었다거나, 비슷한 훈련과 대회 출전 일정을 소화한 것으로 보이는 다른 소속 선수들에 비해 더 심하였다고 볼만한 외부적인 사정을 찾아보기 어렵다.」「과로와 스트레스가 면역력 저하의 유인 중 하나로 작용하였다고 하더라도 신체의 퇴행 현상, 내재적 요인, 다른 질병 등 이를 야기하는 다른 유인이 존재할 가능성을 배제할 수 없다.」고 판단함으로써, 과로·스트레스를 외부적 요인으로는 보되, 그 인과관계를 인정함에 있어서는 매우 엄격한 잣대를 적용하였다. 즉, 과로·스트레스와 감염병 발병 및 악화로 인한 사망 사이의 인과관계가 인정되기 위해서는 발병 직전 과로·스트레스가 급격히 증가할 정도의 외부적인 사정이 있어야 하고, 과로·스트레스 외에 면역력을 저하시킬 만한 다른 유인이 배제될 수 있어야 한다고 본 것이다. 과로·스트레스는 만병의 근원이라고 불릴 만큼 이에 기한 질병의 발병 또는 악화를 상해로 인정할 경우 그 범위가 너무 광범위해지고, 자칫 질병과 상해의 구분 경계가 모호해지는 문제가 있다는 점에서 인과관계 인정을 엄격히 한 것으로 사료된다.

이에 반하여, 하급심 중에는 과로와 스트레스는 그 자체로는 상해에 해당하지 않거나 독립적인 사인으로 평가할 수 없다고 판단한 예도 있다. 먼저, 서울중앙지방법원 2022. 4. 22. 선고 2020나62923 판결은 피보험자인 망인이 과로와 스트레스, 알코올 섭취로 인하여 '급성 심장사'에 이른 것이라는 원고의 주장에 대하여, 망인이 많은 스트레스와 과로에 노출된 것으로 보인다고 판단하면서도, 진료기록 감정의가 스트레스, 과로, 과량 알코올 섭취 자체를 주된 사인으로 평가할 수 없다는 감정의견을 밝힌 점, 국립과학수사연구원이 망인의 경우 질식사보다는 급성심장사일 가능성을 우선 고려할 수 있고, 급성 심장사는 내인사(병사)에 해당한다고 밝힌 점, 과로와 스트레스, 과음이 내인성 급사를 촉발하는 하나의 유인이 될 수는 있으나 그 자체로 상해에 해당한다거나, 독립적인 사인으로 평가할 수 없는 점 등을 참작하여 보면, 망인이 급격하고도 우연한 외래의 사고로 인하여 사망하였다는 사실을 인정하기에 부족하다고 판단하였다.

서울중앙지방법원 2021. 5. 26. 선고 2020나32762 판결은 피보험자가 현장에서 작업 중 휴식을 취하다 쓰러진 채로 발견되어 병원에 후송하였으나 급성 심근경색증으로 사망한 것과 관련하여 피보험자의 법정상속인들이 사망보험금을 청구한 사례에서(근로복지공단은 망인의 사망이 업무상 질병으로 인한 것으로 보아 유족보상연금 지급을 결정함), 「망인이 이 사건 사고 발생 이전에 업무 강도가 가중된 상황에서 과로하였고, 과로나 스트레스가 급성 심근경색증을 일으킬 수 있는 유발인자에 해당한다고 하더라도, 망인의 과로가 이 사건 사고의 직접적 원인이 되었을 것이라 단정하기는 어렵고, 누적된 과로가 원인이 되어 발생한 질병으로 인한 사망이 이 사건 보험계약에서 담보하는 '급격하고도 우연한 사고'에 해당한다고 보기도 어렵다.」고 판단한 바 있다. 위 2020나 32762 판결도 과로가 원인이 되어 발생한 질병으로 사망하더라도, 이를 상해사망으로 보기 어렵다고 판단한 측면에서는 위 서울중앙지방법원 2020나62923 판결과 같은 맥락으로 이해된다.

요컨대, 대상사건은 일상적인 바이러스 등 감염은 외래성을 인정하기 어렵지만, 그 감염 과정에 있어 특별한 사정이 있는 경우에는 외래성을 인정할 여지가 있음을 명시하였다는 점에서 의미가 있다. 또한, 과로·스트레스를 외래의 요인으로 보면서도, 상해나 사망이라는 결과 사이의 인과관계 판단에 있어서는 그 기준을 엄격히 함으로써, 상해사고의 범주가 광범위해지는 것을 경계하였다는 점에서도 의미가 있다.

25

코로나19 감염으로 사망한 경우에도 상해사망보험금 지급사유에 해당하는지 여부
(대구지방법원 2020. 10. 22. 선고 2020가합753 판결)

[사건 개요]

망인은 피고와 사이에 피보험자를 망인, 사망 시 수익자를 법정상속인(원고들) 또는 원고 A(배우자)로 하는 각 보험계약을 체결하였고, 이 사건 각 보험계약은 피보험자가 상해사고로 사망 시 상해사망보험금을 지급하도록 되어 있음.

망인은 코로나19 바이러스 감염이 된 후 2020. 3. 4. 15:16경 G 병원에서 사망하였는데(이하 '이 사건 사고'), 직접사인은 호흡부전, 중간선행사인은 패혈증, 선행사인은 코로나19 바이러스 감염으로 진단됨.

원고들은 피고에게 상해사망보험금을 청구하였으나, 피고는 망인이 코로나19 바이러스 감염에 따른 질병에 의하여 사망한 것으로서 상해사망에 해당하지 않는다는 이유로 보험금 지급을 거절함.

[법원의 판단]

다음과 같은 사정들에 비추어 보면, 망인이 급격하고 우발적인 외래의 사고로 신체에 상해를 입고 그로 인하여 사망한 것으로 보기 어렵고, 이와 다른 전제하의 원고 청구는 더 이상 나아가 살펴볼 필요 없이 이유 없다.

1) 망인에 대한 이 사건 코로나19 바이러스의 침입은 다른 병원체들과 마찬가지의 침입 경로를 통해 전파된 것으로 보인다. 망인은 일상생활을 하던 중 코로나19 바이러스에 감염된 것으로 보일 뿐 다른 특별한 매개체에 의해 감염되었다는 등 감염 과정에 있어 외래성을 인정할 만한 특별한 사정이 없다.

2) 코로나19 바이러스 감염자 중 무증상 감염자도 존재하고 증상이 나타나는 경우에도 발열, 권태감, 기침, 호흡 곤란 및 폐렴 등 경중에서 중증까지 다양한 호흡기 감염증이 나타나고, 특히 고령, 면역 기능이 저하된 환자, 기저질환을 가진 환자가 주로 중증으로 나타날 가능성이 높은 점에 비추어 보면 코로나19 바이러스가 체내에 침투한 이후 패혈증으로까지 이르게 되는 데에는 신체 조건, 체력, 면역력 등이 상당한 영향력을 미칠 것으로 보이는 바, 망인은 60세를 넘은 사람으로 당뇨와 고혈압의 기저질환을 가지고 있었던 점을 고려하면 망인이 코로나19 바이러스에 감염되어 사망에까지 이르렀다고 하여도 망인의 내재적 요인인 위 기저질환 등이 코로나19 바이러스에 의하여 악화되어 사망하였을 가능성을 배제할 수 없다.

3) 코로나19 바이러스에 의한 감염은 감염병의 예방 및 관리에 관한 법률 제2조 제2호 타목 '제1급감염병 신종감염병증후군'에 해당하는 점 등을 종합하면, 코로나19 바이러스에 의해 패혈증에 이르게 된 것을 두고 '급격한 외래의 사고로 입은 상해'라고 보기는 어렵고, 감염병에 해당하는 질병으로 봄이 타당하다.

4) 생명보험에 적용되는 생명보험표준약관 〈부표 4〉 재해분류표의 제1조가 보장대상이 되는 재해로 '감염병의 예방 및 관리에 관한 법률 제2조 제2호에서 규정한 감염병'을 포함하고 있는 점은 인정되나, 상해보험약관의 보호범위와 생명보험약관의 보호 범위는 차이가 생길 수 있고, 오히려 이 사건 각 보험계약에 따른 약관에는 보장하지 아니하는 손해로 '피보험자의 질병'을 규정하고 있다. 따라서 이 사건 각 보험계약에 적용되는 약관에 따르면, 코로나19 바이러스로 인한 감염병은 '질병'에 해당하고, 피고가 보상하지 아니하는 손해라고 봄이 타당하다. (항소하지 않아 확정됨)

[설명]

대상사건은 코로나19 바이러스에 감염된 경우를 상해사고로 볼 수 있는지 여부가 다루어졌고, 이처럼 세균이나 바이러스에 감염된 경우를 상해사고로 볼 수 있는지에 대하여는 24번 사례(대법원 2016. 6. 9. 선고 2016다206550, 2016다206567 판결)에서 살펴본 바 있다. 아직까지 세균이나 바이러스 등 미생물이 체내로 침투해 발생하는 감염병이 '상해'의 요건을 충족하는지 여부에 관하여 명시적인 입장을 밝힌 대법원 판례는 없는 것으로 보인다.[11] 다만, 대법원 2016. 6. 9. 선고 2016다206550, 2016다206567 판결이 「일상생활을 하던 중 바이러스에 감염된 것으로 보일 뿐, 다른 특별한 매개체에 의해 감염되었다는 등 감염 과정에 있어 외래성을 인정할 만한 특별한 사정을 발견할 수 없다.」고 판단한 것은 일상생활 중의 바이러스 등 감염에 대하여는 외래성을 인정하지 않는 취지로 해석될 여지가 크다.

또한 위 대법원 판결은 '감염 과정에 있어 외래성을 인정할 만한 특별한 사정'이 인정되는 경우는 상해사고로 볼 수 있는 여지를 남기고 있다. 그러나 위 대법원 판결은 그러한 '특별한 사정'에 해당하는지 여부를 판단할 구체적인 기준을 제시하고 있지 않고, 그 예를 들지도 않았다. 다만, 위 대법원 판결이 말하는 '특별한 사정'에 해당할 만한 사례는 찾아볼 수 있을 것으로 판단된다. 예컨대, 울산지방법원 2013. 5. 8. 선고 2013가합16097, 2013가합16080 판결의 경우가 이에 해당할 것으로 보인다.

울산지방법원 2013. 5. 8. 선고 2013가합16097, 2013가합16080 판결[당뇨병 환자인 피보험자(피고)가 바닷가에서 맨발로 해변을 거닐다 유리 또는 조개껍질을 밟아 우측 발바닥에 작은 열상을 입고, 우측 하지에 가스괴저[12]가 발병하여 우측 하지 대퇴 부위의 절단 수술을 받은 사례]은 「통상의 경우 발바닥에 열상을 입었다고 하여 바로 대퇴부의 절단에까지 이르는 것은 아니지만, 피고의 대퇴부 절단 수술의 직접적 원인이 된 가스괴저 증상은 세균이 상처를 통해 침입하여 발생하는 것이어서, 당뇨병의 영향이 없었다 하더라도 가스괴저가 일어나지 않았으리라고 쉽게 단

---

11) 양승현, 「손해보험 약관의 '상해'요건과 감염병에 관한 소고」, 보험법리뷰 제9호, 보험연구원(2021. 2.), 2페이지.

12) 클로스트리디움(Clostridium) 종의 세균이 주로 근육층을 침범하여 조직을 괴사시켜 썩게 만들면서 가스를 생성하는 감염 질환이다.

정할 수도 없는 점 등의 사정에 미루어, 의학적인 인과관계를 단정할 수는 없으나 피고는 바닷가에서 발에 상처를 입어 균에 감염되었고, 통상적인 치료를 하였으나 당뇨병 탓에 회복하지 못하고 가스괴저병으로 진행되어 다리를 절단하게 된 것으로 판단함이 타당하다 할 것이다. 그렇다면 당뇨병이 미친 영향은 추후에 기왕증으로 인한 감액에서 고려할 요소일 것이며, 이 사건 보험사고는 일단 '외래의 사고'로 상해를 입고 후유장해가 생긴 경우에 해당한다고 보는 것이 상당하다.」고 판단하였다. 위 사건의 경우 세균 감염의 과정이 일상생활 중의 자연스런 감염이 아니고, 유리나 조개껍질을 밟아 열상을 입는 바람에 생긴 것이다.

대상판결(대구지방법원 2020가합753 판결 역시 「망인은 일상생활을 하던 중 코로나19 바이러스에 감염된 것으로 보일 뿐 다른 특별한 매개체에 의해 감염되었다는 등 감염 과정에 있어 외래성을 인정할 만한 특별한 사정이 없다.」는 점을 상해사고임을 부정하는 근거로 삼고 있는 점에서 대법원 2016다206550, 2016다206567 판결과 같은 맥락으로 보인다.

한편, 대상판결은 생명보험 표준약관 재해분류표에서는 보장대상이 되는 '재해'로 '감염병의 예방 및 관리에 관한 법률 제2조 제2호에서 규정한 감염병'을 포함하고 있고, 코로나19 바이러스에 의한 감염이 감염병의 예방 및 관리에 관한 법률 제2조 제2호 타목 '제1급감염병 신종감염병증후군'에 해당하는 점은 인정하면서도(이에 따라 생명보험사 보험에 가입한 경우에는 '재해사망보험금' 지급사유에 해당한다), 상해보험약관의 보호범위와 생명보험약관의 보호범위는 차이가 생길 수 있고, 오히려 이 사건 각 보험계약에 따른 약관에는 보장하지 아니하는 손해로 '피보험자의 질병'을 규정하고 있다는 점을 근거로 들고 있다.

생명보험 표준약관의 '재해'의 개념과 상해보험에서의 '상해'의 개념이 유사하기는 하지만, 양자는 담보 방식과 요건에 있어 차이가 있고(예컨대, 대법원 2013. 6. 28. 선고 2013다22058 판결 역시 상해보험약관의 보험보호범위와 생명보험약관의 그것에 차이가 생길 수 있다고 판단한 바 있다), 생명보험 표준약관의 재해분류표 역시 모든 감염병을 '재해'에 포함시키는 것이 아니라, 이중 일부만을 포함시키고 있다는 점, 사전적 의미에서 '감염병' 역시 '질병'의 범주에 포함되는 것으로 보일 뿐 아니라, 법률상 '질병'에 감염병이 포함되는 것으로 정의하고 있는 경우도 있는 점[13] 등을 고려할 때, 대상판결이 들고 있는 위와 같은 판단근거는 수긍할 만하다.

---

13) 예컨대, 국제질병퇴치기금법 제2조(정의)는 "질병"에 감염병의 예방 및 관리에 관한 법률 제2조(정의) 제1호에 따른 감염병을 포함시키고 있다.

26

동상으로 인하여 하지 절단 후 치료 중 합병증으로 사망한 경우 상해사망에 해당한다고 본 사례
(서울중앙지방법원 2012. 1. 20. 선고 2011나36175 판결)

[사건 개요]

피보험자인 망인은 평소 알코올중독증이 있었는데, 2008. 2. 4.경 술을 마시고 밖에서 잠을 자서 오른쪽 발에 동상이 생긴 후 3일이 지난 2008. 2. 7. 18:00경 수차례 계속적으로 경련을 일으켜 건국대학교병원 응급실에 긴급 후송되었고, 위 병원에서는 사지의 봉소염, 조직 괴사를 동반한 발목 및 발의 동상을 관찰한 후 응급조치를 함.

망인은 2008. 2. 8. 건국대학교병원에서 퇴원 후 D 병원으로 전원되어, 2008. 2. 12. 오른쪽 발의 동상, 괴사, 봉소염 및 전이로 인한 패혈증 진단하에 우측 발목 절단술을 시행받음.

망인은 발목 절단술 후 호전되어 2009. 2. 26. E 의원으로 전원되었으나 사망하였고, 직접사인은 심폐정지, 중간 선행사인은 연조직염, 간질, 알코올 금단 증상, 선행사인은 연조직염, 간질, 알코올 금단 증상으로 각 진단됨.

진료기록감정결과(신경과)에서는 망인의 경우 반복되는 경련과 감염증이 주된 사망 원인으로 보이고, 반복적인 경련의 원인은 불분명하지만 동상에 의한 패혈증에 동반된 증상일 가능성이 있으며, 연조직염의 경우에도 동상에 합병된 질환으로 추정될 수 있고, 특히 동상이 망인의 사망에 상당히 기여하고 있다고 판단되고 그 기여도는 70% 이상으로 추정된다는 의견을 보임.

[법원의 판단]

망인의 사망이 '급격하고도 우연한 외래의 사고'에 해당하는지에 관하여 보건대, 우선 동상의 경우에는 신체의 질병과 같은 내부적인 원인에 기한 것이 아니라 저온이라는 외부적인 원인에 기하여 발생한 것임은 명백하므로 외래의 사고임은 인정된다.

동상의 경우에는 기후의 변화라는 자연현상에 기인한 것이고 기후의 변화에 의하여 신체가 손상을 입을 경우, 이러한 환경의 변화가 신체에 영향을 미친 것일 때 그 과정이 급격한 것이었는가 아니면 장기간에 걸쳐 계속된 것이었는지 여부, 그 상황을 예상하고 회피할 수 있었는지 여부 등 제반 사정에 따라 급격하고 우연하게 발생한 것인지 평가가 달라질 수 있을 것이나, 동상 자체는 순간적으로 급격하게 발생하는 것이 아니라 어느 기간 동안 낮은 기온에 신체의 노출이 있어야 발생하므로 급격하게 발생하는 것이 아니어서 예측·회피 가능성이 있다고 볼 여지도 있다.

그러나 비록 망인이 술에 취하여 추운 날씨 속에서 잠을 잤다는 점에서 보험사고의 발생에 과실이 있기는 하지만, 술에 취한 사람이 제대로 귀가하지 못한 채 추운 날씨 속에서 잠을 자는 상황은 통상 의도된 것이 아니라 우연히 된 것이므로 우연한 사고라고 할 것이고, 사고의 급격성이 절대적인 시간 개념만을 의미하는 것은 아니므로, 동상이라는 상해를 입는 데 걸리는 시간이 어느 정도 소요된다는 사정만으로 급격성을 부정할 수는 없다.

따라서 동상은 이 사건 보험계약에서 정한 보험사고에 해당한다고 할 것이다. (상고하지 않아 확정됨)

[설명]

대상사건(서울중앙지방법원 2011나36175 판결)에서는 저온에 노출되어 동상에 걸린 것이 상해사고에 해당하는지 여부와 관련하여, 그 요건 중 특히 '외래성'과 '급격성'이 문제 되었다.

'외래성'과 관련하여, 대법원은 보험사고의 요건인 '급격하고도 우연한 외래의 사고' 중 '외래의 사고'란 사망의 원인이 피보험자의 신체적 결함 즉 질병이나 체질적 요인 등에 기인한 것이 아닌 외부적 요인에 의해 초래된 모든 것을 의미한다(대법원 2014. 6. 12. 선고 2013다63776 판결 등)고 보고 있다. 이에 따르면, 피보험자가 사고 당시 놓여 있던 환경적 요인, 예컨대, 건강에 악영향을 줄 수 있는 고온이나 저온 상태 역시 상해사고의 요건인 외래성을 충족할 수 있다.

먼저 장시간 저온 또는 저체온증을 유발하는 환경에 노출된 경우 외래성을 인정한 사례를 살펴보면, 대법원 1991. 6. 25. 선고 90다12373 판결은 술에 만취된 것[14]과 선풍기를 틀고 잔 사유는 모두 외인에 해당한다고 판단하였다(위 판결은 주취 상태에서 선풍기 바람 때문에 체열의 방산이 급격히 진행된 끝에 저체온에 의한 쇼크로 심장마비를 일으키거나 호흡중추신경 등의 마비를 일으켜 사망에 이르렀을 가능성이 높았던 것으로 판단하여, 재해사망에 해당하는 것으로 보았다).

서울동부지방법원 2011. 3. 18. 선고 2010가합14573 판결 역시 망인이 2010. 2. 27. 16:20경 야산에서 만취 상태에서 웅크린 채 엎어져 있는 시체 상태로 발견된 사례에서, 망인이 신경안정제를 복용한 채 술을 마셔 중추신경 억제 작용으로 인한 호흡억제로 사망하였거나 또는 주취 상태에서 야외에 오래 있어 저체온증으로 사망하였다고 추단할 수 있다(가사 망인의 기왕의 심장질환이 망인의 사망에 기여하였다 하더라도 직접적이고 중요한 사망 원인은 위와 같은 외부적 요인이라고 봄이 상당하다)고 판단하였다.

서울북부지방법원 2022. 2. 8. 선고 2018나33631 판결 역시 망인이 최저 기온 영하 11도의 추운 날 새벽에 혈중알코올농도 0.264%에 이를 정도로 술에 취한 상태에서 5시간 동안 방치된 사례에서, 망인이 새벽에 주취 상태에서 장시간 저온에 노출됨으로써 갑작스러운 심혈관계 이상 등이 야기되어 급사하였다고 추단함이 합리적이고, 설령 망인의 기존 질환인 심장동맥경화증 등이 망인의 사망에 기여하였다고 하더라도, 직접적이고 중요한 사망 원인은 망인이 주취 상태에서 장시간 저온에 노출되었다는 외부적 요인이라고 봄이 상당하다고 판단하였다.

---

14) 이에 반하여, 술에 취한 상태에 대하여는 술에 취해 사물 변별능력이 떨어지는 것은 체질적인 요인에 의한 것이지 외인으로 볼 수 없다는 견해도 있다[강보은, 「상해보험의 보험사고에 관한 법적 연구」, 고려대학교 법무대학원 석사학위논문(2015), 69페이지].

이와 반대로 고온에 노출된 경우 외래성을 인정한 사례를 살펴보면, 대법원 2018. 8. 30. 선고 2018다228356 판결은 「망인이 고온의 밀폐된 차량 안에서 잠을 자다가 주취 상태 및 고온으로 인하여 갑작스러운 호흡곤란 내지 심혈관계의 이상 등이 야기되어 급사하였다고 추단하는 것이 합리적이다. 그렇다면 가사 망인의 기존 질환인 심장동맥경화증 등이 망인의 사망에 기여하였다고 하더라도 직접적이고 중요한 사망 원인은 망인이 주취 상태에서 고온의 밀폐된 차량 안에서 잠을 잤다는 외부적 요인이라고 보는 것이 타당하고, 망인이 주취 상태로 고온의 차량 안에서 잠을 잤다는 사정이 의학적으로는 사인이 아닌 유인에 불과하다고 하여 이와 달리 볼 것은 아니다.」고 판단한 바 있다.

금융분쟁조정위원회 2013. 5. 28. 제2013-13호 조정 결정은 망인이 온도가 높은 사우나 내 불가마실(약 74℃)에서 잠을 자다 사망한 것으로 추정되는 사례에서, 관할 경찰서에서 작성한 변사사건 조사기록에 따르면 피보험자가 술을 마신 채 사우나 74도의 뜨거운 보석 불가마실에 들어가 찜질을 하며 잠을 자다 불가마실의 높은 온도에 의해 질식 사망한 것이라는 추정 외에 피보험자에게 평소 사망에 이를 만한 질병이나 체질적 요인이 있었다고 단정할 수 있는 증빙도 찾아볼 수 없으므로 외래성을 충족한다고 판단하였다.

다음으로 '급격성'과 관련하여 살펴보면, 급격성[15]의 정의에 대하여는 1) 시간에 중점을 두어 비교적 단시간 내에 사건이 발생하는 것을 의미한다는 견해, 2) 예견가능성에 중점을 두어 시간적으로 빠른 것을 의미하는 것이 아니라 피보험자가 예견하지 아니하였거나 예견할 수 없는 순간에 사고가 생긴 것을 의미한다는 견해, 3) 두 가지 모두를 고려하여 시간적 제한뿐만 아니라 예견 불가능성을 포함하여 피보험자가 사고가 발생하는 순간적인 상황에서 그 사고를 예견할 수 없었고, 피할 수 없었던 경우 급격성이 인정된다는 견해, 4) 급격성은 우연성의 하나의 요소에 불과하며, 시간의 장단은 문제 되지 않고 사고의 발생과 경과 과정이 객관적으로 보아 우연한 것으로 인정되면 급격성이 인정된다는 견해 등이 있다.[16] 동상이나 동사의 경우는 순간적으로 급격하게 발생

---

15) 생명보험 표준약관 장해분류표에서는 보상대상이 되는 재해에 대하여 "한국표준질병·사인분류상의 S00~Y84에 해당하는 우발적인 외래의 사고"라고 정하고 있어 '급격성'을 따로 규정하고 있지 않다.

16) 위 학설 소개는 장덕조, 보험법(제3판) 법문사(2016), 478페이지 및 강보은, 「상해보험의 보험사고에 관한 법적 연구」, 고려대학교 법무대학원 석사학위논문(2015), 36페이지에서 인용함.

하는 것이 아니라 신체가 일정 시간 저온에 노출되어야만 발생하기 때문에, 시간에 중점을 둘 경우 급격성의 요건을 충족하지 못하는 것은 아닌지 문제가 될 수 있다.[17]

'급격성'과 관련한 판결례를 살펴보면, 부산고등법원 1998. 5. 22. 선고 98나130 판결[18]은 「보험사고에서 말하는 '급격하다'는 것은 사고의 원인 되는 사실이 돌발적으로 발생하여 그 사실의 직접적인 결과로써 상해가 발생할 것을 의미하는 것으로, 피보험자가 예견하지 아니하였거나 예견할 수 없는 순간에 사고가 생긴 것을 뜻한다.」고 판단한 바 있다. 서울고등법원 2004. 7. 9. 선고 2003나37183 판결은 「약물복용의 부작용으로 인한 상해는 약물복용의 효과가 계속 누적됨으로써 어느 시점에 나타나는 것이 일반적이며 부작용을 예상할 수 없었던 사람의 입장에서는 급격하게 상해가 생긴 것으로 보아야 하므로 약물복용의 부작용으로 인한 상해는 보험계약에서 정한 보험사고인 '우연한 외래사고'에 해당한다고 할 수 있다('특발성 혈소판 감소증' 치료를 위하여 스테로이드 계통의 약물을 복용한 결과 그 부작용으로 '양측 대퇴골 두 무혈성 괴사'가 유발되어 인공고관절 이식수술을 받아 양쪽 고관절의 기능을 영구히 상실한 사건임)」고 판단한 바 있다. 서울남부지방법원 2018. 2. 1. 선고 2016가합113123 판결 역시 「보험사고의 요건 중 '급격성'은 반드시 사고가 시간적으로 갑작스럽게 일어난 것만을 의미하는 것은 아니고, 피보험자가 예견하지 아니하였거나 예견할 수 없었던 순간에 사고가 생긴 것을 의미하는 바, 약물복용의 부작용으로 인한 상해는 약물복용의 효과가 계속 누적됨으로써 어느 시점에 나타나는 것이 일반적이고, 그 부작용을 예상할 수 없었던 사람의 입장에서는 급격하게 상해가 생긴 것으로 볼 수 있다.」고 판단한 바 있다(이외에도, 서울중앙지방법원 2018. 7. 25. 선고 2017가합552637 판결과 그 항소심인 서울고등법원 2019. 5. 3. 선고 2018나2048268 판결도 같은 취지다).

위와 같이 다수의 하급심 판결례들은 '급격성'의 판단에 있어 시간에만 중점을 두지 않고, 예견가능성도 고려하고 있다.

대상판결의 경우도 '급격성'의 의미에 대하여 「사고가 시간적으로 급박하게 발생하였거나, 시간

---

17) 강보은, 「상해보험의 보험사고에 관한 법적 연구」, 고려대학교 법무대학원 석사학위논문(2015), 42페이지.
18) 상고심(대법원 1998. 10. 13. 선고 98다28114 판결)의 상고기각으로 확정됨.

적으로 급박한 것이 아니라고 할지라도 미리 사고를 예측하여 피할 수 없을 정도로 예견 불가능하거나 불가피한 것을 의미한다.」고 전제하고, 사고의 급격성이 절대적인 시간 개념만을 의미하는 것은 아니라고 판단하였는데, 이 역시 위에서 살펴본 판결례들과 같은 맥락으로 이해된다.

27

교통사고로 외상을 입고 입원치료 중 뇌동맥류 파열로 사망한 경우 상해 사망으로 인정하지 않은 사례
(부산지방법원 2021. 6. 10. 선고 2020가합45700 판결)

[사건 개요]

망인은 2018. 12. 10. 06:40경 울산 남구 처용로 91 한국석유공사 앞 삼거리를 좌회전하여 진행하던 중 전방에서 신호대기 정차 중이던 모닝 승용차의 뒤 범퍼를 추돌하였고, 이어서 전방에 정차 중이던 그랜저 승용차를 충격하는 교통사고(이하 '이 사건 교통사고')를 일으킴.

망인은 이 사건 사고로 인하여 네 개 또는 그 이상의 늑골을 포함하는 다발골절, 폐쇄성 흉강내로의 열린 상처가 없는 외상성 혈기흉, 타박상 등을 입고 입원치료를 받던 중 2018. 12. 22. 뇌동맥류 파열에 의한 지주막하출혈로 사망함.

망인의 상속인들인 원고들은 상해사망보험금을 청구하였으나, 피고는 보험금 지급을 거절함.

[법원의 판단]

다음과 같은 사실 및 사정 등을 종합하여 보면, 원고들이 제출한 증거들만으로는 망인의 사망 원인인 뇌동맥류 파열이 외래의 사고인 이 사건 사고로 인하여 발생한 것이라고 인정하기에 부족하고 달리 이를 인정할 증거가 없다.

○ 이 사건 사고는 망인이 운전 중에 별다른 이유 없이 중앙선을 침범한 채로 좌회전을 한 후 급가속하여 전방의 차량 2대를 연이어 충격한 것으로 이례적이다.

○ 망인은 이 사건 사고로 인한 직접적인 두부 외상의 흔적이 없는 반면, 기저질환으로 좌측 추골동맥 박리성 뇌동맥류가 있었다. 이러한 뇌동맥류는 일상생활 과정에서 조절되지 않는 고혈압 및 순간적인 혈압 상승만으로도 언제든 파열될 수 있는 질환이다.

○ 감정인의 진료기록감정서에는 「사고 발생 상황은 망인의 차가 편도 1차로 중앙선을 넘어 직진하면서 다른 차량 운전석 및 휀다를 충격한 사고로 기록되어 있는데, 추골동맥 박리성 동맥류가 정상 운전 중 파열된 후 의식을 잃으면서 사고가 발생했다고 판단하는 것이 의학적으로 매우 타당한 추론이다」고 기재되어 있다. 또한 부산대학교 병원 의사가 작성한 의료자문회신서(갑 제18호증)에는 「이러한 범발성 지주막하 출혈 및 뇌실 내 출혈 등은 교통사고로 인해 발생한 것이라기보다는 좌측 추골동맥 박리성 뇌동맥류의 파열이 먼저 발생되었을 가능성이 높으며, 이후 이러한 접촉사고가 발생하였다고 봄이 의학적으로 더 타당하리라 본다. 뇌동맥류 파열과 관련된 외상관계 유무 및 관여도 부분의 평가는 매우 어렵지만 직접적인 인과관계가 있다고 보기는 어렵고, 설령 접촉사고 과정에서 뇌동맥류 파열이 일어났다 가정하더라도 이러한 뇌동맥류는 기존 질환이며 일상생활 과정에서도 언제든 파열될 수 있는 질환인바, 뇌동맥류가 없는 일반인이었다면 사고의 내용, 차량 파손의 정도로 보아 뇌지주막하 출혈이 발생할 개연성은 낮다고 본다.」는 취지로 기재되어 있다.

○ 원고들이 이 사건 사고로 인하여 뇌동맥류가 파열되었다는 주장의 근거로 삼고 있는 의료자문소견서(갑 제19호증)에 의하더라도, '뇌출혈의 원인은 동맥류 파열인데 동맥류의 모습으로 보아 사고 이전부터 동맥류를 가지고 있었으며 사고 당일 파열된 것으로 생각된다. 동 건의 경우 사고로 인한 직접적인 두부 외상의 흔적은 진료기록이나 CT 소견에서 보이지 않는데 동맥류의 자발성 파열이 많은 자발성 뇌지주막하출혈의 주원인이며, 뇌지주막하 출혈은 자발성 출혈이다. 동맥류 파열의 위험성을 고려하고 사고의 정도로 보아 사고가 환자의 사망에 기여한 정도를 20% 정도로 추정한다.'라고 기재되어 있다. (항소하지 않아 확정됨)

[설명]

  대상사건(부산지방법원 2020가합45700 판결)은 교통사고로 인하여 다발성 늑골골절, 외상성 혈기흉 등 중상을 입었으나, 사고로 직접 다친 부위가 아닌 뇌동맥류 파열로 인한 뇌출혈로 사망한 사례이다. 교통사고가 뇌동맥류 파열에 영향을 미쳤는지, 아니면 그 반대로 뇌동맥류 파열로 교통사고가 발생한 것인지 그 선후관계도 명확하지 않다 보니, 교통사고와 사망 사이의 인과관계가 문제 되었다. 이처럼 상해사고가 발생한 경우라고 해도, 당해 상해사고와 사망 사이의 인과관계가 문제 되는 경우, 특히 대상사건의 경우와 같이 인과관계가 부정된 사례(즉, 기존 질병에 의한 사망가능성이 높다고 보는 사례)도 적지 않다. 따라서 유사 사례의 분석을 통해 상해사고와 사망 사이의 인과관계 판단에 있어 중요하게 고려할 사항들을 살펴볼 필요가 있다. 유사 사례들을 살펴보면,

  서울중앙지방법원 2022. 5. 12. 선고 2021나38606 판결은 전기설비업자인 망인이 약 1m 높이의 상가 판매대에서 냉장고 실외기를 고치던 중 불상의 이유로 떨어져 119 구급대에 의해 병원으로 후송되던 중 사망한 사례에서, 시체검안서에서 사망의 종류를 '외인사'가 아니라 '기타 및 불상'으로 판단하고 있는 점, 국립과학수사연구원의 부검감정결과에 「치명적인 외상에 의한 사망, 중독으로 인한 사망가능성은 배제되고, 단정할 수 없으나 심장의 심비대를 보고, 왼 심장동맥의 내강이 동맥경화로 40% 가량 좁아진 소견으로 심비대에서 기인한 급사 가능성이 고려된다.」고 기재되어 있으므로 평소 망인에게 사망에 이를 정도의 중증 질환은 없었다고 하더라도, 망인의 사망이 망인에게 내재되어 있던 원인, 즉 질병이나 체질적 요인 등에 기인하였을 가능성을 배제할 수 없는 점, 사고 당시 망인이 감전되었다는 사실을 확인하기 어렵고, 가사 망인에게 전류가 흘렀을 가능성이 있다고 하더라도 망인은 심비대에서 기인한 급사 가능성이 고려될 수 있으므로 보험약관에서 보험금을 지급하지 아니하는 재해(질병 또는 체질적 요인이 있는 자로서 경미한 외부요인에 의하여 발병하거나 또는 그 증상이 더욱 악화된 경우)에도 해당된다고 볼 여지도 있는 점 등에 비추어 보면, 원고들 제출의 증거만으로는 망인이 감전, 추락, 폭염 등의 외래의 사고로 인하여 사망하였음이 증명되었다고 보기 부족하다고 판단하였다.

광주지방법원 순천지원 2022. 10. 20. 선고 2022가단53881 판결은 망인이 2021. 5. 10. 05:05경 주거지 안방 화장실에서 쓰러지면서 머리를 부딪쳐서 피가 난 상태로 엎드린 채 사망한 사례에서, 망인이 2019년경 전정 신경기능에 이상이 있어 쓰러져서 구급차로 병원에 후송된 적이 있고, 2020. 4.경에도 집 화장실에서 정신을 잃어 2020. 4. 12.경부터 4. 16.경까지 병원에서 '기타 실신 및 허탈'로 진료받은 내역이 있으며, 사고 발생 2개월 전에도 쓰러져 병원 응급실로 후송된 이력이 있어 보이는 점, 2020. 4.경부터 2021. 2. 10.경까지 '경동맥의 폐쇄 및 협착증' 진단을 받고 통원치료 및 약물을 복용하고 있었던 점, 변사자조사결과보고서에도 사인을 내적 원인(지병 등)에 의한 사망으로 추정된다고 기재되어 있는 점 등에 비추어 보면, 망인이 급격하고 우발적인 외래의 사고로 신체에 상해를 입고 그로 인하여 사망한 사실을 인정하기에 부족하다고 판단하였다.

서울중앙지방법원 2021. 2. 17. 선고 2019가단5185978 판결은 망인이 2016. 8. 17. 22:15경 화물차를 운전하다 가드레일을 1차 충돌하고 계속 진행하여 시계 방향으로 회전하듯이 뒤로 밀리면서 반대편 차로의 갓길 가드레일을 적재함 뒷부분으로 2차 충돌하여 머리로 백판 유리를 충격하고 부상을 입어 사망한 사례에서, 국립과학수사연구소 부검감정에서 심비대, 주요 심장동맥에서의 고도 및 중중도의 죽상동맥경화 등 허혈성 심장질환에 합당한 소견인 점, 가슴막 점출혈 등 급사의 일반적인 소견을 보인 점에 비추어 망인의 사인은 허혈성 심장질환이라는 의견을 제시한 사실(망인의 뒤통수 부위 표피박탈, 왼관자근의 근육간 출혈, 소량의 경막하 출혈의 경우 그 손상의 정도를 고려할 때 사인으로 판단하기 어렵다고 봄)에 의하면, 망인은 우연한 외래의 사고로 사망하였다고 볼 수 없고, 허혈성 심장질환이 아닌 다른 사망 원인이 있었을 가능성이 제기된다는 기재의 증거들만으로는 사고의 외래성 및 상해 또는 사망이라는 결과와 사이의 인과관계가 입증되었다고 할 수 없다고 판단하였다.

대구지방법원 서부지원 2022. 6. 8. 선고 2020가합54245 판결은 망인이 2019. 2. 23. 06:30경 자택 마당의 화장실 입구에서 사망한 채로 발견되었는데, 검시 결과 망인의 머리 뒷부분에서 약 5cm 선형 형태의 피하출혈이 발견된 사례에서(부검 미실시), 망인은 자택에서 사망한 채로 발견되어 병원으로 이송되었고, 시신 머리 뒷부분에서 약 5cm인 선형 형태의 피하출혈이 발견되기는 하였으나 위 피하출혈이 망인의 사망에 어떠한 기여를 하였는지 및 망인의 사망 원인에 대하여는 불명인 점, 망인이 상해로 사망하였다고 판단할 수 있으려면 뒤로 넘어지면서 발생할 수 있는 머리 부위 손상이 경막하 출혈이나 뇌 좌상 등 사망에 이를 정도의 것임이 확인되어야 하나, 망인의 머리 부위 손상 정도를 판단할 수 있는 자료가 없는 점, 망인이 사망한 시기가 겨울이었고, 사망한 장소도 주택 외부에 위치한 화장실 근처라는 점에서 저체온사의 가능성도 있을 수 있으나, 시체검안서, 구급활동일지 등 망인의 상태가 기록된 자료에는 저체온증으로 판단할 만한 아무런 소견이 발견되지 않는 점, 망인은 고령의 노인으로 심부전 및 확장성심근병증이 있었는데, 이러한 병증은 급사의 원인이 될 수 있는 것이고, 사망하기 약 4일 전부터 식사도 거의 못하였으므로, 지병으로 사망하였을 가능성을 배제할 수 없는 점 등을 종합하여, 원고가 제출한 증거만으로는 외래의 우연한 사고에 의한 상해의 직접적인 결과로써 망인이 사망한 것이라고 단정하기 어렵다고 판단하였다.

서울중앙지방법원 2022. 2. 16. 선고 2020나73299 판결은 망인이 2020. 6. 15. 오전 7시경 거주하던 아파트 부근 편의점에서 술을 마시고 도로에서 2~3차례 뒤로 넘어지면서 지면에 머리를 부딪친 사건이 있은 지 사흘 후 아파트 베란다 세탁실에서 피를 토하고 일자로 곧게 누워 사망한 채로 발견된 사례(부검 미실시)에서, 비대상성 알코올간경병증 환자의 5년 생존율은 단주하면 60%, 음주를 지속하면 30%이고, 비대상성 알코올간병증의 중앙생존기간은 61개월이며, 복수가 있음에도 지속적으로 음주하면 알코올간경병증 환자의 80%는 7개월 내에 사망하는 점, 망인은 2014년에도 복수 천자 시술을 받았으므로 비대상성간경화 환자의 범주에 포함되는데, 진단 이후에도 상당한 기간 동안 알코올을 섭취하여 온 것으로 보아 알코올성 간경화증 등의 질병으로 사망하였을 가능성이 있는 점, 망인에 대한 부검이 이루어지지 않은 이 사건에서 망인이 넘어지는 과정에서 지면에 머리를 부딪쳐 두개강 내출혈 등의 상해를 입었다고 단정하기 어려운 점 등에 비추어 볼 때, 원고들이 제출한 증거만으로는 망인이 상해의 직접결과로써 사망하였다고 인정하기 부족하다고 판단하였다.

서울중앙지방법원 2021. 12. 15. 선고 2021가단5158344 판결은 망인이 2021. 4. 4. 09:20경 트럭을 운전하다 내리막 비탈길에서 도로 우측 가드레일을 충격 후 멈춘 상태로 운전석에 앉은 채 사망한 상태로 발견된 사례(부검 미실시)에서, 진료기록 감정의가 망인이 심정지 상태로 병원에

도착한 것으로 확인되고, 급성심장사로 추정되며, 교통사고 충격으로 인한 심정지 발생인지 심정지 발생으로 인한 교통사고인지 인과관계가 명확하지 않고, 혈압은 비교적 잘 조절되고 있었지만 흡연력이 있어 심근경색 등 급성관동맥 증후군이 발생할 위험인자는 갖고 있었던 것으로 보인다는 소견을 밝힌 점, 가드레일 및 차량의 파손 상태가 경미한 점에 비추어 교통사고가 망인의 사망에 영향을 미친 것으로 보기 어려운 점에 비추어 볼 때 원고들이 제출한 증거들만으로는 망인이 교통사고로 사망하였거나 교통사고가 사망에 영향을 미쳤다고 인정하기 부족하다고 판단하였다.

인과관계 부정 사례	상해사고	상해의 정도	사망 원인	기왕증
서울중앙지법 2021나38606	1m 높이에서 추락	경미한 손상 정도의 두피 상처(표피 박탈) 및 허리 부위 피하출혈	불명확 (부검감정결과)	동맥경화
광주지법 순천지원 2022가단53881	화장실에서 낙상	머리에서 피가 남	불명확	기타 실신 및 허탈/경동맥의 폐쇄 및 협착증
서울중앙지법 2019가단5185978	운전 중 가드레일을 충격하는 교통사고	뒤통수 부위 표피박탈, 왼 관자근의 근육간출혈, 소량의 경막하 출혈	허혈성 심장질환 (부검감정결과)	심비대/심장동 맥에서의 고도 및 중등도의 죽상동맥경화
대구지법 서부지원 2020가합54245	마당 화장일 입구에서 낙상	머리 뒷부분에서 약 5cm 선형 형태의 피하출혈	불상으로 내사종결 (부검 미실시)	고령/ 심부전 및 확장 성심근병증
서울중앙지법 2020나73299	도로에서 2~3차례 뒤로 넘어져 지면에 머리를 부딪침	알 수 없음	사체검안서상 간경화증 (부검 미실시)	급성신부전/ 간경화증/상세 불명의 심부전
서울중앙지법 2021가단5158344	운전 중 가드레일을 충격하는 교통사고	알 수 없음	사망진단서상 사인 미상 (부검 미실시)	고혈압/흡연력
부산지법 2020가합45700 (대상판결)	연쇄 추돌 교통사고	다발성 늑골골절, 외상성 혈기흉	뇌동맥류 파열	뇌동맥류

위와 같이 외견상 일응 낙상사고나 교통사고와 같은 상해사고가 있는 것으로 보이는 사건에서도, 해당 상해사고와 사망 사이의 인과관계를 인정하기에 부족하다고 판단되는 경우가 많다. 특히 법원은 사고의 외래성 및 상해 또는 사망이라는 결과와 사이의 인과관계에 관하여는 보험금 청구자에게 그 증명책임이 있다는 입장이기 때문에(대법원 2010. 9. 30. 선고 2010다12241, 12258 판결 등 참조), 기존 질병 등에 의한 사망가능성을 배제할 수 없는 상태에서 당해 상해사고로 인한 사망가능성이 있다는 정도의 입증만으로는 인과관계 입증이 부족하다는 판단이 될 수밖에 없다. 당해 상해사고로 인한 사망의 개연성이 입증되어야 한다.

위에서 살펴본 사례들을 통해 그 당해 상해사고와 사망 사이의 인과관계가 부정된 주된 이유를 유형별로 살펴보면, 아래와 같다.

1) 부검감정을 하지 않았거나 또는 부검감정결과에서도 사인이 불명확하여 사망의 직접적인 원인을 알 수 없는 경우

2) 부검감정결과에서 지병이 사망의 원인일 가능성이 높다는 소견을 보인 경우

3) 상해사고로 인한 외상이 경미한 수준이어서 사망의 원인으로 보기에는 부족하고 기존 질병에 의한 사망가능성을 배제할 수 없는 경우

4) 상해사고로 인한 외상을 사망 원인으로 볼 의학적 근거가 부족하고, 사망의 원인이 될 만한 기존 질환이 존재하는 경우

5) 돌연사 등 사망 원인이 될 만한 질병이 있었던 상황에서 낙상이나 교통사고 등 사고가 기존 질병에 의한 것인지, 해당 사고로 인한 것인지 불분명한 경우

대상사건의 경우 교통사고로 인한 상해의 정도가 경미하지 않으나, 상해 부위와 정도로 보아 뇌동맥류 파열의 원인으로 보기는 어렵다는 의학적 소견과 교통사고 발생 경위가 이례적이어서

뇌동맥류 파열로 인하여 교통사고를 낸 것으로 볼 여지가 큰 점 등이 인과관계를 부정하는 근거가 되었다. 다만, 대상사건에서 피보험자의 경우 교통사고 전에는 뇌동맥류가 진단되지 않았던 경우이고, 교통사고가 뇌동맥류 파열에 영향을 주었을 가능성을 배제할 수 없다. 교통사고로 인한 상해의 정도가 경미하지 않았던 점, 사고 발생 시간이 아침 이른 시간으로 졸음운전에 의해 이례적인 경위로 교통사고를 냈을 가능성도 배제할 수 없는 점, 뇌동맥류의 크기나 위치, 형상 등에 비추어 교통사고가 아니었더라도 자연적으로 파열 위험이 높은 경우였는지 여부 등에 대하여 좀 더 심리가 이루어졌으면 하는 아쉬움이 남는다.

28

집에서 쓰러진 상태로 사망한 채 발견된 피보험자가 낙상사고로 인한 뇌 손상으로 사망한 것으로 본 사례
(서울중앙지방법원 2022. 1. 27. 선고 2021가합522978 판결)

[사건 개요]

　망인은 2020. 12. 3. 16:14경 거주하던 집 싱크대 앞에 쓰러진 상태로 사망한 채 발견됨. 망인의 부모로 법정상속인인 원고들은 망인이 거주지에서 뒤로 넘어져 머리를 다치는 사고로 사망에 이르렀음을 이유로 피고들을 상대로 상해사망보험금을 청구하였으나, 피고들은 망인의 병력과 입원치료 경력에 비추어 기왕증 내지 자해 시도로 사망에 이르렀을 가능성이 높다는 이유로 보험금 지급을 거절함.

[법원의 판단]

　망인이 오랜 음주 습관으로 인해 알코올 남용 및 의존증 등으로 입·퇴원을 반복하고 우울증과 췌장염 등 질병을 앓고 있었던 사실은 당사자 사이에 다툼이 없다. 그러나 다음과 같은 사정들을 종합하면, 위 기왕증 등이 망인의 사망에 일부 기여한 면이 있다고 하더라도 직접적이고 중요한 사망 원인은 뜻하지 않게 망인이 뒤로 넘어지면서 벽에 머리 부위를 부딪친 급격하고도 우연한 외래의 사고로 입은 상해라고 봄이 옳다.

　가) 망인 발견 당시 망인은 싱크대 앞 이동식 철재 옷걸이 아래에 우측으로 고꾸라진 자세로 쓰러져 있었다. 망인의 얼굴 바로 앞에는 프라이팬이 놓여 있었으며, 쓰러진 망인의 머리가 위치했

던 곳 바로 위쪽 벽면과 망인이 쓰러져 있던 옷걸이의 사각 철재 부분에서 망인의 혈흔이 발견되었고, 망인의 발이 위치한 바닥에서 미끌린 듯 쓸린 형상을 보이는 혈흔이 발견되었다. 망인의 후두부 및 오른발에는 상처로 말미암은 혈흔이 있고, 후두부에서 찢긴 상처 2개(3㎝와 1.5㎝, 갑 제10호증의 43 각 현장 사진 참조)가 발견되었는데, 그 외 사망 원인이 될 수 있는 외상은 없었다.

나) 망인이 발견된 장소는 싱크대 앞으로, 싱크대 앞에는 이동식 철재 옷걸이와 벽뿐이었고, 싱크대와 벽 사이의 공간은 1m를 넘지 않았다. 망인이 우측으로 고꾸라진 자세로 발견되었는데(갑 제10호증의 22 각 현장 사진 참조), 이는 싱크대 앞 공간이 좁고 망인이 뒤로 넘어지면서 벽에 머리를 부딪침에 따라 몸을 움츠렸기 때문인 것으로 보인다.

다) 망인에 대한 시체검안서에는 '직접사인: 뒤로 넘어짐에 따른 두부 손상(추정), 사망 종류: 외인사, 사고 종류: 기타(넘어짐), 만성알코올중독(남용)의 경우 뇌의 위축 등으로 경막하 출혈 등이 정상인에 비해 호발할 수 있음을 참고하기 바람'이라고 기재되어 있으며, 변사현장 체크리스트에도 '변사종별: 과실사'로 기재되어 있다.

라) 망인 발견 당시 외표검사와 촉진을 위주로 시체검안을 진행한 J가 이 법원에 제출한 사실조회회신결과에 따르면, J는 '망인에게서 후두부 좌열창과 부종만 확인되었으나, 경막하 출혈의 경우 두개골 골절이 동반되지 않더라도 만성알코올중독 내지 알코올남용의 경우 발생할 수 있는 가능성이 정상인보다 높다고 알려져 있으므로 이러한 가능성을 종합하여 두부 손상(추정)으로 진단했으며, 두부 손상의 가능성을 완전하게 배제할 수 있는 상태라면 지방간/간경화 등 간질환 등이 만성알코올중독의 경우 흔히 동반될 수 있는 질환으로 알려져 이와 연관된 사망의 가능성을 고려해 볼 수 있지만, 검시 소견상 심각한 정도의 간질환의 경우 볼 수 있는 고도의 황달, 복수증, 하지 부종 등을 보지 못하였으므로 이와의 연관성을 우선적으로 고려하기에는 어려웠고, 오히려 두부에서 보는 손상이 보다 중요하게 고인의 사인과 연관된 소견이라고 했다.

마) 경찰은 망인의 사망 현장에 외부 침입 흔적이 발견되지 않고, 망인이 알코올중독으로 매일 술을 마셔 왔으며 주사로 몸을 가누지 못해 다치는 일이 있었다는 원고 B의 진술을 바탕으로 망

인의 사망에 관해 범죄 혐의점을 발견하지 못하여 내사종결로 사건을 마쳤다. 추정적이기는 하나 망인의 사체검안서에 직접사인으로 뒤로 넘어짐에 따른 두부 손상이라고 기재가 되어 있는 점, 평소 술을 좋아한 망인은 술을 마시면 넘어지는 경우가 있었고 몸이 망가져 잘 걷지도 못했던 점, 수사결과에 타살의 의심이 없는 점에 더하여 우리나라에서 유족들이 죽은 자에 대한 예우 등 여러 가지 이유로 부검을 꺼리는 경향까지 고려한다면 원고들은 사망 원인이 명백하다고 생각하고 부검을 거부한 것으로 보여 원고들의 부검 거부에는 합리적인 이유가 있다.

바) 망인이 알코올 남용 및 의존증 등으로 입·퇴원을 반복하고 우울증과 췌장염 등 질병을 앓고 있었기는 하나 해당 질병이 치명적인 정도는 아니어서 이를 바로 사인으로 단정할 수 없고, 망인은 알코올의존증 등으로 치료를 받으면서도 2017년부터 2019년까지 세무회계 사무소를 다니는 등 근로 활동을 계속해 왔다.

사) 망인이 자해 내지 자살 시도를 한 사실이 있기는 하나, 망인의 자해 방법은 부엌칼로 손목을 긋거나 부엌칼을 쥐고 잠을 자는 등의 형태로 이루어졌는데, 망인의 사망 현장에서 부엌칼은 발견되지 않았고 달리 망인이 자해 내지 자살을 시도하였다고 볼만한 정황도 없다. (항소심에서 화해권고결정으로 확정됨)

[설명]

대상사건(서울중앙지방법원 2021가합522978 판결)은 알코올의존증과 우울증 등 병력이 있고, 자살 시도를 한 경험이 있는 피보험자가 집에서 쓰러진 상태로 사망한 채 발견되었고, 부검을 하지 않아 명확한 사망 원인이 밝혀지지 않은 경우이다. 그럼에도 대상판결은 피보험자가 낙상으로 두부 외상을 입은 것으로 추정할 수 있는 정황 증거(혈흔과 상처 및 그 부위, 사고 장소의 특징 등)가 있는 반면, 기존 질병으로 인한 사망가능성이 낮거나 이를 배제할 수 있는 정황 증거[우울증으로 인한 자살시도 가능성에 대하여는 위 바)항 및 사)항와 의학적 소견[위 라)항]에 기초하여, 망인이 낙상사고로 인한 두부 손상으로 사망하였을 것으로 판단하였다.

대상사건의 경우와 같이 부검감정결과 등을 통해 사망 원인이 명확히 밝혀지지 않았고, 경우에 따라 사망의 원인으로 작용할 수도 있는 기존 질병이 있는 경우라고 하더라도, 아래에서 예로 든 사례에서 보는 바와 같이, 1) 상해사고의 발생 자체가 입증되고, 2) 확인된 상해가 사망 원인으로 작용하였을 개연성이 인정되는 반면, 3) 기존 질병에 의한 사망가능성은 배제할 수 있거나 적어도 그 가능성이 낮다는 것이 입증되는 경우라면, 그 상해사고와 사망 사이의 인과관계가 인정될 수 있다.

대구지방법원 상주지원 2020. 12. 17. 선고 2019가합5389 판결은 망인이 화물차를 운전하여 교차로 부근 굽은 도로에서 시속 약 50km로 중앙선을 넘어 그대로 직진하여 교통섬에 설치된 가로등 지주를 정면으로 충돌하여, 차는 폐차 처리되고, 망인은 구급대원에 의해 병원으로 후송된 후 청색증을 보이며 호흡과 맥박이 없어지더니 사망한 사례에서, 사고 당시 55세 남성인 망인이 당뇨, 고지혈증, 부정맥, 고혈압 등으로 통원, 약물치료를 받았을 뿐 그 외에 위 병력으로 수술 내지 입원치료를 받은 적은 없으며, 망인에게 심근경색이나 관상동맥경화증 등을 비롯한 심장질환 및 이를 초래하는 기저질환이 있었다고 볼 특별한 사정은 발견되지 않는 점, 사고 지점에 이르러 망인의 차량이 비정상적인 경로로 진행하였다고 볼 아무런 자료가 없고, 사고 지점에 진입하기 전까지 운행 행태에 별다른 문제가 없었던 것으로 보이는 점, 사고 발생 7분 후 구급대원이 출동하였을 당시 구급대원에게 흉통과 호흡곤란을 호소할 정도로 망인에게 의식이 있었으므로, 망인이 심장질환이 발생하여 차량의 제어력을 잃고 교통사고로 이어졌을 가능성이 극히 낮다고 평가되는 점, 이 사건 교통사고 전후의 경위나 상황은 심장질환의 발병으로 인한 차량의 제어력 상실보다는 졸음운전이나 휴대전화 사용, 전방주시의무 해태 등과 같은 운전 부주의에 의한 사고 발생에 훨씬 더 부합하는 점, 사고 당시 차량 속도(시속 50km), 엔진룸이 밀려들어가 폐차할 정도로 차량이 심하게 파손되었으며, 그 충격 부위 또한 차량 정면을 기준으로 운전석 쪽에 가까워 이 사건 교통사고로 운전자인 망인이 가슴 쪽에 심한 충격을 받았을 것이 경험칙상 분명한 점 등에 비추어 망인이 위 교통사고로 인하여 심혈관계 이상이 발생하여 그 직접적인 결과로 사망에 이르렀다고 판단하였다.

서울중앙지방법원 2022. 8. 18. 선고 2020가단5222460 판결은 저혈당 또는 뇌경색증의 합병증

(위약감)으로 인한 보행장애 및 근력 약화로 자주 넘어지던 망인이 집안에서 넘어져 머리를 부딪치고 귀가 찢어지는 사고로 대학병원에서 치료 후 귀가하였으나, 며칠 후 다시 침대에서 낙상한 후 말을 어눌하게 하고 거동을 못하다가 의식을 잃고 병원에 후송되어 급성 경막하 출혈 소견을 보여 치료를 받던 중 사망한 사례에서, ① 망인이 뇌출혈에 의한 뇌압 상승으로 인한 다발성장기부전을 원인으로 사망에 이른 것은 망인이 넘어지면서 머리에 가해진 충격이라는 외부적 요인이 가장 중요한 원인이 되었을 것으로 보이고, 망인이 종전에 뇌경색으로 인한 위약감이 있어 자주 넘어졌고, 심근경색 등 기왕증으로 항응고제를 장기간 복용하여 뇌출혈에 영향을 주었다고 하더라도 사망의 직접적 원인이 질병 또는 체질적 요인에 있다고 볼 수는 없는 점, ② 망인이 2018. 12. 23. 밤 침대에서 낙상한 후 2018. 12. 24. 오전부터 발생한 좌측 위약(weakness)으로 충남대학교병원 응급실에 후송되어 뇌전산화단층촬영 결과 이미 급성 경막하 출혈이 있었고, 의식은 기면상태(drowsy)였고, 망인이 2018. 12. 18. 넘어져 우측 귀 열상 및 우측 관골궁 골절상을 입을 정도의 충격이 있었으나 의식 또는 신경학적 변화가 나타나지 않아 뇌출혈이 있었던 것으로 보이지는 않는데, 불과 5일 후 이 사건 사고로 뇌출혈이 발생한 것으로 보아 이 사건 사고 당시 외상은 없었으나 두개 내 출혈이 발생할 정도로 상당한 충격이 있었던 것으로 보이는 점, ③ 충남대학교병원의 소견서, 진단서 등의 최종 진단이나 I 요양병원의 사망진단서의 선행사인은 '외상성 경막하 출혈'로 되어 있는 점 등에 비추어볼 때, 망인의 낙상에 의한 뇌출혈로 인한 사망은 '외래의 사고'로 인한 사망에 해당한다고 판단하였다.

서울중앙지방법원 2022. 2. 11. 선고 2021가합516850 판결은 망인이 차량을 운전하여 가던 중 경로를 이탈하여 진행 방향 반대편 도로 옆 나무 등을 충격하고 도랑으로 빠지는 사고를 당하고, 소방구조대에 의하여 병원으로 이송되었으나 사망한 상태로 병원에 도착한 사례에서, 망인은 돌연사의 대부분을 차지하는 급성심근경색, 협심증 등 허혈성 심장질환으로 치료받은 전력이 없는 점, 일반적으로 교통사고 당시 차량 안에 있는 사람이 취하고 있던 자세, 충격 부위, 연령 등에 따라 외부 충격에 따른 운전자의 상해 정도는 다양하게 나타날 수 있으므로, 외부적으로 관찰되는 차량 손상과 운전자의 상해의 정도가 비례한다고 단정할 수 없는 점, 망인이 만 66세의 나이에 늦은 밤부터 다음 날 새벽 시간대에 계속하여 운전하여 졸음운전을 하다가 사고를 발생시켰을 가능성이 매우 높고, 졸고 있던 상태에서 사고로 외부 충격을 당하였다면 그 충격이 차량의 외부 손상의 정도와 무관하게 망인에게 치명적인 결과를 가져올 가능성이 있는 점 등에 비추어 보면, 위 사고는 망인의 질병이나 체질적 요인 등에 기인한 것이 아니라 심야 시간대의 장시간 운전으로 인한 졸음 등으로 인하여 발생한 교통사고로서 외부적 요인에 의하여 초래된 사고로 봄이 타당하다고 판단하였다. (상해사망 인정)[19]

서울중앙지방법원 2022. 9. 15. 선고 2020가단5233101 판결은 망인이 2019. 11. 13. 승용차를 운전하여 정차 후 다시 출발하여 진행하던 중 곧바로 도로 우측 보도에 설치된 전신주를 들이받았는데, 119 구급대가 병원으로 후송하였으나 이미 병원 도착 당시 심정지 상태였다가 사망한 사례에서(부검 미실시), 교통사고로 전신주가 쓰러지고 위 승용차의 앞 유리창에 금이 가는 손상 등이 있을 정도의 외적 충격은 운전자의 신체 중요 부위에 직접 또는 간접적으로 전달될 경우 치명적인 부상을 입힐 수도 있을 정도로 보이는 점, 망인은 안전띠를 매지 않았는데, 안전띠를 매지 않은 상태에서 차량이 저속으로 진행하다가 교통사고가 발생할 경우에는 오히려 에어백의 빠른 전개 속도로 인해 운전자 등이 경추 손상, 심장 타박상, 심방 파열, 대동맥 판막 손상 등 심각한 부상을 입는 사례도 보고되고 있는 점, 망인이 교통사고 발생 직후 소리(신음 소리로 들린다)를 낸 것으로 보아 이 사건 교통사고 전에 이미 사망하였다고 볼 수 없는 점, 망인이 교통사고 직전인 2019. 11. 11.과 12. 서혜부 탈장 수술을 위하여 시행한 검사 결과 수술을 받는 데 지장이 없는 상태였고, 초음파검사나 심전도 검사 소견에 의하면 심근경색증이나 알코올성 심근병증이라는 증거는 발견되지 아니한 점, 심폐소생술을 하면서 시행한 혈액검사에서 헤모글로빈 수치가 6일 전 검사 시보다 2g/dl나 감소되었고, 망인에 대한 심폐소생술 당시 시행한 혈액검사에서 망인이 정상인보다 출혈가능성이 높은 상태였던 점(코의 피하출혈 외에 복부, 흉부, 뇌 등 외관상 확인하기 어려운 장기에서 출혈이 발생하였음을 의심할 수 있음) 등을 종합하여 보면, 망인은 위 교통사고로 사망하였다고 추단되고, 설령 망인의 기존 질환인 알코올성 간경변 등이 사망에 기여하였다고 하더라도, 직접적이고 중요한 사망 원인은 위 교통사고로 인한 외부적 충격이라고 봄이 타당하다고 판단하였다.

---

19) 피고들이 항소(서울고등법원 2022. 7. 21. 선고 2022나2010550 판결)하였으나 항소가 기각되었고, 상고(대법원 2022다266775) 역시 심리불속행으로 기각됨.

서울남부지방법원 2021. 11. 26. 선고 2019가합1597 판결은 망인이 승용차를 운전하여 직진하던 중 선행 차량인 화물차의 후미 부분을 충격하고, 병원으로 후송되었으나 병원 도착 전 이미 사망한 사례에서, 망인의 사망 진단서에 사망 종류가 외인사(사고 종류: 운수)라고 기재되어 있는 점, 망인에 대한 구급활동일지에 '환자발생 유형: 질병 외 - 교통사고' 기재된 점, 사법경찰관 작성 검시조서에서 변사자의 가슴 심장 부위에 핸들에 찧은 선명한 자국 있고 그 외 흉기 등에 의한 외상이 없는 점으로 보아 교통사고로 사망한 것이 명백하다고 되어 있는 점, 진료기록감정촉탁에 따른 감정을 담당한 F 병원 의사 J는 「① 망인의 검안서를 볼 때 사고 당시 흉부에 강한 외력이 가해졌을 것으로 사료되고, 응급실에서 시행한 피검사의 혈액 수치(적혈구 및 혈소판 수치의 정상 소견)를 볼 때 이 사건 사고 직후 심장의 정지가 발생하여 부상에 따른 혈액의 소실은 없었던 것으로 판단되므로 외력에 의한 심장의 손상 및 이로 인한 급성 심정지가 망인의 사인일 것으로 추정되고, ② 망인이 평소 심장마비가 유발될 만한 기저질환이 없었다는 전제하에 이 사건 사고로 인한 흉부 충격이 즉사를 유발하였을 것으로 사료되며, ③ 망인이 현장에서 즉사하였다는 점, 흉부 손상의 강한 흔적 외 여타 손상이 발견되지 않았다는 점, 응급실에서 시행한 피검사에서 혈액 수치가 정상 소견으로 통상의 교통사고 시 발생하는 내출혈 및 외출혈에 따른 혈액 수치의 감소 소견이 없다는 점으로 출혈이 시작되기도 전에 심장이 멈추어 출혈이 유발되지 않았던 점을 볼 때 심장의 직접적인 타격에 의한 손상으로 현장에서 즉사하였다는 것이 의학적으로 타당한 추정일 것으로 사료된다.」고 회신하였던 점, 망인은 1974년생으로 건강보험 요양급여 내역에서 심장 질환 등 평소 사망에 이르게 할 만한 질병이나 체질적 요인이 있었다고 볼만한 기재가 없는 점 등을 종합하면, 교통사고로 인하여 입은 상해의 직접결과로 사망하였다고 봄이 상당하다고 판단하였다.

인과관계 긍정 사례	상해사고	상해의 정도	사망 원인	기왕증
대구지법 상주지원 2019가합5389	운전 중 가로등 충돌 (차량 폐차)	좌측 무릎 열상, 우측 무릎 찰과상 (육안)	심혈관계 이상 (부검 미실시)	당뇨, 고지혈증, 부정맥, 고혈압
서울중앙지법 2020가단5222460	집 안에서 넘어져 머리를 부딪치고, 며칠 후 침대에서 낙상	귀가 찢어짐	뇌출혈에 의한 뇌 압상승으로 인한 다발성장기부전	고혈압, 당뇨, 심방 세동, 심장부정맥, 뇌경색 - 항응고제 장기간 복용
서울중앙지법 2021가합516850	운전 중 경로를 이탈하여 나무 충돌 후 도랑에 빠짐	불명확함 (후송 당시 이미 사망)	미상 (사체검안서) 부검미실시	고지혈증
서울중앙지법 2020가단5233101	운전 중 전신주를 들이받음	코에 피하출혈, 혈액검사에서 헤모글로빈 수치의 비정상적 감소	사인 미상 (사체검안서), 부검 미실시	알코올성 간경변증
서울남부지법 2019가합1597	운전 중 선행 차량 후미를 충격하고, 가드레일을 들이 받음	가슴 심장 부위에 핸들에 찍힌 자국	직접사인 미상, 외인사 (사망진단서)	없음
서울중앙지법 2021가합522978 (대상판결)	집 싱크대 앞에 쓰러진 상태로 사망한 채 발견	후두부 좌열창과 부종, 후두부에 찢긴 상처 2개 (3cm, 1.5cm)	직접사인: 뒤로 넘 어짐에 따른 두부 손상 추정 (시체검안서), 부검 미실시	우울증, 췌장염, 알코올의존증

다만, 대상사건의 경우는 망인에게서 확인된 상해가 사망 원인으로 작용하였을 개연성이 충분히 입증된 것으로 볼 수 있는지는 검토해 보아야 한다. 망인의 경우 후두부에서 각 3cm와 1.5cm의 찢긴 상처 2개와 혈흔 정도가 발견되었을 뿐이기 때문이다. 그 정도의 상처라면, 사망 원인으로 작용할 수 있는 뇌출혈 등이 발생할 수 있는지에 대한 입증이 좀 더 필요하다고 사료된다. 대상사건의 경우 이와 관련한 증거는 망인과 같은 알코올남용 환자의 경우 두개골 골절이 동반되지 않더라도 경막하 출혈이 발생할 수 있는 가능성이 정상인보다 높다는 점을 감안하여 두부 손상을

사망 원인으로 추정했다는 검안의의 의학적 소견 정도가 있을 뿐이다.

한편, 27번(부산지방법원 2021. 6. 10. 선고 2020가합45700 판결) 사례에서 살펴본, 광주지방법원 순천지원 2022. 10. 20. 선고 2022가단53881 판결, 대구지방법원 서부지원 2022. 6. 8. 선고 2020가합54245 판결, 서울중앙지방법원 2022. 2. 16. 선고 2020나73299 판결의 경우도 낙상사고로 인하여 머리에서 피가 나는 등의 외상이 있었음이 발견되었으나, 낙상사고로 인한 상해로 인하여 사망한 것으로 인정받지 못하였다. 위 사례들의 경우 기존 질병에 의한 사망가능성이 배제되거나 그 가능성이 낮다는 의학적 소견 제출 등의 입증이 되지 않았다는 점에서 대상사건의 경우와 차이가 있다.

29

한겨울 이른 아침에 노상에서 사망한 채로 발견되었으나, 저체온사 또는 동사로 단정할 수 없다고 보아 상해사망보험금 청구를 기각한 사례
(서울북부지방법원 2018. 5. 1. 선고 2017가단135461 판결)

[사건 개요]

원고는 남편인 망 C(이하 '망인')를 피보험자로 하여 피고와 사이에 상해의 직접결과로써 사망한 경우 사망보험금 지급이 되는 보험계약을 체결함.

망인은 2017. 1. 21. 18:30경부터 서울 노원역 부근 식당과 노래방 등에서 일행들과 함께 술을 마시고 2017. 1. 22. 02:55경 헤어졌는데, 같은 날 07:30경 서울 노원구 D 건물 앞 인도 화단에서 얼굴을 바닥에 묻은 채 엎어져 있는 상태로 발견되었고, E 안전센터 근무자가 출동하였을 당시 망인은 이미 심정지 상태였음.

망인은 같은 날 07:50경 G 병원으로 후송되어 심폐소생술 등의 조치를 받았으나, 소생하지 못하고 사망함(이하 '이 사건 사고').

국립과학수사연구원의 부검결과에 따르면, 망인의 왼쪽 이마 부위 두피에서 국소적인 피하출혈(뇌에서 특기할 만한 손상은 보지 못함), 경추 7번 골절(골절 부위 탈구나 척수 손상은 보지 못함), 심장의 심한 비대, 관상동맥 중 좌전하행동맥과 우관상동맥에서 중등도의 죽상동맥 경화, 혈중알코올농도 0.264% 등 소견을 보였고, 부검의는 망인의 사인으로 허혈성 심질환에 의한 급성 심장사의 가능성을 우선적으로 고려해 볼 수 있다고 봄.

[법원의 판단]

이 사건 사고가 발생한 2017. 1. 22. 서울 노원구의 최저 기온은 영하 11도였던 사실, J 대학교 의과대학 법의학교실과 법의학연구소 K 교수는 이 사건 사고 당시 기온, 발견 당시 망인의 상태 및 G 병원에서의 체온 측정 결과 등을 기초로 망인의 사인에 관하여 저체온 또는 동사의 가능성을 적극적으로 배제하기 매우 곤란하다는 소견을 보인 사실이 인정되기는 한다.

그러나 한편, 앞서 든 증거, 을 제2호증의 기재 및 변론 전체의 취지를 종합하여 알 수 있는 아래와 같은 사정들에 비추어 보면, 이 사건 사고가 질병이 아닌 상해에 의한 직접결과로써 발생하였다고 단정할 수 없으므로[단지 망인이 급성 심장사로 사망에 이르는 과정을 악화시키거나 촉진시키는 인자, 즉 유인(誘因)으로서의 추위에의 노출 및 음주가 작용하였을 가능성을 완전히 배제할 수 없다는 정도가 인정될 뿐이다.], 이 사건 사고가 상해에 의한 사망임을 전제로 한 원고의 청구는 이유 없다.

① 국립과학수사연구원은 망인의 사인을 심장의 관상동맥 중 좌전하행동맥과 우관상동맥에 중등도의 죽상동맥경화로 인하여 심근세포에 충분한 양의 혈액이 공급되지 못하는 허혈성 심질환 (급성 심근경색)에 의한 급성 심장사로 추정하고 있음은 앞서 본 바와 같으므로, 망인의 심장질환이 사망의 한 원인이 되었다고 봄이 타당하다.

② 국립과학수사연구원의 부검 결과 중 참고사항 제2항 등을 살펴보면, 원고가 드는 이 사건 사고 당시의 환경적 요인까지 고려하여 망인의 사인을 앞서 본 바와 같이 판단한 것으로 보인다.

③ 망인은 2017. 1. 22. 07:50경 G 병원 후송 당시 이미 혈압, 맥박, 호흡이 전혀 없는 심정지 (Asystole) 상태였고, G 병원 의료진은 그때부터 심폐소생술 및 가온을 시도하였음에도 아무런 반응이 없었다. 같은 날 09:50경 심폐소생술을 중단하였는데, 도착 당시 망인의 체온이 낮아('체온 low') 체온 측정이 불가능하였으나 그 시점에서의 체온이 심폐정지 증상이 나타나는 정도인 28도에 이르렀는지 여부는 불분명하고, 한편 같은 날 08:10경 측정한 체온은 30.2도, 심폐소생술

을 중단한 09:50경 측정한 체온은 28도로 모두 그 이상으로 확인되었으며, 위와 같은 체온 측정치를 의료진의 가온 조치에 의한 결과로 보더라도, 망인은 G 병원에 도착 전 이미 사망한 것으로 보이고(E 안전센터 근무자가 최초 발견 지점에 출동하였을 때 망인이 이미 심정지 상태였음은 앞서 본 바와 같고, 사체검안서상 사망 일시도 '2017. 1. 22. 07:50 이전'으로 기재되어 있다), 위 측정치를 가지고 망인의 사망 시 또는 이에 근접한 후송 당시의 체온을 정확히 역산할 수 있는 것도 아니다.

④ K 교수의 소견은 직접 망인을 부검한 결과로 이루어진 것이 아니라 부검감정서 등을 토대로 사후적으로 추정한 것에 불과하여, 이를 그대로 받아들이기는 어렵다.

(원고 청구 기각)

[설명]

대상판결(서울북부지방법원 2017가단135461 판결) 사안에서 피보험자인 망인은 혈중알코올 농도 0.264%의 술에 취한 상태에서 영하 11도의 외부 환경에 노출되었을 것으로 보이고, 이러한 외부 환경은 저체온 또는 동사의 한 원인이 될 수도 있다. 그리고 실제로도 망인의 사인에 관하여 저체온 또는 동사의 가능성을 적극적으로 배제하기 곤란하다는 의학적 소견도 제시되었다. 그럼에도 불구하고, 대상판결은 이 사건 사고가 질병이 아닌 상해에 의한 것으로 보기 어렵다고 판단하였는데, 그 주된 근거는 부검감정 결과에서 망인이 중등도의 죽상동맥경화 소견을 보여 허혈성 심질환에 의한 급성 심장사로 추정한 반면, 망인이 심정지 이전에 심폐정지 증상이 나타나는 체온에 이르렀다는 증거가 없다는 점에 두었다. 그러면서도, 망인의 추위에의 노출 및 음주라는 외부적 요인은 망인이 급성 심장사로 사망에 이르는 과정을 악화시키거나 촉진시키는 유인(誘因)으로 작용하였을 가능성을 배제할 수 없다는 점은 인정하였다.

그러나 대상판결 사안의 경우는 몇 가지 검토되어야 할 문제가 있다.

먼저, 민사 분쟁에 있어서의 인과관계는 의학적·자연과학적 인과관계가 아니라 사회적·법적

인과관계이므로 그 인과관계가 반드시 의학적·자연과학적으로 명백히 증명되어야 하는 것은 아니라는 점이다(대법원 2018. 8. 30. 선고 2018다228356 판결). 즉, 의학적으로는 유인(誘因)에 불과하다고 하여 반드시 인과관계가 부정되는 것은 아니다. 따라서 대상판결이 일부 의학적 소견이 추위에의 노출 및 음주가 급성 심장사의 유인(誘因)으로 작용하였을 가능성을 배제할 수 없다는 것에 불과하다는 이유로 인과관계를 부정한 것은 의문이다. 특히 대상사건에서 망인의 신체 상태(술에 취한 상태)를 고려할 때, 망인의 직접사인을 급성 심장사라로 보더라도 급성 심장사를 유발할 만한 혹독한 외부 환경에 노출되었다고 볼 여지가 크다. 이러한 경우 혹독한 외부 환경이라는 외래의 요인으로 인해 급성 심장사에 이른 것으로 평가할 수 있다.

예컨대, 창원지방법원 2016. 7. 22. 선고 2014가단24085 판결은 피보험자가 2014. 6. 29.경 송도바다핀수영대회에 참가하여 수영 중 해상에서 익수된 채 안전요원에게 발견되어 병원으로 후송되었으나 사망한 사례에서, 망인의 직접사인을 급성 심장사로 보더라도 이는 외부적 요인에 의해 발생할 가능성도 있는 바, 이 사건 수영대회는 바다에서 약 3km의 거리를 수영하면서 기록을 경쟁하는 대회이므로 망인의 평소 수영 실력을 감안하더라도 급성 심장사의 직·간접적인 원인을 유발할 수 있는 혹독한 외부 환경에 해당한다고 봄이 타당하고, 망인의 폐에 물이 차 있던 점과 입안에 토물이 있었던 점도 익사 또는 익수에 의하여 유발된 급성 심장사로 추단할 수 있는 사정이라고 보고, 망인의 사망은 익사 즉, 물이 흡입되어 기도를 막아 질식사하였거나, 익수 상태에서 무리한 운동 등 외부적 요인으로 유발된 급성 심장사라고 봄이 타당하므로 이는 결국 급격하고도 우연한 외래의 사고로 인한 사망이라 할 것이라고 판단하였다(보험사가 항소하였으나, 항소기각되고, 이후 상고도 기각되어 확정됨).

다음으로, 망인의 외상에 대한 심리가 좀 더 이루어졌어야 한다는 점이다. 부검 소견상 7번 경추의 골절이 있었고, 이는 경부의 과신전에 의한 손상으로 보인다는 것이 부검의 의견이었다. 또한 자동차가 급정지하거나 낙상 시 경추 부위에 과신전으로 인한 골절이 발생[20]할 수 있는데, 부검감정 결과에서 망인의 왼쪽 이마 부위 두피에서 국소적인 피하출혈이 있었다는 것과 건물 앞 인도 화단에서 얼굴을 바닥에 묻은 채 엎어져 있는 상태로 발견되었다는 것, 그리고 망인이 혈중

---

20) 네이버 지식백과(두산백과).

알코올농도 0.264%의 취한 상태였던 것 등을 고려하면, 망인이 술에 취한 상태에서 화단 구조물에 걸려 앞으로 넘어지는 낙상사고를 당해 경추에 골절이 발생하였을 가능성이 있다. 이러한 외상은 급성 심장사를 유발하는 자극으로서 유인이 될 수 있을 뿐 아니라, 경추 골절을 유발한 외상으로 의식을 잃거나 거동을 하지 못하여 장시간 추위에 노출되는 원인이 되었을 수도 있기 때문이다.

실제로 대상판결의 항소심(서울북부지방법원 2022. 2. 8. 선고 2018나33631 판결)은 망인이 새벽에 주취 상태에서 장시간 저온에 노출됨으로써 갑작스러운 심혈관계 이상 등이 야기되어 급사하였다고 추단함이 합리적이고, 설령 망인의 기존 질환인 심장동맥경화증 등이 망인의 사망에 기여하였다고 하더라도, 직접적이고 중요한 사망 원인은 망인이 주취 상태에서 장시간 저온에 노출되었다는 외부적 요인이라고 봄이 상당하다고 판단하였다(위 항소심은 상고하지 않아 확정됨).

울산지방법원 2021. 8. 19. 선고 2020나13366 판결 역시 피보험자가 2013. 3. 2. 19:00경 주거지 1층 주택에서 상하의를 탈의한 채로 사망한 상태에서 발견된 사례에서, 사고 당일 기온이 최저기온이 영하로 갑자기 떨어진 상태였고, 망인이 거주하던 주택의 실내 온도도 저녁에 7.8℃에 불과하였던 점, 사고 당일 14:00경 이불 속에 누워 있던 망인이 17:00경 상의 점퍼와 하의를 전부 벗은 채 사망한 채로 발견되었는데, 당시 기온과 실내 온도에 비추어 이는 매우 이례적인 점, 저체온증의 경우 이상 탈의 현상을 보일 수 있는 점, 망인의 음주, 기왕의 질병(알콜성 간질환, 만성 위염 등) 등이 저체온증 발생에 기여 인자로는 고려할 수 있으나 직접사인으로 보기는 어려우며 직접사인은 저체온증으로 생각된다는 사체검안의 소견이 있는 점 등을 보태어 보면, 망인은 추운 날씨에 음주를 하다가 신체 외부에서 발생한 급격하고도 우연한 외래의 사고로 인한 상해의 결과(저체온증)로 사망하였다고 봄이 상당하다고 판단하였다[다만, 위 판결은 상고심(대법원 2021다271947)에서 상해사망보험금 청구권의 소멸시효가 완성되었다는 취지로 파기 환송되었다].

30

대퇴골 골절상을 입고 치료 중 폐렴으로 사망한 경우 재해로 인한 사망으로 볼 수 있는지
(부산지방법원 2022. 2. 10. 선고 2020가단337358 판결)

[사건 개요]

원고는 2002. 10. 21. 피고 산하 정보통신부장관과 사이에 피보험자를 B(이하 '망인'), 보험수익자를 원고, 보험기간을 20년으로 하는 재해안심보험계약(이 사건 보험계약)을 체결함.

이 사건 보험계약에서는 피보험자가 휴일에 발생한 재해로 사망하였을 때에는 5,000만 원을 보험금으로 지급하도록 정하고 있음.

망인은 2020. 2. 22. (토요일) 16:00경 주거지인 부산 동구 C, D호 거실에서 넘어져 우측 대퇴골 경부의 폐쇄성 골절상(이하 '이 사건 골절상')을 입고, 같은 해 3. 3. E 병원에서 우측 고관절 인공관절 치환술(이하 '이 사건 수술')을 받은 후 같은 달 15. 폐렴으로 사망함.

원고는 2020. 6. 12. 피고에게 이 사건 보험계약에 기한 사망보험금 등을 청구하였으나, 피고는 같은 해 8. 7.경 망인이 재해로 사망한 것으로 볼 수 없다는 이유로 사망보험금의 지급을 거절함.

[법원의 판단]

아래와 같은 사정에 비추어 보면, 망인은 이 사건 골절상 또는 이 사건 수술로 인한 기력저하 등으로 폐렴이 발병하거나 악화되어 사망에 이르게 된 것으로 보아야 할 것이어서 망인의 사망과 이 사건 골절상 사이에는 상당인과관계가 있다고 봄이 상당하다.

① 망인은 이 사건 수술을 받은 후 폐렴으로 사망하였는데, 폐렴은 인공 고관절 치환술 후에 생길 수 있는 가장 흔한 감염으로 인공 고관절 치환술 환자 중 90일 이전에 1.4%에서 발생하고, 90일 이전에 사망하는 가장 흔한 원인이라는 보고가 있다.

② E 병원 의료진도 이 사건 수술을 시행하기 전에 망인의 보호자에게 수술에 따른 심폐합병증과 사망가능성을 설명하였다(다만 E 병원 의료진은 골절을 방치할 경우에 전신쇠약 및 합병증 발병 등의 위험이 있어 이 사건 수술을 시행하였다).

③ 망인은 2016. 10. 10. 폐암으로 진단받아 표적치료제를 복용 중이었고, E 병원에서 작성한 망인에 대한 사망진단서에는 사망의 직접원인이 폐암으로 기재되어 있으며, 폐암이 악화되면 폐렴과 같은 합병증을 일으킬 수는 있으나, 망인이 이 사건 골절상으로 입원할 당시 촬영된 흉부 CT에서 망인의 폐암은 일상생활에 장애를 초래할 정도가 아니었고, 망인의 호흡기 상태도 정상이었던 점 등에 비추어 보면, 망인에게 발생한 폐렴은 폐암이 그 원인이라고 보기 어렵다.

④ 피고의 의료자문병원인 F 병원에서도 '망인의 사망 원인은 기왕증인 폐암 4기, 고령의 상태가 영향을 미쳤을 것으로 생각되고, 대퇴 경부 골절 발생과 수술, 수술 후 발생한 폐렴 등이 모두 사망에 영향을 미쳤는데, 그 영향은 약 30% 정도로 판단된다.'는 의견을 밝히고 있어, 이 사건 골절상과 망인의 사망 사이의 인과관계를 부정하지 않고 있다.

[설명]

대상사건(부산지방법원 2020가단337358 판결)의 경우 망인은 대퇴골 골절상을 입을 당시 폐암 4기였고, 사망진단서상 직접사인이 폐암으로 되어 있다 보니, 재해로 인한 사망으로 볼 수 있는지, 즉, 낙상을 망인의 사망 원인으로 볼 수 있는지가 문제 되었다. 특히 망인의 경우처럼 노인의 경우 대퇴골 골절상 후 치료 중 폐렴으로 사망하는 경우가 적지 않다 보니, 실무상으로도 자주 문제 되곤 한다.

그런데, 대상사건의 경우와 같이 노인에게서 고관절 골절(대퇴골 경부와 전자간 골절)은 2년 내 사망률이 거의 30%에 육박할 정도로 중요한 사망 요인으로 알려져 있다. 즉, 노인에게 고관절 골절은 그 자체로도 중요한 사망 원인이다. 이와 관련하여 보고된 국내외 연구결과를 살펴보면, 노령의 고관절 골절은 사망과 밀접한 관계가 있는데, 고관절 골절 후 1년 내 사망은 외국 문헌에 의하면 14~36% 정도로 보고되고 있고, 국내에서 2003년 6월부터 2005년 10월 사이 65세 이상 고관절 골절을 가진 환자 118명을 대상(53예에서 대퇴골 경부 골절, 65예에서 전자간 골절, 53 예에서 양극성 반치환술을 시행한 환자임)으로 한 연구에서는 전체 환자를 대상으로 한 실제 사망률은 28.8%를 나타내었는데, 3개월 추시율 및 사망률은 58.4%, 11.8%였고, 6개월 추시율 및 사망률은 28.8%, 28.8%였다고 한다.[21] 그리고 위 연구결과에 따르면, 사망의 주요 원인으로는 뇌혈관 질환(7명), 폐질환(6명), 심혈관질환(6명), 당뇨합병증(5명), 폐혈증(1명), 기타(9명). 수술 후 합병증으로 욕창(14명), 수술 후 섬망 및 정신상태 변화(10명), 요로 감염(6명), 폐렴(5명), 심부정맥혈전(3명), 심장마비(1명), 저산소성 뇌손상(1명) 등이었다고 한다.[22]

또 다른 국내 연구에서도, 2003. 1. 1.부터 2004. 12. 31.까지 고관절 주위 골절로 제주도 내 정형외과 병의원을 방문한 만 50세 이상 환자 318명을 대상으로 한 연구에서 제주도 지역 50세 이상 인구의 보통사망률과 고관절 주위 골절을 입은 그룹간의 사망률을 비교해 보면, 2003년에서 2007년까지 보통사망률은 1.7%(=11,884명/675,889명 × 100)인 반면, 고관절 주위 골절 환자 그룹의 경우 사망률은 42.5%(=사망자 108명/환자 254명 × 100)로 현저하게 높은 사망률을 보였다 한다(129페이지).[23]

---

21) 김동수 외 5명, 「노령의 고관절 골절 환자의 술 후 사망률 및 관련인자」, 대한정형외과학회지 제43권 제4호(2008), 490페이지 참조.
22) 김동수 외 5명, 「노령의 고관절 골절 환자의 술 후 사망률 및 관련인자」, 대한정형외과학회지 제43권 제4호(2008), 490페이지 참조.
23) 김호봉 외1명, 「고관절 주위 골절이 사망률 및 일상생활 동작에 미치는 영향」, 대한물리의학회지 제4권 제2호(2009. 5.), 129페이지 참조.

이렇듯, 노인의 경우 고관절 골절 후 사망률이 현저히 높다. 그 이유는 골절 후 일상생활동작(ADL)의 현저한 저하로 인한 것이다.[24] 실제 국내 연구결과에 의하면, 낙상으로 인한 대퇴골절 수술을 받은 노인의 수술 2개월 후 신체 기능 수준을 보면 약 20.2%는 독립적으로 실내에서 보행할 수 있었고, 54.5%는 사람의 도움 혹은 지팡이나 목발 등을 이용하여 실내에서 보행할 수 있었고, 25.3%는 보행이 불가능하거나 보행이 위험하다고 판단되어 시도조차 못한 상태였다고 한다. 또한 변기에 앉고 서기 능력을 보면 26.3%만이 독립적으로 수행할 수 있었고, 52.5%는 사람의 도움이나 보조기구에 의존하였으며, 21.2%는 수행이 불가능하였다고 한다.[25] 즉, 고관절 골절 수술 후 2개월까지는 일상생활의 기본적인 동작조차 독립적으로 수행하지 못하고, 간병인의 조력에 의존해야 하는 상태에 놓이게 된다. 이와 같이 고관절 골절 후 거의 누워서 있다 보니 근육 소실이 일어나 사망 위험을 높이게 되는 것이다.

이와 같이, 고관절 골절 후 주요 사망 원인 중 하나는 폐질환, 특히 폐렴이고, 이는 장시간 침상에서 지내게 되다 보니 거동 및 일상생활을 하지 못하게 됨에 따른 근육 소실 등의 원인에 기인하게 된다. 특히 노인에서는 구강인두 내에 세균의 집락화가 증가하는데, 중증 환자에서는 장내 그람음성세균 등이 흔하고, 거동이 어렵거나 요실금, 만성심폐질환, 다수의 동반 질환, 영양 결핍이 있는 환자에서는 그람음성균에 의한 집락화가 증가하므로, 중증 폐렴의 위험성이 증가하게 된다.[26]

대상사건의 경우에도 법원은 망인이 비록 폐암 4기 치료 중이었고, 폐암이 악화되면 폐렴과 같은 합병증을 일으킬 수는 있으나, 앞서 살펴본 노인에게서의 대퇴골 골절상 후 폐렴 발병의 위험성, 낙상사고 당시 호흡기 상태가 정상이었던 점에 비추어 폐암이 폐렴의 원인이 된 것으로 보기 어렵다는 점 등을 근거로 낙상사고로 인한 대퇴골 골절상이 망인의 사망 원인이 된 폐렴의 원인이 되었다고 판단한 것이다.

---

24) 김호봉 외1명, 「고관절 주위 골절이 사망률 및 일상생활 동작에 미치는 영향」, 대한물리의학회지 제4권 제2호 (2009. 5.), 130페이지 참조.

25) 오희영 외 1명, 「낙상 후 대퇴골절 수술 노인의 신체기능, 의료이용 및 낙상의 두려움」, 성인간호학회지 15(3) (2003. 9.), 435페이지 참조.

26) 정기석, 「노인 폐렴」, 대한내과학회지 제75권 제2호(2008), 130페이지.

이에 반하여, 서울중앙지방법원 2017. 9. 12. 선고 2016가단5279063 판결은 만 76세 고령의 피보험자가 2016. 5. 20. 집 대문 앞에서 넘어져 좌측 대퇴골 경부 골절상을 당하고, 좌측 고관절 양극성 반치환술을 받은 후 2016. 6. 20. 요양원에 전원하여 재활치료를 받던 중 2016. 9. 16. '급성폐렴'으로 인한 급성호흡부전으로 사망한 사례에서, 망인이 수술 후 수술한 병원에서 퇴원하기 전까지 수술과 관련된 별다른 합병증을 보이지 않았고, 혼자 병실 밖으로 걸어 나오고, 걷기 운동을 시작하였던 점, 요양병원으로 전원하고 나서 한 달이 지나서야 폐렴 관련 증상이 관찰된 점, 망인과 같이 요양병원에서 가료하는 환자에게 감염의 결과로 폐렴이 발생하는 경우가 드물다고 볼 수는 없는 점 등에 기초하여, 망인의 사망이 위 낙상사고로 인한 것이라고 인정하기에 부족하다고 판단하였다. 대상사건의 경우 낙상사고 후 인공관절 치환술을 시행하고 얼마 안 되어 폐렴이 발병하였고, 사고 후 불과 1개월도 안 되어 사망한 반면, 위 2016가단5279063 판결 사안의 경우 낙상사고 후 인공관절 치환술 후 걷기가 가능해진 상태에서 요양병원으로 전원하였고, 사고 후 약 4개월 만에 사망하였다는 점에서 차이가 있다. 이렇듯, 폐렴이 발병할 당시 거동이 가능한 상태였는지 여부, 폐렴이 발병한 시기가 사고 시점으로부터 얼마나 되었는지 여부 등은 대퇴골 골절상과 폐렴으로 인한 사망 사이의 인과관계를 판단하는 데 있어 중요한 자료가 된다.

31

낙상으로 인한 뇌출혈 발생으로 입원치료 중 3년 만에 패혈증으로 사망한 경우 낙상사고와 사망 사이에 상당인과관계를 인정한 사례
(서울서부지방법원 2022. 1. 26. 선고 2018가단212521 판결)

[사건 개요]

망인은 2015. 3. 15. 밤에 넘어지면서 발생한 두통(이하 '이 사건 상해')으로 H 대학병원 응급실에 입원한 다음 의식 상태 악화 및 두개 내 출혈량 증가로 인하여 2015. 3. 16. 수술적 처치(뇌실외 배액술, 5L 카테터를 이용한 혈종배액술)를 받고 약물치료를 받음.

이후 망인은 2015. 3. 23. I 요양병원으로 전원되어 의식상태 악화, 혼미 수준을 보이며 기관절개 상태 및 와상 상태로 의사소통과 자가 거동이 불가능한 상황에서 지속적으로 입원 및 약물치료를 받았고, 입원기간 중 반복하여 흡인성 폐렴이 발생하여 치료를 받기도 함.

망인은 2018. 1. 8.경 패혈증 쇼크로 사망.

원고는 망인이 이 사건 상해로 인하여 생긴 후유증으로 패혈증이 발생하여 사망하였음을 이유로 상해사망보험금을 청구하였고, 피고는 이 사건 상해와 망인의 사망 사이의 인과관계가 있다고 보기 어렵다고 다툼.

[법원의 판단]

아래 사정을 종합해 보면, 이 사건 상해와 망인의 사망 사이에 상당인과관계가 존재한다고 판단된다.

① 망인이 종래 당뇨병과 뇌출혈로 반복하여 치료를 받아 온 사정은 있다. 하지만 이 사건 상해는 이와 별도로 술을 마시고 미끄러져서 머리를 부딪침으로 인해 직접적으로 상해(외상성 뇌실질 내출혈, 외상성 경막하 출혈, 뇌실질 다발성 출혈 타박상)를 입은 것으로서, 이는 보험기간 중에 발생한 급격하고도 우연한 외래의 사고로 입은 상해라 할 것이므로, 이 사건 보험계약에서 규정하고 있는 상해에 해당한다.

② 망인의 직접적인 사인은 패혈증인데, 이와 관련하여 I 요양병원의 주치의는 망인이 의식 저하로 연하곤란이 있어 흡인성 폐렴이 수차례 발생하였고, 망인이 약 3년의 기간 동안 흡인성 폐렴의 호전과 악화가 반복되다가 사망 1일 전부터 혈압 감소 등 쇼크 증상이 나타났고, 사망 당일 이전과 유사한 폐렴 악화로 인한 호흡곤란 증상이 관찰되던 중 사망하여 폐렴의 합병증으로 인한 패혈증 쇼크로 인해 사망한 것으로 추정 진단하였다는 소견을 밝히고 있다. 망인의 기왕력 등을 볼 때 심인성 급사의 가능성도 배제할 수 없는 것은 아니나, 위와 같은 주치의의 의견과 종래 증상을 종합해 보면, 그 사인은 흡인성 폐렴으로 인한 패혈증 쇼크로 보는 것이 개연성이 높아 보인다.

③ 이 법원의 J 협회 의료감정원장에 대한 진료기록 감정촉탁 회신 결과에 기초해 보면, 망인의 이 사건 상해는 음주 후 넘어짐으로 인하여 발생한 것으로 판단된다는 점, 망인은 I 요양병원에서 입원기간 내내 거동이 불가능하고 의식이 저하되어 의사소통이 불가능하였다는 점, 망인의 뇌병변에 의한 기능장애는 흡인성 폐렴이 발생할 가능성이 높고 수차례 흡인성 폐렴이 발생하였다는 점, 망인의 뇌손상에 의한 연하장애와 이로 인한 흡인성 폐렴의 인과관계는 부정할 수 없다는 점, 망인의 위와 같은 상태를 볼 때에도 의학적으로 인과관계가 있고 충분한 개연성이 있다는 점, 영상의학 자료 판독 소견과 객담배출균을 보아도 패혈증의 주된 원인은 폐렴으로 판단된다는 점, 망인이 앓은 당뇨병도 폐렴 발생과 경과 예후에 좋지 않은 영향을 주었다는 점 등을 알 수 있다.

④ 이러한 점에 비추어 보면, 이 사건 상해로 인하여 망인에게 뇌병변에 의한 연하장애가 발생하였고, 이를 주된 원인으로 음식물이 기도를 통해 폐로 들어가 흡인성 폐렴이 반복하여 발생하던 중 패혈증이 생겨 사망에 이르렀다고 볼 수 있으며, 이 사건 상해와 망인의 사망 사이에는 상당인과관계가 존재함을 인정할 수 있다. 피고가 주장하는 망인의 기왕력은 폐렴 발생 등에 부정적 영향을 미쳤을 수는 있으나 주된 사망 원인이라고 단정하기는 어려워 보인다. (항소하지 않아 확정됨)

[설명]

대상판결(서울서부지방법원 2018가단212521 판결)은 피보험자인 망인이 낙상사고로 외상성 뇌출혈이 발생하였고, 이후 흡인성 폐렴이 수차례 반복되다가 폐렴으로 인하여 패혈증이 생겨 사망한 것으로 판단하여, 낙상사고와 망인의 사망 사이에 상당인과관계가 있다고 판단하였다. 즉, '낙상사고로 외상성 뇌출혈 → 흡인성 폐렴 → 패혈증 쇼크로 사망'으로 연결된다.

이와 같이 낙상[27]사고 후 폐렴이 발병하여, 폐렴 또는 폐렴으로 인한 합병증으로 사망하는 사례들은 특히 고령층이나 전신 상태가 좋지 않은 쇠약한 사람들에게 자주 발생[28]하고, 이러한 사례들에서는 상해(재해)사망보험금과 관련한 분쟁도 많이 발생한다. 이러한 경우 낙상사고는 의도적인 것이 아닌 한 거의 대부분 상해사고로 보는 데 큰 문제가 없지만, 낙상사고 그 자체로 사망하는 경우가 아니라, 이후 치료 중 폐렴이라는 질병이 개입되어 사망하는 경우에는 상당인과관계의 판단이 어렵기 때문이다. 그 판단이 쉽지 않은 것은 판결례들을 통해서도 확인할 수 있다.

먼저, 인과관계를 인정한 사례들을 살펴보면,

① 부산지방법원 2022. 2. 10. 선고 2020가단337358 판결(30번 사례)은 낙상사고(2020. 2. 22.)로 우측 대퇴골 경부의 폐쇄성 골절상을 입고, 우측 고관절 인공관절 치환술을 받은 후 불과 사고

---

27) '낙상'은 넘어지거나 떨어져서 몸을 다치는 것을 포함한다.
28) 이와 관련하여서는, 사망보험금 30번 사례 설명 부분 참조.

일로부터 3주 만에 폐렴으로 사망(2020. 3. 15.)한 사례에서, 낙상사고와 사망 사이의 인과관계를 인정하였다.

② 또한, 서울중앙지방법원 2014. 9. 19. 선고 2012가단92935판결은 76세 고령의 여성 환자가 2010. 9. 4. 낙상사고로 대퇴골 경부골절상을 입고, 11개월 만에 사망(2011. 8. 8.)한 사례에서, 76세 정도의 고령 환자가 대퇴골 경부골절상을 입는 경우 통상적으로 1년을 전후해서 사망할 가능성은 많게는 30% 정도인데, 이렇게 사망하는 경우 사망 원인은 수술 후 욕창, 폐렴, 수술 후 감염으로 인하여 사망할 수도 있고, 장기적으로는 영양상태 불량에 의한 전신 쇠약이 원인이 될 수도 있는 점, 시체검안서 작성 의사는 망인의 직접사인을 수분 및 전해질 불균형 및 영양상태의 불량으로 기재하였는데, 그 근거로 고령의 여자의 경우 대퇴골 경부 골절은 골절 후 수개월 내에 사망할 가능성이 20% 정도, 골절 이전의 상태로 회복이 불가능하다는 것을 든 점 등의 이유를 들어 사고와 사망 사이의 인과관계를 인정하였다(위 판결은 항소심에서도 원고 일부승으로 판결되어 확정됨).

③ 의정부지방법원 2021. 10. 21. 선고 2020가단120943 판결은 2020. 1. 29. 낙상사고로 우측 제8번 늑골골절상을 입어 외래치료 후 다시 2020. 3. 5.경 낙상사고로 좌측 4, 5, 6번 늑골골절 및 세균성 폐렴, 흉막염 등 진단을 받고 입원치료 중 사망(2020. 3. 16.)한 사례에서, 망인이 위와 같이 낙상한 사실이 인정되고, 이로 인하여 망인에게 발생한 각 늑골골절은 보험약관상 상해사고에 해당한다고 판단하고, 망인의 사망 원인인 폐렴과 늑골골절 사이의 인과관계에 대하여는 2020. 1. 29. 낙상사고 전까지는 폐렴으로 치료받은 적이 없는 점, 위 각 골절과 폐렴 발생 사이의 시간적 간격이 크지 않은 점, 감정회신에서 폐렴은 늑골골절의 합병증으로 발생할 수 있는데, 망인은 늑골골절 진단 당시 폐렴도 동시에 진단되었고, 따라서 폐렴의 발생은 늑골골절과도 관련이 있다는 의견을 밝힌 점 등을 종합하며 보면, 이 사건 각 골절로 인한 합병증이 망인의 사인이 된 폐렴을 발생시킨 단독 원인이 아니더라도 최소한 폐렴의 발생에 기여한 원인이라고 할 것이므로 망인의 사망과 이 사건 각 골절 사이에는 상당인과관계가 있다고 판단하였다.

다음으로 인과관계를 부정한 사례들을 살펴보면,

① 서울중앙지방법원 2017. 9. 12. 선고 2016가단5279063 판결은 낙상사고(2016. 5. 20.)로 좌측 대퇴골 경부 골절상을 당하고, 좌측 고관절 양극성 반치환술을 받은 후 약 4개월 만에 '급성 폐렴'으로 인한 급성 호흡부전으로 사망(2016. 9. 16)한 사례에서 망인이 수술 후 퇴원하기 전까지 수술과 관련된 별다른 합병증을 보이지 않았고 수술 부위에 대한 통증은 심하지 않거나 없다고 한 점, 망인이 주치의 권유에 따라 보행기를 이용하여 걷기 운동을 시작하였던 점, 망인이 요양병원으로 전원하고 나서 한 달이 지나서야 폐렴 관련 증상이 관찰된 점, 망인과 같이 요양병원에서 가료하는 환자에게 감염의 결과로 폐렴이 발생하는 경우가 드물다고 볼 수 없는 점 등을 이유로 낙상사고와 사망 사이의 인과관계를 부정하였다.

② 서울중앙지방법원 2021. 2. 18. 선고 2019가단5271138 판결은 2018. 5. 24. 낙상사고로 대퇴골전자부 골절 및 흡인성 폐렴 진단하에 입원 치료를 받던 중 2018. 7. 5. 흡인성 폐렴을 사인으로 사망한 사례에서, 망인의 대퇴부 골절이 호전되어 주치의는 수술이 불필요하고 활동도 가능하며 기립과 보행운동을 시행하겠다고 하는 등 위 골절이 그 자체로 사망에 이를 정도의 중대한 요인으로 보기 어려운 점, 망인은 낙상사고 이전부터 뇌경색증으로 인지장애, 지남력장애, 연하장애가 있었고, 상당히 진행된 치매를 보이는 등 흡인성 폐렴의 고위험인자를 가지고 있었던 점, 과거 2017. 8.의 흉부 검사에서도 만성의 폐병변 소견이 확인된 것으로 보이고, 사고 다음날 확인된 흡인성 폐렴은 낙상사고와 관련 없는 기왕증일 가능성이 큰 점, 골절 치료 후 흡인성 폐렴이 호전되어 요양병원으로 전원하였다가 폐렴 증상이 악화되어 결국 사망에 이른 것으로 사망의 원인이 된 흡인성 폐렴은 요양병원에서 새로 발생한 것으로 보이는 점 등을 이유로 망인의 사인이 된 흡인성 폐렴은 기왕의 뇌경색증, 치매로 인한 인지장애와 연하장해 등을 이유로 흡인과 객담 배출이 어려워 발생한 기왕질환이거나 요양병원 입원 중 새로이 발병한 질환으로 낙상사고와의 인과관계를 인정하기 어렵다고 판단하였다(아울러 위 판결은 '삼킴장애'나 그 증상인 '사레'는 신체의 내부적 상태 그 자체, 혹은 그로 인한 증상에 불과하다 할 것이므로, 이를 외래의 사고로 볼 수 없다고 판단하였다).

③ 창원지방법원 진주지원 2021. 4. 29. 선고 2020가단3983 판결은 2014. 1. 2. 낙상으로 좌측 대퇴골전자간분쇄골절상을 입고, 2014. 1. 7. 관혈적 정복술 및 내고정술을 받은 후 요양병원을

거쳐 요양원에서 요양 중 2019. 2. 25. 직접사인을 패혈증으로 하여 사망한 사례에서, 낙상사고가 발생한 지 5년 이상 경과하여 사망한 점, 망인이 낙상사고 당시 78세의 고령으로 사고 이전부터 당뇨, 고혈압, 뇌경색 등의 증상으로 치료를 받아 왔고, 낙상사고 직후 요양병원 입원치료 중에도 골절 및 수술에 따른 치료 외에 당뇨, 호흡 곤란, 심계항진, 빈맥 관리, 어지럼증, 수면장애, 인지장애, 기억장애 등 기존 증상에 대한 진료를 받은 점, 2014. 7. 16. 뇌경색증, 노인성 치매 진단으로 뇌경변장애 진단을 받은 점, 사망 당시 망인의 건강 상태를 알 수 있는 자료가 사망진단서 이외에는 전혀 제출되지 않았고, 그 밖에 망인의 기왕증 등 내부적인 요인에 의한 사망일 가능성이 배제되거나 외부적 요인보다 내부적 요인이 더 크게 작용하였을 가능성을 배제할 수 있는 자료가 없는 점 등에 비추어 보면, 낙상사고가 사망의 직접적이고 중대한 원인이라고 보기 어려우므로, 인과관계를 인정할 수 없다고 판단하였다.

사례	낙상사고일	상해의 내용	폐렴 발병 또는 사인	사망일
부산지방법원 2020가단337358	2020. 2. 22.	대퇴골 경부 폐쇄성 골절	폐렴	2020. 3. 15.
서울중앙지방법원 2012가단92935	2010. 9. 4.	대퇴골 경부골절	수분 및 전해질 불균형, 영양상태 불량	2011. 8. 8.
의정부지방법원 2020가단120943	2020. 1. 29. 2020. 3. 5.	다발성 늑골골절	세균성 폐렴 (2020. 3. 9.)	2020. 3. 16.
서울서부지방법원 2018가단212521	2015. 3. 15.	외상성 뇌실질 내출혈 등	사고 이후 지속적으로 입원치료 중 여러 차례 흡인성 폐렴 발생 → 패혈증	2018. 1. 8.
서울중앙지방법원 2016가단5279063	2016. 5. 20.	대퇴골 경부 골절	급성 폐렴 (요양병원 전원 후 한 달 뒤)	2016. 9. 16.
서울중앙지방법원 2019가단5271138	2018. 5. 24.	대퇴골전자부 골절	흡인성 폐렴	2018. 7. 5.
창원지법 진주지원 2020가단3983	2014. 1. 2.	대퇴골전자간 분쇄골절	패혈증	2019. 2. 25.

위와 같은 판결례들과 그 판결례들이 판단 근거로 삼은 의학적 견해 등을 종합하면, 낙상사고 후 폐렴 또는 폐렴의 합병증으로 사망한 경우 낙상사고와 사망 사이에 인과관계가 인정되기 위해

서는 결국 사망의 원인이 된 폐렴의 발생이 낙상으로 인한 것으로 볼 수 있어야 한다. 폐렴이 기왕의 질병으로 인한 가능성을 배제할 수 없고, 오히려 기왕증 등 내부적 요인이 그 발병에 더 크게 작용하였을 가능성이 높은 경우에는 인과관계가 인정되기 어렵다. 특히 위 서울중앙지방법원 2019가단5271138 판결은 「설령 외부적 요인이 피보험자의 질병이나 체질적 요인과 결합하여 사망의 결과를 촉발하였다고 하더라도, 외부적 요인보다는 내부적 요인이 더 크게 작용하였을 가능성을 배제할 수 없는 경우라면, 상해사망에 대한 입증이 부족하다고 보아야 한다.」는 입장을 보였다(위 창원지방법원 진주지원 2020가단3983 판결도 같은 취지).

나아가 위와 같은 판결례들을 검토해 보면, 낙상사고와 폐렴 발병 사이의 인과관계를 판단하는 데 있어서는 1) 낙상사고로 폐렴의 원인이 될 수 있는 부위에 상해를 입은 경우인지 여부(상해의 내용), 2) 낙상사고 후 폐렴 발병 및 사망까지의 각 시간적 간격(시간적 밀접성) 및 3) 폐렴 발병 당시 폐렴을 유발할 만한 다른 기존 질병이 있었는지 등을 고려하여야 함을 알 수 있다. 이때 기왕증이 있는 경우라도, 폐렴 발병에 낙상으로 인한 상해가 더 크게 작용한 경우로 볼 수 있다면, 인과관계가 인정될 수 있다.

대상사건의 경우 낙상사고 후 사망까지 약 3년여의 시간적 간격은 있었으나, 낙상사고로 외상성 뇌출혈이 발생하였고, 뇌졸중(뇌출혈, 뇌경색) 환자와 같이 연하장애가 있거나 와상 상태로 있는 경우 흡인성 폐렴 위험이 있고, 실제로 망인의 경우 외상성 뇌출혈 후 의식 상태 악화와 와상 상태로 입원 치료 중 여러 차례의 흡인성 폐렴에 걸렸다는 점에서 상당인과관계가 인정되었다.

32

기왕증 기여도 감액 약관이 설명의무의 대상이 된다고 본 사례
(서울중앙지방법원 2022. 8. 18. 선고 2020가단5222460 판결)

[사건 개요]

피보험자 F(이하 '망인')의 자녀인 원고 C는 2009. 11. 27. 피고와 사이에 상해사망보험금 등이 지급되는 보험계약(이하 '이 사건 보험계약')을 체결하였는데, 이 사건 보험계약 보통약관 제19조 (다른 신체상해 또는 질병의 영향) 제1항은 "피보험자가 제15조에서 정한 상해를 입은 경우 이미 존재한 신체상해 또는 질병의 영향으로 또는 제15조에서 정한 상해를 입은 후에 그 원인이 된 사고와 관계없이 새로이 발생한 상해나 질병의 영향으로 제15조에서 정한 상해가 중하게 된 경우 회사는 그 영향이 없었던 때에 상당하는 금액을 결정하여 지급합니다."(이하 '기왕증 기여도 감액 약관'), 제2항은 "정당한 이유 없이 피보험자가 치료를 게을리하거나 또는 계약자나 수익자가 치료를 하여 주지 않음으로 인하여 제15조에서 정한 상해가 중하게 된 경우에도 제1항과 같은 방법으로 합니다."라고 정하고 있음.

망인은 2003년경부터 심방세동의 질병 때문에 항혈소판제(아스피린)를 복용하였고, 2012. 12.경 뇌경색으로 뇌혈관 내 혈전제거술을 받았으며, 이후 우측 편마비가 생김. 또한 심근경색으로 약을 복용하고, 2016. 11. 21.부터 저혈당 또는 뇌경색증의 합병증(위약감)으로 인한 보행장애 및 근력 약화로 자주 넘어졌고, 2018년부터는 휠체어를 이용함.

망인은 2018. 12. 18. 집 안에서 넘어져 머리를 부딪치고 귀가 찢어지는 사고로 충남대병원으로 후송되었는데, 우측 관골궁 골절에 대하여 다른 증상은 없어 수술적 치료를 받지 않고, 우측 귀 열상에 대하여 봉합 수술 후 귀가함.

2018. 12. 23. 망인의 배우자가 망인이 침대에서 낙상한 것을 목격하여, 119로 위 대학병원으로 후송되었는데, 검사 결과 급성 경막하 출혈 소견을 보여 치료 중 2019. 1. 17. 외상성 경막하 출혈에 의한 뇌압 상승으로 인한 다발성 장기 부전으로 사망함.

피고는 이 사건 사고 이전에 망인에게 뇌경색으로 인한 위약감, 장기간 항응고제 복용으로 인한 출혈의 위험 등이 있었으므로, 피고의 보험약관에 포함된 기왕증 기여도 감액 약관 규정에 따라 보험금이 감액되어야 한다고 주장함.

[법원의 판단]

정액보험으로서의 성격을 가지는 상해보험은 인보험으로서 일반적으로 외래의 사고 이외에 피보험자의 질병 기타 기왕증이 공동 원인이 되어 상해에 영향을 미친 경우에도 사고로 인한 상해와 그 결과인 사망이나 후유장해 사이에 인과관계가 인정되면 보험계약 체결 시 약정한 대로 보험금 전액을 지급하는 것이 원칙이고, 예외적으로 감액규정이 있는 경우에만 보험금을 감액할 수 있으므로, 보험금에서 기왕장해 또는 질병의 영향에 해당하는 보험금 부분을 감액하는 것이 거래상 일반적이고 공통된 것이어서 보험계약자가 별도의 설명 없이도 충분히 예상할 수 있는 내용이라거나, 이미 법령에 정하여진 것을 되풀이하거나 부연하는 정도에 불과한 사항이라고 볼 수 없어, 보험계약자나 대리인이 내용을 충분히 잘 알고 있지 않는 한, 보험자는 그 감액규정을 명시 · 설명할 의무가 있다(대법원 2015. 3. 26. 선고 2014다229917, 229924 판결 등 참조).

이 사건 상해보험에서도 기왕증이 있거나, 치료 거부가 있더라도 고의에 의한 것이 아니라면, 사망사고에 대해 약정 보험금 전액을 지급하는 것이 원칙이고, 보통약관 제1항과 관련하여 보험계약자가 이 사건 보험계약 체결 당시 보험계약 체결 후에 발생한 피보험자의 뇌경색으로 인한 위약감, 장기간 항응고제 복용으로 인한 출혈 위험 등이 상해사망사고의 발생에 영향을 미쳤다고 하여 그 기여분만큼 감액된 보험금을 지급받으리라고 일반적으로 예상하기는 어렵고, 제2항과 관련하여 과실을 이유로 보험금 감액을 인정하는 취지라면, 이러한 보험금 감액 조항은 보험자의 책임범위를 제한하는 것으로서 보험계약자의 이해관계에 중대한 영향을 미치는 중요한 사항이고, 거래상 일반적이고 공통된 것이어서 보험계약자가 별도의 설명이 없더라도 충분히 예상할 수 있었던 사항이거나, 이미 법령에 의하여 정하여진 것을 되풀이하거나 부연하는 정도에 불과한 사항에 해당한다고 보기 어렵고, 보험계약자가 알고 있었다고 볼만한 증거도 없다.

이 사건 기왕증 기여도 감액 약관을 보험자가 인수할 수 없는 위험에 관한 규정으로 유효하다고 하더라도 이는 보험자의 설명의무의 대상이 되는데, 피고가 이 사건 보험계약 청약 당시 원고 C에게 명시·설명의무를 이행하였다고 볼만한 증거가 없다(제2항과 관련하여 고의의 치료 거부를 이유로 보험금 감액을 인정하는 취지라면 설명의무의 대상이 되지 않겠지만, 위 기초사실 및 증거들에 나타난 사정들, 즉 원고들이 수술의 위험성 및 전신마취로 인한 합병증 우려 등을 이유로 수술적 치료를 거부하고 중환자실에서 약물치료 등 보존적 치료를 받은 것만으로는 고의의 치료 거부라고 인정하기는 어렵고, 달리 이를 인정할 증거도 없다).

피고는 기왕증 기여도 감액 약관에 대한 명시·설명의무를 위반하였으므로 약관의 규제에 관한 법률 제3조 제3항, 제4항에 의하여 위 규정을 보험계약의 내용으로 주장할 수 없으므로, 이를 전제로 한 피고의 주장은 이유 없다. (확정)(대상판결의 외래성 판단내용은 사망보험금 28번 사례 설명 부분 참조)

[설명]

상해보험은 정액보험이기는 하지만, 보험약관에 계약체결 전에 이미 존재한 신체장해, 질병의 영향에 따라 상해가 중하게 된 때에는 그 영향이 없었을 때에 상당하는 금액을 결정하여 지급하기로 하는 내용(기왕증 기여도 감액 약관)이 있는 경우에는 지급될 보험금액을 산정함에 있어서 그 약관 조항에 따라 피보험자의 체질 또는 소인 등이 보험사고의 발생 또는 확대에 기여하였다는 사유를 들어 보험금을 감액할 수 있다(대법원 2005. 10. 27. 선고 2004다52033 판결, 대법원

2009. 11. 26. 선고 2008다44689, 44696 판결).

　대상판결(서울중앙지방법원 2020가단5222460 판결) 사안의 경우 이 사건 보험계약 약관에 기왕증 기여도 감액 약관이 있는데, 망인은 뇌경색 후유증으로 인한 위약감이 2018. 12. 18. 집안에서 넘어지는 낙상사고의 원인으로 기여하였다고 볼 수 있고, 또한 장기간 항응고제 복용으로 인한 출혈의 위험 등이 있었던 점은 위 낙상사고로 인한 뇌출혈 발병 등에 영향을 주었을 것으로 보인다(대상사건에서의 진료기록 감정결과 역시 망인의 기왕증과 항응고제 복용이 사망에 대한 기여한 정도가 적지 않다는 의견을 보였다). 따라서 기왕증 기여도 감액 약관이 적용될 경우 상해사망보험금 지급액은 상당히 감액될 수밖에 없다. 이처럼 기왕증 기여도 감액 약관이 설명의무의 대상인지 여부와 그 위반 여부에 대하여 살펴보는 것은 그 실익이 적지 않다.

　기왕증 기여도 감액 약관이 설명의무의 대상이 되려면, 그것이 보험계약의 중요한 내용에 해당하여야 하고, 중요한 내용이라고 하더라도 설명의무의 예외 사유에 해당하지 않아야 한다.

　먼저, 보험계약의 중요한 내용에 해당하는지를 살펴보면, 대법원은 보험약관에 기재되어 있는 보험상품의 내용, 보험료율의 체계, 보험청약서상 기재사항의 변동 및 보험자의 면책사유 등을 약관의 명시·설명의무의 대상이 되는 예로 들고 있다(대법원 2006. 1. 26. 선고 2005다60017, 60024 판결 등 참조). 기왕증 기여도 감액 약관은 보험자의 책임 범위를 제한하는 것(일부 면책)이므로, 보험계약의 중요한 사항으로 볼 수 있고, 약관의 명시·설명의무의 대상에 해당한다(대법원 2015. 3. 26. 선고 2014다229917, 229924 판결).

　다음으로, 보험약관의 중요한 내용에 해당하는 사항이라 하더라도 보험계약자나 그 대리인이 그 내용을 충분히 잘 알고 있거나, 거래상 일반적이고 공통된 것이어서 보험계약자가 별도의 설명 없이도 충분히 예상할 수 있었거나, 이미 법령에 의하여 정하여진 것을 되풀이하거나 부연하는 정도에 불과한 사항이라면 그러한 사항에 대하여서까지 보험자에게 명시·설명의무가 인정된다고 할 수는 없다(위 2005다60017, 60024 판결 등 참조). 기왕증 기여도 감액 약관의 경우 이 사건 보험계약 당시 장기손해보험 표준약관[29]에 포함되어 있던 것이고, 이 사건 보험계약 약관을 비롯한 국내 보험사들의 보험약관에서도 동일한 약관조항을 두고 있었다는 점에서 일반적이고 공통된 것이기는 하다.

　그러나 금융감독원이 정한 표준약관에 포함되어 시행되고 있었다거나 국내 각 보험회사가 위 표준약관을 인용하여 작성한 보험약관에 포함되어 널리 보험계약이 체결되었다는 사정만으로는 그 사항이 '거래상 일반적이고 공통된 것이어서 보험계약자가 별도의 설명 없이 충분히 예상할 수 있었던 사항'에 해당하여 보험자에게 명시·설명의무가 면제된다고 볼 수는 없다(대법원 2013. 6. 28. 선고 2012다107051 판결). 오히려 정액보험으로서의 성격을 가지는 상해보험에서는 기왕증과 외래의 사고가 공동 원인이 된 경우에도 약정된 정액의 보험금을 지급하는 것이 일반적이고, 기왕증 기여도 감액규정을 따로 준 경우 그 예외를 인정하는 것에 불과하다. 따라서 기왕증 기여도 감액 약관을 거래상 일반적이고 공통된 것이어서 보험계약자가 별도의 설명 없이도 충분히 예상할 수 있는 내용이라고 볼 수 없고, 보험계약자나 대리인이 내용을 충분히 잘 알고 있지 않는 한, 보험자는 그 감액규정을 명시·설명할 의무가 있는 것이다(위 대법원 2014다229917, 229924 판결 등 참조). 대상판결의 경우도 이와 같은 취지에서, 기왕증 기여도 감액 약관도 설명의무의 대상이 되고, 피고가 이를 이행하였다고 볼만한 증거가 없다고 보아, 위 약관 규정을 이 사건 보험계약의 내용으로 주장할 수 없다고 판단한 것이다(약관의 규제에 관한 법률 제3조 제3항, 제4항).

---

29) 2010. 1. 29. 장기손해보험 표준약관이 폐지되고, 질병·상해보험 표준약관으로 변경되면서 기왕증 기여도 감액 약관은 삭제되었다(다만, 후유장해 판정에 있어 척추의 장해 부분은 유지되고 있고, 특히 상해로 인한 추간판탈출증과 관련하여 여전히 실무상 자주 문제 되고 있다).

33

의료사고 면책약관이 외과적 수술 등에 기한 상해가 아닌 순수한 건강검진 목적의 의료처치에 기하여 발생한 상해에는 적용되지 않는다고 본 사례
(대법원 2014. 4. 30. 선고 2012다76553 판결)

[사건 개요]

피고는 2010. 2. 26. 광주광역시 광산구청과 사이에 광산구청 소속 공무원인 소외인 등을 피보험자로 하는 단체안심상해보험계약(이하 '이 사건 보험계약')을 체결함.

이 사건 보험계약의 보험약관 제6조 제1항은 '회사는 피보험자가 보험기간 중에 급격하고도 우연한 외래의 사고로 신체에 상해를 입었을 때에는 그 상해로 인하여 생긴 손해를 보상한다.'고 규정하고 있고, 제7조 제1항 제6호는 '피보험자의 임신, 출산(제왕절개 포함), 유산 또는 외과적 수술, 그 밖의 의료처치를 원인으로 하여 생긴 손해는 보상하지 아니한다. 그러나 회사가 부담하는 상해로 인한 경우에는 보상한다.'고 규정하고 있음(이하 제7조 제1항 제6호를 '이 사건 면책조항').

소외인은 2010. 12. 9. 종합건강검진을 위하여 ○○병원 건강검진센터에서 전신마취제인 프로포폴을 투여받고 수면내시경 검사를 받았는데 검사 시작 5분 만에 호흡부전 및 의식불명 상태가 되어 결국 사망함(이하 '이 사건 사고').

부검감정서에 의하면 소외인의 사망 원인은 프로포폴의 호흡억제 작용으로 인한 저산소증의 발생으로 추정됨.

피고는 전신마취 과정이 필수적으로 수반되는 수면내시경 검사는 그에 내재된 위험성에 비추어 볼 때 이 사건 면책조항의 '그 밖의 의료처치'에 해당된다는 이유로 보험금 지급을 거절하였고, 원심은 위와 같은 피고의 면책주장을 받아들여 원고들의 보험금 청구를 배척함.

[법원의 판단]

피보험자에 대하여 상해나 질병 등을 치료하기 위한 외과적 수술 기타 의료처치(이하 '외과적 수술 등')가 행하여지는 경우 피보험자는 일상생활에서 노출된 위험에 비하여 상해가 발생할 위험이 현저히 증가한다. 이 사건 보험계약에서 이 사건 면책조항을 둔 이유는 상해나 질병 등을 치료하기 위한 외과적 수술 등에 의하여 증가된 위험은 보험보호의 대상으로부터 배제하고, 보험회사가 보상하는 보험사고인 상해를 치료하기 위한 외과적 수술 등으로 인한 위험에 대해서만 보험보호를 부여하기 위한 것이다(대법원 2010. 8. 19. 선고 2008다78491, 78507 판결 참조). 위와 같은 이 사건 면책조항의 취지에 비추어 볼 때, 신체의 상해나 질병 등을 치료하기 위한 외과적 수술 등에 기한 상해가 아니라 순수한 건강검진 목적의 의료처치에 기하여 발생한 상해는 이 사건 면책조항의 대상이 아니라고 해석함이 타당하다.

이 사건 사고는 질병 등을 치료하기 위한 외과적 수술 등에 기한 상해가 아니라 건강검진 목적으로 수면내시경 검사를 받다가 마취제로 투여된 프로포폴의 부작용으로 발생한 것이므로 이 사건 면책조항이 적용되지 않는다.

[설명]

2010년 질병·상해보험 표준약관으로 개정되기 전까지 시행된 장기손해보험 표준약관은 '피보험자의 임신, 출산(제왕절개 포함), 유산 또는 외과적 수술, 그 밖의 의료처치를 원인으로 하여 생긴 손해는 보상하지 아니한다. 그러나 회사가 부담하는 상해로 인한 경우에는 보상한다.'는 규정(이하 '의료사고 면책약관')을 두고 있었다(2010. 1. 29. 개정된 금융감독원의 보험업감독업무시행세칙에서 정한 질병·상해보험 표준약관에서는 의료사고 면책약관 중 "외과적 수술, 그 밖의 의료처치" 부분이 삭제되었다). 의료사고 면책약관은 외과적 수술 외에도 '그 밖의 의료처치'라는 다소 포괄적인 개념이 사용되고 있다 보니, 그 적용 범위와 관련하여 해석상 다툼이 생기게 된다.

이와 관련하여, 법원은 의료사고 면책약관의 취지에 따라 그 적용 범위를 판단하여 왔다. 즉, 질병 등을 치료하기 위한 외과적 수술 기타 의료처치가 행하여지는 경우 피보험자는 일상생활에서 노출된 위험에 비하여 상해가 발생할 위험이 현저히 증가하므로 그러한 위험을 처음부터 보험보호의 대상에서 배제하려는 데 취지가 있으므로, 그 취지에 비추어 볼 때, 특정 질병 등을 치료하기 위한 외과적 수술 등으로 인하여 증가된 위험이 현실화된 결과 상해가 발생한 경우에는 의료사고 면책조항이 적용되어 보험금 지급대상이 되지 않는다고 판단하고 있다(대법원 2013. 5. 23. 선고 2013다14712 판결 등). 그리고 위와 같은 의료사고 면책약관 취지에 비추어 볼 때, 외과적 수술 등의 과정에서 의료과실이 개입되었는지 여부는 위 면책약관의 적용 범위 여부를 결정하는 데 있어 고려할 요소가 되지 않는다고 한다(대법원 2013. 6. 28. 선고 2012다107051 판결).[30] 따라서 질병 등을 치료하기 위한 외과적 수술 등이 행하여지는 과정에서 의료과실에 의하여 상해가 발생한 경우도 이 사건 면책사유에 포함된다.

예컨대, ① 대법원 2010. 8. 19. 선고 2008다78491, 78507 판결은 피보험자가 후복막악성신생물(복막암) 진단을 받아 후복막강 종괴를 제거하기 위한 개복수술을 받았으나 그 과정에서 의료진의 과실로 인한 감염으로 폐렴이 발생하여 사망한 사례에서, 위 사고는 원고가 보상하지 아니하는 질병인 암의 치료를 위한 개복수술로 인하여 증가된 감염의 위험이 현실화됨으로써 발생하였다고 할 것이므로, 사고 발생에 의료진의 의료과실이 기여하였는지 여부와는 무관하게 의료사고 면책조항이 적용된다고 판단하였다.

② 서울고등법원 2013. 2. 15. 선고 2012나67384 판결은 피보험자가 혈변, 고열로 병원에 입원하여 의료처치를 받던 중 간 조직검사를 받은 이후 갑자기 복강내출혈로 응급처치를 받았으나 지혈이 되지 않고 출혈이 지속되어 과다출혈로 인한 저혈량성 쇼크로 사망한 사례에서, 피보험자가

---

30) 생명보험 표준약관의 경우에는 의료과실이 개입된 경우 '재해'로 보고 있으므로, 상해보험의 보험보호범위와 차이가 생기게 된다.

단순히 질병으로 사망한 것이 아니라 간 조직검사 과정에서 신체 외부의 작용에 의하여 신체 내부에 상해를 입고 그 상해의 직접적인 결과로 사망에 이르게 되었다고 보는 것이 타당할 것이고, 이는 질병의 치료를 위한 외과적 수술 그 밖의 의료처치의 과정에서 피보험자가 의료과실로 인하여 상해를 입은 경우로서 '우연한 외래의 사고'에 의해 사망한 것으로 인정된다고 판단하였다. 위 판결은 피보험자의 사망이 보험계약의 보험사고에 해당한다고 판단하면서도, 질병 등을 치료하기 위한 외과적 수술 등이 행하여지는 과정에서 의료과실에 의하여 상해가 발생한 경우도 의료사고 면책사유에 포함되므로, 위 사고는 외과적 수술 등을 원인으로 하여 발생된 사고로서 의료사고 면책약관에 따라 보상하지 아니하는 손해에 해당한다고 판단하였다(위 판결의 상고심인 대법원 2013. 6. 28. 선고 2013다22058판결은 의료사고 면책약관에 따라 보상하지 않는 손해에 해당한다는 점에 대하여는 동일한 판단을 하였으나, 의료사고 면책약관이 설명의무 대상이 아니라고 본 점은 위법하다는 이유로 파기환송하였다).

③ 대법원 2019. 10. 31. 선고 2016다258063 판결은 피보험자가 피부과의원에서 프로포폴을 투여받은 후 미용 목적의 시술인 고주파를 이용한 신경차단술에 기한 종아리근육 퇴축술을 받다가 저산소성 뇌손상을 입은 후 사망한 사례에서, 위 시술은 피고가 보상하는 보험사고인 상해를 치료하기 위한 외과적 수술 등이 아니고, 피보험자는 위 시술을 받음으로써 일상생활에서 노출된 위험에 비하여 상해가 발생할 위험이 현저히 증가하는 상태에 처하였고, 그 위험이 현실로 나타남으로써 사망하기에 이르렀으므로, 이는 의료사고 면책조항에 의하여 보험보호의 대상에서 배제된 상해에 해당한다고 판단하였다.

심지어 대법원은 외과적 수술이 아닌 약물의 투약도 의료사고 면책약관의 적용범위에 포함시키고 있다. 예컨대, ④ 대법원 2013. 5. 23. 선고 2013다14712 판결은 의료사고 면책약관이 정하는 '의료처치'의 개념 속에는 의료인이 의학 지식을 이용하여 질병의 치료를 위하여 환자에게 약물을 투약하는 행위도 포함되므로, 우안시신경염 등의 치료를 위하여 투약한 스테로이드로 인하여 생긴 부작용인 좌측 대퇴골두 무혈성 괴사에 관하여 위 면책약관이 적용된다고 판단하였다(이 외에도, 스테로이드 계통 약물 부작용 사례에서 위 면책약관이 적용된다고 본 사례로는 서울중앙지방법원 2018. 7. 25. 선고 2017가합552637 판결[31] 등 참조).

한편, 의료사고 면책약관의 취지를 고려할 때, '의료처치'에 해당하기만 하면, 위 면책약관이 적용되는 것은 아니다. 예컨대, 스테로이드 부작용과 같이 잘 알려진 경우가 아니라, 단순 경구용 감기약을 처방받아 복용하였다가 부작용이 발생한 경우에까지 위 면책약관이 적용되는 것으로 해석할 수는 없다. 금융분쟁조정위원회의 조정결정(2013. 5. 28. 제2013-15호) 역시 질병의 치료라 하더라도 이 건과 같이 피보험자의 입장에서 약물 부작용의 위험 가능성을 전혀 예견할 수 없는 단순한 경구 투약 등의 처방 정도를 '외과적 수술, 그 밖의 의료처치'에 해당한다고 보기는 어렵다고 판단한 바 있다. 이외에도, ⑤ 서울고등법원 2004. 7. 9. 선고 2003나37183 판결(확정)은 특발성 혈소판 감소증 치료를 위하여 스테로이드 계통의 약물을 복용하던 중 양측 대퇴골두 무혈성 괴사가 발생한 사례에서, 「보험계약의 약관에 정한 '그 밖의 의료처치'라고 함은 마취제의 투약처럼 임신, 출산, 유산 또는 외과적 수술에 상응할 정도로 신체에 대한 위험이 따를 것이 예견되는 외과적·내과적 의료처치만을 의미하고, 이 사건과 같이 의학적 연관성이 명확하게 규명되지 않아 보통 사람으로서는 통상 예상하기 어려운 치료와 복용의 부작용으로 생긴 상해는 위와 같은 의료처치와 구분되는 '우발적인 외래의 사고'라고 해석함이 상당하다.」고 판단하여, 의료사고 면책약관이 적용되지 않는다고 판단하였다.

위와 같이 법원 판결례 등에 따를 때, 의료사고 면책약관은 의료처치로 인한 상해가 발생한 경우이기만 하면 적용되는 것이 아니다. 면책약관의 취지상 해당 의료처치가 일상생활에서 노출된 위험에 비하여 상해가 발생할 위험이 현저히 증가하는 상태에 처하게 할 위험을 내포하는 것으로서, 실제로 해당 의료처치로 인하여 증가된 위험이 현실화된 결과 상해가 발생한 경우에만 적용된다. 대상사건(대법원 2012다76553 판결)의 경우도 법원은 순수하게 건강검진 목적의 수면내시경을 하던 중 프로포폴 부작용으로 인한 사고의 경우 질병 치료 등을 위한 수술의 경우와 달리 일반인으로서는 그 부작용으로 인한 위험이 내포되어 있음을 통상 예상하기 어려운 경우라고 보아,

---

31) 위 사안은 알러지성 두드러기 및 접촉성 피부염을 치료하기 위하여 스테로이드를 지속적으로 복용함으로써 부작용으로 고관절 대퇴골두 무혈성 괴사가 발생한 경우로, 법원은 의료사고 면책약관이 적용되는 경우이기는 하지만, 위 면책약관에 대한 설명의무를 다하였다고 인정하기 부족하다고 보아 위 면책약관을 보험계약의 내용으로 주장할 수 없다고 판단하였다.

의료사고 면책약관이 적용되지 않는다고 판단함으로써, 그 적용 범위를 제한한 것이다.

　　마지막으로 살펴볼 것은 의료사고 면책약관의 경우도 약관의 명시·설명의무의 대상이 된다는 점이다. 의료사고 면책약관의 경우 구 질병·상해보험 표준약관에 포함된 것으로서, 일반적인 보험계약의 약관에 공통적으로 규정되었던 조항이기는 하지만, 그러한 사정만으로는 그 사항이 '거래상 일반적이고 공통된 것이어서 보험계약자가 별도의 설명 없이 충분히 예상할 수 있었던 사항'에 해당하여 보험자에게 약관의 명시·설명의무가 면제되는 것은 아니다(대법원 2013. 6. 28. 선고 2012다107051 판결). 심지어 앞서 인용한 서울중앙지방법원 2017가합552637 판결은「보험계약의 상품설명서에 위 상품설명서를 교부받고 그에 관한 설명을 들었다는 취지로 서명한 사실을 인정할 수 있으나, 상품설명서에는 의료처치 면책약관에 관한 내용이 포함되어 있지 않은 점 등에 비추어 보면, 의료처치 면책약관에 관하여 구체적이고 상세한 명시·설명의무를 다하였다고 인정하기에 부족하다.」고 판단한 바 있다. 의료사고 면책약관이 적용될 여지가 있는 사안의 경우도 약관의 명시·설명의무를 다하였는지 여부를 반드시 검토해야 하는 이유다.

제3장

사망보험금의 소멸시효

소멸시효와 관련된 판결례를 검색하다 보면, 보험금 관련 사건이 유독 많음을 발견하게 된다. 그중에서도 특히 사망보험금 관련 사건이 많은 비중을 차지한다. 소멸시효 법리는 보험 관련 분쟁을 통해 발전했다고 해도 과언이 아닐 정도다.

사망보험금의 경우 소멸시효가 자주 문제 되는 이유는 소멸시효 기간이 3년(구 상법상으로는 2년)으로 짧은 것 외에도, 다음과 같은 이유가 있을 것으로 추정된다. 먼저, 보험가입 사실을 알지 못하고, 소멸시효 기간을 넘겨 사망보험금 청구를 하는 사례 자체가 많기 때문일 것이다. 보험계약자가 자신을 피보험자로 하여 보험가입을 하는 경우가 많은데, 보험가입을 한 당사자가 사망하여 상속인들이 피상속인의 보험 가입 사실 자체를 모르고 있다가 뒤늦게 사망보험금을 청구하는 경우도 많기 때문이다. 실제로 금융위원회의 '숨은 내 보험 찾아주기' 연도별 실적에 따르면, 2018년부터 2021년까지 총 2,483억 원을 소비자가 찾아갔다고 한다. [32]

그러나 위와 같은 이유 외에도, 사망보험금의 경우 피보험자가 장기 실종된 경우나 단순 자살로 알았다가 자살에 이르게 된 경위(군 내 가혹 행위, 직장 내 괴롭힘이나 과로·스트레스 등)를 뒤늦게 알게 된 경우와 같이, 보험수익자가 사망 사실 자체를 알 수 없었거나, 사망 사실은 알았으나 사망보험금 지급사유를 제대로 알 수 없었던 경우도 있다. 또한 약관 해석과 관련하여, 사망보험금 청구를 하였으나 보험회사가 보험금 지급사유를 충족하지 못한다고 안내하는 바람에 사망보험금 청구를 뒤늦게 한 경우도 있다.

보험수익자가 단순히 가족의 죽음으로 인한 정신적 충격으로 사망보험금 청구를 뒤늦게 하였다거나, 피보험자의 보험 가입 사실을 알지 못하였다는 등의 주관적 사정만으로 소멸시효 완성의 효력을 부정할 수는 없다. 이럴 경우 법적 안정성을 고려한 소멸시효 제도의 취지 자체가 몰각되기 때문이다. 이에 반해 보험금 청구자로서는 과실 없이 보험사고 발생 사실을 알 수 없는 객관적 사정이 있었던 경우와 같이 보험금 청구자를 보호할 필요가 있는 경우도 있다. 이런 이유로 법원 판결례는 소멸시효 기산점의 예외를 인정하거나, 소멸시효 중단 사유를 넓게 해석하는 등의 방법

---

32) 금융위원회 2022. 6. 15.자 보도자료 "21년 숨은 보험금 약 3.8조원을 찾아드렸습니다. 22년에도 남아 있는 약 12.3조원의 숨은 보험금을 지속적으로 찾아드리겠습니다." 참조.

으로 보험금 청구자의 권익을 구제하여 왔다.

이에 본 장에서는 법원이 그동안 사망보험금 청구권의 소멸시효 기산점의 예외를 인정한 사례와 소멸시효 중단 사유를 넓게 해석한 사례를 중심으로 살펴보았다.

마지막으로 본 장에 들어가기 전에 미리 숙지해야 할 법령은 다음과 같다.

* 민법

제166조(소멸시효의 기산점) ① 소멸시효는 권리를 행사할 수 있는 때로부터 진행한다.

제168조(소멸시효의 중단사유) 소멸시효는 다음 각호의 사유로 인하여 중단된다.

1. 청구

2. 압류 또는 가압류, 가처분

3. 승인

제174조(최고와 시효중단) 최고는 6월내에 재판상의 청구, 파산절차참가, 화해를 위한 소환, 임의출석, 압류 또는 가압류, 가처분을 하지 아니하면 시효중단의 효력이 없다.

* 상법

제662조(소멸시효) 보험금 청구권은 3년간, 보험료 또는 적립금의 반환청구권은 3년간, 보험료 청구권은 2년간 행사하지 아니하면 시효의 완성으로 소멸한다.

* 금융소비자 보호에 관한 법률

제40조(시효의 중단) ① 제36조 제1항에 따른 분쟁조정의 신청은 시효중단의 효력이 있다. 다만, 같은 조 제2항 단서에 따라 합의권고를 하지 아니하거나 조정위원회에 회부하지 아니할 때에는 그러하지 아니하다.

② 제1항 단서의 경우에 1개월 이내에 재판상의 청구, 파산절차참가, 압류 또는 가압류, 가처분을 한 때에는 시효는 최초의 분쟁조정의 신청으로 인하여 중단된 것으로 본다.

③ 제1항 본문에 따라 중단된 시효는 다음 각호의 어느 하나에 해당하는 때부터 새로이 진행한다.

1. 양 당사자가 조정안을 수락한 경우

2. 분쟁조정이 이루어시시 아니하고 조정절차가 종료된 경우

피보험자가 실종된 경우 실종선고 심판이 확정된 때부터 사망보험금 청구권의 소멸시효가 진행한다고 본 사례
(서울고등법원 2020. 4. 21. 선고 2018나2070333 판결)

[사건 개요]

F는 자신을 피보험자로 하여 2009. 8. 5. 피고 D와 사이에, 2009. 8. 26. 피고 E와 사이에, 피보험자가 보험기간 중에 급격하고도 우연한 외래의 사고로 신체에 상해를 입고, 그 직접결과로써 사고일로부터 2년 이내에 사망하였을 때 사망보험금을 지급하는 내용의 보험계약을 각 체결함.

F는 2010. 2. 25. 19:40경 중국 청도에서 출항하여 인천항으로 입항하는 한·중 여객선(16,485톤, 여객 정원 650명, 이하 '이 사건 선박')에 승객으로 승선하였는데, 그 이후 실종됨.

F의 처 원고 A는 2015. 4. 23. 수원지방법원 평택지원 2015느단301호로 망인에 대한 실종선고 심판을 청구하였고, 위 법원은 2016. 12. 15. '망인이 실종되어 2015. 2. 26. 실종기간이 만료되었으므로 실종을 선고한다.'는 내용의 심판을 하였다. (위 실종선고 심판은 2017. 1. 7. 확정됨.)

1심은 F가 2010. 2. 26. 위 여객선에서 추락하여 그 무렵 사망한 것으로 보아 F가 급격하고도 우연한 외래의 사고로 인해 입은 상해를 원인으로 사고일로부터 2년 이내에 사망한 경우에 해당한다고 판단하였고, 피고들이 항소함.

피고 D는 원고들이 위 여객선을 운영하는 회사 등을 상대로 제기한 손해배상 사건(서울고등법원 2013나28928 사건, 이하 '관련 사건')의 판결이 선고·확정된 2013. 11.경에는 원고들의 위 피고에 대한 보험금 청구권의 소멸시효가 진행되고, 그로부터 2년을 경과하여 소멸시효가 완성되었다고 주장함.

[법원의 판단]

이 사건의 경우 이 사건 보험계약에 따른 원고들의 피고에 대한 보험금 청구권은 F의 사망을 보험사고로 하는 것인데, F에 대한 실종선고 심판이 확정되기 전에는 보험사고가 발생한 것인지의 여부가 객관적으로 분명하였다고 할 수 없으므로, F의 사망에 대한 확인증명을 대신하는 실종선고 심판이 확정된 때 비로소 원고들의 피고에 대한 보험금 청구권의 소멸시효가 진행한다고 봄이 타당하다(대법원 1998. 3. 13. 선고 97다52622 판결 참조).

피고는 관련 사건의 판결 이유에 F가 이 사건 선박에서 추락한 날 무렵 사망한 것으로 사실인정되어 있다는 점, 피고가 보험금 청구를 위한 구비서류로 반드시 실종선고를 요구하고 있지 아니하다는 점 등을 내세운다. 그러나 관련 사건의 판결이 그 이유에서 사고 경위 등 여러 간접사실을 종합하여 F의 사망을 사실상 추인하였다는 사정만으로는 F의 사망이라는 보험사고의 발생 여부가 객관적으로 분명하게 되었다고 할 수 없고, 피고가 이 사건 보험계약의 약관에 보험금 청구를 위한 구비서류로 "사고증명서(사망진단서, 장해진단서, 입원치료확인서 등)"라고 기재하여 사고증명서의 종류를 한정적으로 열거하고 있지는 아니하다는 사정을 보태어 보더라도 마찬가지이다.

또한 피고는 원고들이 가족관계의 등록에 관한 규칙 제38조의3 등이 정한 인우증명서로 F의 사망 신고를 한 다음 보험금 청구권을 행사할 수 있었다고도 주장하나, 위 인우증명서는 진단서나 검안서를 첨부할 수 없는 때에 사망 사실을 증명할 만한 서면으로 제출되는 것으로서, F의 사망을 직접 목격한 사람이 존재하지 아니하는 이상 인우증명서에 의한 사망 신고가 가능하였다고 볼 수도 없다.

결국 원고들의 피고에 대한 보험금 청구권의 소멸시효는 F에 대한 실종선고 심판이 확정된

2017. 1. 7.부터 진행하고, 이 사건 소가 그로부터 2년이 경과하기 전인 2018. 1. 17. 제기되었음은 기록상 명백하므로, 피고의 위 주장은 이유 없다. (확정)

[설명]

대상사건(서울고등법원 2018나2070333 판결)과 같이 피보험자가 실종되었고, 사망하였다는 직접증거가 없는 경우 사망보험금 청구권의 소멸시효 기산점을 어떻게 보아야 할까. 이러한 경우 사망보험청구권의 소멸시효 기산점으로 고려될 수 있는 것은 제반 증거와 경험칙상 사망하였을 것으로 추정되는 시점(대상사건의 경우 피보험자가 선박에서 추락한 시점), 법원 판결 등에서 사망한 것으로 사실인정된 시점(대상사건의 경우 관련 사건 판결이 확정된 날), 실종선고 심판이 확정된 날 등이다. 이러한 문제는 상법 제662조가 소멸시효 기간을 두고 있을 뿐, 법령에서 보험금 청구권의 소멸시효 기산점에 관하여는 아무런 규정을 두고 있지 않는 데서 기인한다.

보험금 청구권의 소멸시효 기산점에 관하여, 대법원은 원칙적으로 보험사고 발생 시를 소멸시효 기산점으로 본다. 다만, 법률상 장해가 있는 경우와 보험금 청구권자가 보험사고 발생을 알기 어려운 경우에는 그 예외를 인정하고 있다. 예컨대, 대법원 1997. 11. 11. 선고 97다36521 판결은 「보험사고가 발생한 것인지의 여부가 객관적으로 분명하지 아니하여 보험금 청구권자가 과실 없이 보험사고의 발생을 알 수 없었던 사정이 있는 경우에는 보험사고의 발생을 알았거나 알 수 있었을 때부터 보험금 청구권의 소멸시효가 진행하지만, 그러한 특별한 사정이 없는 한 보험금 청구권의 소멸시효는 원칙적으로 보험사고가 발생한 때부터 진행하는 것이므로, 피해자가 스스로 자동차를 운전하다가 사망한 이 사건에서 보험회사가 피고에게 이 사건 사고는 면책 대상이어서 보험금을 지급할 수 없다는 내용의 잘못된 통보를 하였다고 하더라도 그와 같은 사유는 보험금의 직접청구권이나 자손사고를 이유로 한 보험금 청구권을 행사하는 데 있어서 법률상의 장해사유가 될 수 없고, 또 이로 인하여 피고가 보험사고가 발생하였다는 것을 알 수 없게 되었다고 볼 수도 없으므로, 원고의 피고에 대한 이 사건 보험계약상의 보험금 지급채무가 사고 발생 시로부터 2년의 기간이 경과함으로써 시효소멸하였다.」고 판단한 바 있다.

대법원이 법률상의 장해사유 외에도, 보험금 청구권자의 객관적 인식가능성 여부를 소멸시효 기산점의 판단기준으로 삼는 이유는 보험사고가 발생한 것인지의 여부가 객관적으로 분명하지 아니하여 보험금 청구권자가 과실 없이 보험사고의 발생을 알 수 없었던 경우에도 보험사고가 발생한 때로부터 보험금액청구권의 소멸시효가 진행한다고 해석하는 것은, 보험금 청구권자에게 너무 가혹하여 사회 정의와 형평의 이념에 반할 뿐만 아니라 소멸시효제도의 존재 이유에 부합된다고 볼 수도 없기 때문이다. 따라서 객관적으로 보아 보험사고가 발생한 사실을 확인할 수 없는 사정이 있는 경우에는, 보험금 청구권자가 보험사고의 발생을 알았거나 알 수 있었던 때로부터 보험금 청구권의 소멸시효가 진행한다(대법원 1993. 7. 13. 선고 92다39822 판결, 대법원 2015. 9. 24. 선고 2015다30398 판결, 대법원 2021. 2. 4. 선고 2017다281367 판결 등 참조).

　　위와 같이 보험금 청구권자의 객관적 인식가능성을 이유로 예외가 인정된 사례를 살펴보면, 대법원 1993. 7. 13. 선고 92다39822 판결은 「이 사건 장기운전자복지보험계약상의 보험사고는 1988. 3. 11.에 발생하였다고 볼 수밖에 없지만, 소외 2가 자동차를 운전하다가 교통사고를 일으킨 것으로 공소가 제기되어 1990. 7. 4. 제1심법원에서 무죄의 판결을 선고받을 때까지는, 망 소외 1이 자동차를 운전하다가 교통사고를 일으켜 사망하는 이 사건 보험사고가 발생한 사실이 객관적으로 확인되지 않고 있다가, 1990. 7. 4.에야 보험사고의 발생이 객관적으로 확인될 수 있게 되었고 보험금 청구권자인 원고들도 그때에야 보험사고의 발생을 알 수 있게 되었다고 보아야 할 것이므로, 원고들의 피고에 대한 보험금 청구권의 소멸시효는 그때부터 진행한다고 할 것인 바, 기록에 의하면 이 사건 소는 1990. 7. 4.부터 소멸시효기간인 2년이 경과하기 전인 1990. 11. 23.에 제기되었음을 알 수 있으므로, 이 사건 보험금 청구권에 대한 소멸시효가 완성되지 아니하였다고 할 것.」이라고 판단하였다.

　　대법원 2015. 9. 24. 선고 2015다30398 판결 역시 해군 함정 내에서 목을 매 사망한 채 발견된 망인에 대하여 군 수사기관은 단순 자살로 결론을 내렸으나, 군의문사 진상규명위원회가 재조사를 통해 2009. 10. 21. '망인은 군 복무 중 일상화된 구타 및 가혹 행위, 망인에게 집중된 선임부사관 소외인의 구타, 욕설 등 가혹 행위, 소외인과의 업무 관계로 인한 스트레스, 사망 직전 사고 장소에서 자행된 소외인의 구타·가혹 행위로 인해 육체적, 정신적 고통을 겪고 이를 견딜 수 없는 상태에서 사망에 이르렀다고 인정된다.'는 결정을 한 사례에서, 「당초 군 수사기관에 의해 망인의 사인은 단순 자살이라고 결론 내려졌으므로 망인이 구타·가혹 행위 등으로 인한 육체적, 정신적 고통을 견딜 수 없는 상태에서 사망에 이르렀다는 이 사건 결정이 있기까지는, 망인이 자유로운 의사결정을 할 수 없는 상태에서 사망에 이르게 되어 보험사고가 발생하였는지 여부가 객관적으로 분명하지 않았다가, 이 사건 결정이 있게 됨으로써 보험사고의 발생이 객관적으로 확인될 수 있게 되었고 원고들도 그때서야 보험사고의 발생을 알았거나 알 수 있게 되었다고 보아야 할 것이므로, 원고들의 피고들에 대한 보험금 청구권의 소멸시효는 이 사건 결정이 있은 2009. 10. 21.부터 진행한다.」고 판단하였다.

한편, 보험금 청구권자 입장에서 보험사고가 발생한 것인지 여부가 불분명한 측면은 있지만, 보험금 청구권자에게 과실이 없다고 보기 어려운 경우는 어떻게 보아야 할까? 이 경우는 보험사고가 발생한 때부터 소멸시효가 진행하게 된다. 예컨대, 대법원 2021. 2. 24. 선고 2017다281367 판결사례이다. 위 사례에서는 피보험자인 망인이 목을 매어 자살하였고, 경찰은 '우울증으로 인한 단순자살'로 내사종결 처리하였으나, 망인의 유족은 공무원연금공단을 상대로 망인의 자살이 공무상 생긴 우울증으로 인한 것임을 주장하면서 유족보상금 지급을 구하였다가 거부당하자 행정소송을 제기하여 승소 확정판결을 받았다. 위 사례에서, 대법원은 「망인이 사망하였을 당시에는 면책의 예외사유에 해당하는 보험사고가 발생하였는지 여부가 객관적으로 분명하지 아니하여 보험금 청구권자인 원고가 이를 알 수 있거나 그 소명자료를 갖추기 어렵다고 볼 사정들이 존재한다. 원고가 망인의 자살 당시 이 사건 보험계약의 존재와 구체적인 내용을 파악할 수 없거나 상당히 곤란하였을 여지도 있다. 그러나 원고가 망인이 공무상 생긴 우울증으로 인해 자살한 것이라고 주장하며 유족보상금의 지급을 신청하고 이어 행정소송도 제기하였던 이 사건에서 과실 없이 보험사고의 발생을 알 수 없었던 경우에 해당한다고까지 보기는 어렵다.」고 보아, 사망보험금 청구권의 소멸시효 기산점을 망인이 사망한 날로 판단하였다.

그동안의 대법원 판결례들을 종합하면, 소멸시효 기산점의 예외는 매우 엄격하게 인정되고 있음을 알 수 있다. 단순히 보험금 청구권자 개인이 보험금 청구권의 행사 가능성을 주관적으로 인식하지 못하였고, 이러한 사정에 동정하거나 이해할 여지가 있다는 점만으로는 소멸시효 기산점

에 대한 예외를 인정하기 어려운 것이다.[33]

위와 같은 판결례에 따를 때, 대상사건의 경우 소멸시효 기산점을 어떻게 보는 것이 타당할까. 대상사건의 경우 피보험자가 빠른 속도로 진행하고 있던 대형 선박에서 추락[34]하여 실종되었고, 제반 정황상 그 당시 사망하였을 개연성이 있다. 더군다나 관련 사건에서는 피보험자가 선박에서 추락한 날 무렵 사망한 것으로 사실인정까지 하였다. 이런 사정을 고려하면, 적어도 관련 사건 판결이 확정된 때부터 사망보험금 청구권의 소멸시효가 기산되어야 한다는 보험사의 주장에 일리가 없지는 않다.

이에 반해, 대상판결(서울고등법원 2018나2070333 판결)은 대법원 1998. 3. 13. 선고 97다 52622 판결을 원용하여, 실종선고 심판이 확정되기 전에는 보험사고가 발생한 것인지의 여부가 객관적으로 분명하였다고 할 수 없으므로, F의 사망에 대한 확인증명을 대신하는 실종선고 심판이 확정된 때 비로소 원고들의 피고에 대한 보험금 청구권의 소멸시효가 진행한다고 봄이 타당하다고 판단하였다. 대상사건의 경우 사고 경위를 놓고 볼 때, 이미 실종 사건 당시 피보험자가 사망하였을 개연성이 있고, 법원 판결을 통해 피보험자의 사망 사실이 확인되었다는 점에서, 보험금 청구권자가 과실 없이 보험사고의 발생을 알 수 없었던 사정이 인정될지 의문시되기는 한다. 앞서 살펴본, 대법원 2017다281367 판결 사안과 비교할 때 더욱 그러하다. 그러나 실종선고의 경우 실종기간(보통실종 5년, 특별실종 1년)이 만료한 때에야 사망한 것으로 간주되고(민법 제28조), 또한 부재자는 실종선고를 받지 않는 한 기간에 관계없이 실종선고의 효력이 생기기 전까지는 생존하였던 것으로 보게 되는 점(대법원 1977. 3. 22. 선고 77다81, 82 판결)[35], 보험약관상 보험금 청구 시 구비서류로 사망진단서 등 사고증명서가 필요한데, 보통실종의 경우 실종선고 심판 외에는 달리 사망진단서를 대체할 수 있는 문서를 찾기 어려운 점, 관련 사건에서 피보험자에 대하여 사망으로 추정하기는 하였지만, 피보험자의 사망을 직접적으로 확인할 수 있는 증거(시체의 발견이나, 사망을 목격한 사람의 증언 등)에 의한 것이 아닌 점 등을 감안하면, 대상판결과 같이

---

33) 권영준, 「보험청구권과 소멸시효」, 보험연구원(2017. 9.), 46페이지.

34) 1심 판결(서울중앙지방법원 2018. 11. 2. 선고 2018가합503373 판결)에 의하면, 망인의 사망을 목격한 사람은 없지만, 망인이 추락하는 것을 목격한 다른 승객은 있었다.

35) 윤의섭, 「실종선고와 그 취소의 효과」, 서경대학교 논문집(1997) 79페이지.

실종선고 심판이 확정된 시점을 소멸시효 기산점으로 삼는 것이 타당할 것으로 사료된다.

한편, 생명보험 표준약관(2022. 2. 16. 개정된 것)은 사망보험금 지급사유와 관련하여, '사망'에는 실종선고를 받은 경우를 포함하되, 법원에서 인정한 실종기간이 끝나는 때에 사망한 것으로 보고 있다(제4조 제1항 제1호). 이에 따라 생명보험사의 보험상품, 예컨대, 삼성생명 '삼성정기보험(2301)(무배당)'의 '재해사망특약ⅡN'약관은 재해를 직접적인 원인으로 실종선고를 받은 경우에는 법원에서 인정한 실종기간이 끝나는 때에 사망한 것으로 보아 재해사망보험금을 지급하는 것으로 정하고 있다. 피보험자가 실종된 경우 약관상 실종선고가 있어야 '사망'으로 인정됨을 명시하고 있으므로, 대상판결 사안과 같이 실종선고 전에도 사망보험금 청구권의 소멸시효가 기산되는지의 문제는 발생하지 않을 것으로 본다.

> 제2-3조(보험금 지급 관련 세부사항)
> ① 피보험자에게 보험기간 중 다음 어느 하나의 사유가 발생한 경우에는 사망한 것으로 보며, 재해를 직접적인 원인으로 다음의 사유가 발생하여 제2-2조(보험금의 지급사유)에 해당하는 경우에는 해당 보험금을 지급합니다.
>   1. 실종선고를 받은 경우:
>   법원에서 인정한 실종기간이 끝나는 때에 사망한 것으로 봅니다.
>   2. 관공서에서 수해, 화재나 그 밖의 재난을 조사하고 사망한 것으로 통보하는 경우:
>   가족관계등록부에 기재된 사망연월일을 기준으로 합니다.

삼성정기보험(2301(무배당) 재해사망특약ⅡN(무배당) 약관, 140페이지 中

피보험자가 가출 후 십여 년 만에 침수된 차량에서 사망한 상태로 발견되었고, 사망한 지 오래된 것으로 보이는 사례에서 보험금 청구권의 소멸시효 기산일

(서울서부지방법원 2016. 8. 18. 선고 2015나36734 판결)

[사건 개요]

망인은 2000. 10. 30. 피고와 사이에 피보험자를 망인, 보험기간을 2000. 10. 30.부터 2020. 10. 30.까지, 보험수익자를 원고(망인의 아들)로 하는 이 사건 보험계약을 체결하였고, 이 사건 보험계약은 피보험자가 보험기간 중 재해를 직접적인 원인으로 사망 시 유가족 생활자금으로 매월 50만 원씩 100회에 걸쳐 지급하도록 정하고 있음.

원고는 2003. 11. 10. 망인에 대한 가출신고를 하였는데, 2014. 6. 25. 춘천시 아리산길 인근 용산 저수지 내에서 망인의 차량이 침수된 것이 발견되었고, 그다음 날 위 차량 내에서 망인이 사망해 있는 것이 발견됨.

피고는 망인이 자살하였고, 그렇지 않더라도 이 사건 보험계약은 망인의 보험료 미납을 원인으로 2004. 2. 25.경 이 사건 보험계약을 해지하였으며, 원고 주장대로 망인이 2003. 10. 27.경 사망하였다고 하더라도, 그로부터 2년이 경과한 2005. 10. 27. 보험금 채권이 시효완성으로 소멸되었다고 주장함.

[법원의 판단]

객관적으로 보아 보험사고가 발생한 사실을 확인할 수 없는 사정이 있는 경우에는 보험금 청구권자가 보험사고의 발생을 알았거나 알 수 있었던 때부터 보험금 청구권의 소멸시효가 진행한다 (대법원 2008. 11. 13. 선고 2007다19624 판결 등 참조). 이러한 논리에 기하여 이 사건에 관하여 보건대, 원고가 이 사건 소 제기일인 2014. 12. 15.로부터 2년 이전에 망인이 사망하였음을 알고 있었다고 인정할 자료가 없고, 오히려 위 기초사실에서 본 바와 같이 2014. 6. 25. 망인의 시체가 발견된 사실에 비추어 원고는 그때서야 망인의 사망 사실을 알았다고 봄이 타당하고, 그로부터 2년 이내인 2014. 12. 15. 이 사건 소가 제기되어 소멸시효가 중단된 이상 피고의 소멸시효완성 주장 역시 이유 없다. (그 외 쟁점에 대하여는 생략)

[설명]

34번 사례(서울고등법원 2020. 4. 21. 선고 2018나2070333 판결)에서 살펴본 것처럼, 보험금 청구권의 소멸시효는 특별한 다른 사정이 없는 한 보험사고가 발생한 때부터 진행하는 것이 원칙이지만, 객관적으로 보아 보험사고가 발생한 사실을 확인할 수 없는 사정이 있는 경우에는 보험금 청구권자가 보험사고의 발생을 알았거나 알 수 있었던 때부터 보험금 청구권의 소멸시효가 진행한다(대법원 2008. 11. 13. 선고 2007다19624 판결, 대법원 2012. 9. 27. 선고 2010다101776 판결 등).

대상판결(서울서부지방법원 2015나36734 판결) 사안의 경우 법원은 망인이 2004년 이후에는 신용카드 사용 내역이 전혀 없는 점, 망인이 발견될 당시 사체의 상태와 자동차의 상태로 보아 상당히 오랜 기간 저수지에 침수되어 있던 점, 아들인 원고가 2003. 11. 10. 망인에 대한 가출신고를 하였던 점 등에 비추어 보면, 망인은 가출신고 당시인 2003. 11. 10. 무렵 사망하였다고 봄이 타당하다고 판단하였다. 사실상 10년이 넘는 장기간 실종 상태에서 사망한 채로 발견된 것으로 보인다. 그러나 2014. 6. 25.에서야 망인의 시체가 발견되어, 원고는 그때서야 망인의 사망 사실을 알았다고 봄이 타당하므로, 그 시점부터 소멸시효가 기산된다고 판단한 것이다.

이처럼, 피보험자가 실종되었다가 사망한 채로 발견된 경우에는 사망보험금의 소멸시효는 실종 시섬이 아니라, 그 사망 사실을 알 수 있었던 시점(즉, 시체가 발견되었음을 알게 된 시점)부터 기산된다고 보아야 할 것이다. 그리고 상해(또는 재해)사망보험금의 경우는 사망 사실뿐 아니라, 사망 원인이 상해(또는 재해)라는 사실까지 알 수 있었던 시점으로부터 소멸시효가 기산된다고 보아야 한다. 예컨대, 부산지방법원 동부지원 2019. 1. 22. 선고 2017가단221350, 2018가단208156 판결은 피보험자인 망인이 2014. 9. 24. 실종된 후 2014. 10. 12. 해상에서 변사체로 발견되었고, 2014. 10. 17. 유전자검사를 통해 위 변사체가 망인임이 확인되었으며, 수사기관은 2014. 12. 4. 위 변사사건에 관하여 '망인이 해수욕장 주변을 배회하던 중 신체 중심을 잃고 해상으로 추락·사망한 것으로 추정된다.'며 내사종결한 사건에서, 망인의 유족들은 적어도 수사기관의 내사종결 무렵에는 망인의 사망에 따른 보험사고의 발생사실을 알았다고 보아 내사종결일인 2014. 12. 4.을 상해사망보험금의 소멸시효 기산점으로 보았다.

다만, 대상사건의 경우처럼, 10년 이상 장기간 실종 상태였다가 사망한 채로 발견되었는데, 사망한 지 이미 상당히 오래된 것으로 추정되고, 그 사이 법원의 실종선고도 없었던 경우 사망보험금 청구권의 소멸시효와 관련하여 아래와 같은 의문점이 제기될 수 있다.

즉, 실종선고 등을 통해 법적으로 사망 처리가 가능했고, 경우에 따라서는 사망가능성을 염두에 두었을 것임에도, 실종선고조차 하지 않고, 장기간 방치한 경우 원고가 망인의 사망 사실을 알지 못한 데에 대하여 과실이 없다고 볼 수 있느냐는 점이다. 또한 10년 이상 장기 실종의 경우로서, 보험료조차 미납 상태로 10년 이상 경과한 경우임에도(즉, 보험료 미납으로 이미 계약관계가 종료된 것으로 볼 여지가 있음에도), 단지, 객관적으로 보아 피보험자의 사망을 알 수 없는 사정이 있다는 이유만으로, 보험금 청구권의 소멸시효가 완성되지 않았다고 보는 것은 소멸시효 제도의 취지(즉, 일정한 사실 상태가 오래 계속되면 그동안에 진정한 권리관계에 대한 증거가 없어지기 쉬우므로 계속되어 온 사실 상태를 진정한 권리관계로 인정함으로써 과거 사실의 증명의 곤란으로부터 채무자를 구제하고 분쟁의 적절한 해결을 도모하기 위한 것-헌법재판소 2004헌바54)에도 부합하지 않는 측면이 있고, 보험자에게는 불합리하다고 볼 여지도 있다. 대상판결은 보험금 청구권의 소멸시효 기산점과 관련한 판례 이론을 그대로 적용하였고, 위와 같은 문제에 대하여는 구체적인 검토를 하지 않았지만, 향후 피보험자가 장기 실종된 상태에서 사망한 채로 발견된 경우와 관련하여 보다 심도 깊은 논의가 필요하다.

위와 같은 점에 불구하고, 대상사건의 경우에 있어서는 필자 역시 대상판결의 판단이 타당하다고 생각한다. 대상사건의 경우 망인은 가출 당시 남편이 변사체로 발견된 사건과 관련하여, 수사기관의 조사를 받고 있었고, 심지어 체포영장까지 발부된 상태였다. 이런 사정을 고려할 때, 가족인 원고로서는 망인이 형사처벌을 피하기 위해 도주하여 잠적하는 바람에 연락을 두절한 것으로 생각할 수도 있었다. 따라서 망인이 사망한 채로 발견되기 전까지는 망인의 사망가능성을 객관적으로 인식하기는 어려웠을 것이고, 이와 관련하여 과실이 인정되지는 않을 것으로 판단되기 때문이다.

36

자살면책 예외사유의 존재까지 알 수 있었던 시점에 보험금 청구가 가능함을 알았다고 보아 그때부터 소멸시효가 기산된다고 본 사례
(서울남부지방법원 2019. 5. 10. 선고 2018가합107634 판결)

[사건 개요]

원고의 아들 C(이하 '망인')는 2013. 1. 1. 주식회사 D에 입사하여 아파트 하자 보수 등 업무를 담당하였음.

원고와 망인은 피고와 사이에 피보험자를 망인으로 하는 여러 건의 보험계약을 체결하였고, 그 보험계약상 망인이 사망하면 원고 또는 상속인들에게 일정 보험금을 지급하기로 하는 내용이 포함되어 있음(이하 '이 사건 각 보험').

망인은 2014. 6. 20. 아파트 옥상에 올라가 목을 매 자살하였고, 원고 등은 망인의 사망이 업무상의 재해에 해당한다고 주장하면서 근로복지공단에 유족급여와 장의비의 지급을 청구하였으나 근로복지공단이 이를 거부하자 그 거부처분의 취소를 구하는 소송(서울행정법원 2015구합82235)을 제기하였음.

서울행정법원은 2017. 6. 9. 망인이 극심한 업무상의 스트레스와 정신적 고통으로 인하여 우울증이 악화되어 정상적인 인식능력이나 행위 선택 능력, 정신적 억제력이 현저히 악화되어 합리적인 판단을 기대할 수 없는 정도의 상황에 처하여 자살에 이르게 된 것으로 판단하여 원고 승소 판결을 선고하였고, 위 판결은 그 무렵 확정됨.

이후 원고는 피고에게 사망보험금과 재해사망보험금을 청구함.

[법원의 판단]

위 확정판결에서 인정한 사실관계와 같이 망인이 심신상실 등 자유로운 의사결정을 할 수 없는 상태에서 자살하여 이 사건 각 보험계약상의 면책 제외사유에 해당된다고 봄이 타당하다. 따라서 피고는 보험수익자 내지 보험금 청구권 양수인인 원고에게 위 각 보험계약이 정한 사망보험금을 지급할 의무가 있다. (위 면책 제외사유에 해당한다고 판단한 근거가 된 구체적 사정은 생략)

이 사건에서 망인이 2014. 6. 20. 사망함으로써 보험금 청구권자인 원고 등은 바로 그 사망 사실을 알았다고 볼 것이지만, 앞서 본 것처럼 원고 등이 보험금 청구를 하기 위해서는 망인이 정신질환이나, 심신상실 등으로 자유로운 의사결정을 할 수 없는 상태에서 자신을 해치는 등 보험자 면책 제외 사유가 있음을 증명하여야 했는바, 이는 단순한 사실 존부에 그치는 것이 아니라 법관의 규범적 평가와 판단이 필요한 영역인 점에 비추어 원고 등은 서울행정법원에서 원고 승소 판결을 받았을 무렵인 2017. 6. 9.경에야 보험금 청구가 가능하다는 점을 알았다고 봄이 타당하다. 원고 등의 보험금 청구권은 그때부터 소멸시효가 진행한다.

[설명]

보험금 청구권의 소멸시효는 보험사고가 발생한 때로부터 진행하는 것이 원칙이나, 보험사고가 발생한 것인지 여부가 객관적으로 분명하지 아니하여 보험금 청구권자가 과실 없이 보험사고의 발생을 알 수 없었던 경우에는 보험금 청구권자가 보험사고의 발생을 알았거나 알 수 있었던 때부터 보험금 청구권의 소멸시효가 진행된다(대법원 2012. 9. 27. 선고 2010다101776 판결 등). 그런데, 보험사고의 발생 여부 자체가 아닌, 보험금 지급 면책사유의 예외에 해당하는 사정, 예컨대, 심신상실 등으로 자유로운 의사결정을 할 수 없는 상태에서 자신을 해쳤다고 볼 수 있는지 (즉, 자살면책 예외 사유) 여부가 객관적으로 분명하지 않았던 경우도 위와 마찬가지로 해석될 수 있을까? 나아가 이러한 경우 보험금 청구권자가 자살면책의 예외 사유에 해당하는 사실을 알았거나 알 수 있었던 시점은 어떻게 판단해야 할까?

대상판결(서울남부지방법원 2018가합107634 판결)은 우선 자살면책의 예외 사유와 관련하여 서도, 객관적 인식가능성 여부를 따져 소멸시효 기산점을 판단하는 판례 법리를 적용하였다. 나아가 자살면책의 예외 사유인 자유로운 의사결정을 할 수 없는 상태였는지 여부는 단순한 사실 존부에 그치는 것이 아니라 법관의 규범적 평가와 판단이 필요한 영역인 점에 비추어 원고 등이 서울행정법원에서 원고 승소 판결을 받았을 무렵에야 보험금 청구가 가능하다는 점을 알았다고 봄이 타당하므로, 보험금 청구권은 그때부터 소멸시효가 진행한다고 판단하였다.

대상판결 외에도, ① 의정부지방법원 2020. 5. 12. 선고 2019가단114607 판결 역시 「당초 이 사건 사고는 단순 자살로 결론지어져 망인이 군인사법상 '일반사망자'로 결정되었다가, 원고가 망인의 사망 경위에 대한 재조사를 요구하여, 국방부 조사본부가 재조사한 결과 망인에 대한 선임병들의 부당행위 및 지휘 감독 소홀 등의 사실이 발견되었고, 이에 국방부 중앙전공사상 심사위원회가 2018. 3. 9. 망인에 대해 '군인사법 시행령 제60조의23 제1항 제2호의 순직Ⅲ형(2-3-9)'에 해당한다는 이 사건 결정을 한 점 등 이 사건과 관련된 일련의 과정들에 비추어 볼 때, 원고는 이 사건 결정일인 2018. 3. 9.이 되어서야 망인의 사망이 단순 자살이 아닌 순직으로서 보험사고의 발생을 알았거나 알 수 있게 되었다고 봄이 타당하다. 이 사건 소는 2018. 3. 9.로부터 2년이 경과하기 전인 2019. 3. 6. 제기되었으므로, 피고들의 시효소멸 항변은 이유 없다.」고 판단한 바 있다.

② 서울중앙지방법원 2019. 1. 11. 선고 2018나19049 판결(피보험자인 망인이 인사장교로 근무하던 중 자신의 승용차 안에서 번개탄을 피워 일산화탄소 중독으로 사망한 사례)은 망인이 폐쇄적이고 위계질서가 엄격한 군대에서 복무하던 중 과도한 업무량, 지속적인 폭언과 모욕 행위 등에 기한 심한 스트레스로 심각한 어려움을 겪다가, 업무량이 추가로 증가하고 복무 연장 결정까지 발표되자 같은 패턴이 반복되리라는 무력감과 절망감을 이기지 못하고 판단력과 자제력이 극히 저하된 상태에서 자유로운 의사결정에 의하지 아니하고 사망에 이르게 되었다고 판단하였다. 사망보험금 청구권의 소멸시효 기산점에 대하여는 당초 군 수사기관은 망인이 심한 심적인 스트레스로 인해 삶을 비관하여 자신의 승용차 안에 번개탄을 피워 일산화탄소 중독으로 사망한 것으

로 판단된다는 내용의 변사사건 조사결과보고서를 작성하였으므로, 망인이 구타·가혹 행위 등으로 인한 육체적, 정신적 고통을 견딜 수 없는 상태에서 사망에 이르렀다는 관련 소송의 판결이 있기까지는 망인이 자유로운 의사결정을 할 수 없는 상태에서 사망에 이르게 되어 보험사고가 발생하였는지 여부가 객관적으로 분명하지 않았다가, 위 관련 소송의 판결에 의하여 망인의 자살에 관한 사실관계와 원인이 구체적으로 밝혀지게 됨으로써 보험사고의 발생이 객관적으로 확인될 수 있게 되었다고 봄이 타당하고, 따라서 보험금 청구권의 소멸시효는 늦어도 관련 소송의 2심 판결이 선고되어 그 판결이 원고들에게 송달된 때부터 진행한다고 판단하였다. (다만, 위 사건에서는 원고들이 관련 소송의 판결을 송달받은 날로부터 기산할 경우 소멸시효가 완성된 후에야 소송이 제기되었음을 이유로 보험금 청구를 기각함).

이에 반하여, ③ 대법원 2021. 1. 14. 선고 2018다209713 판결은 피보험자인 망인이 극심한 공무상의 스트레스 등으로 발병한 중증의 우울장애로 인하여 정신적 억제력이 현저히 저하된 상태에서 자살한 사례에서, 원심이 원고가 보험사고의 발생을 알았거나 알 수 있었을 때, 즉 원고가 공무원연금공단을 상대로 유족보상금 지급거부처분의 취소를 구한 행정소송의 상고심 판결이 선고된 시점부터 소멸시효가 진행된다고 본 것이 위법하다고 판결하였다. 위 2018다209713 판결은 망인이 사망한 날로부터 사망보험금 청구권의 소멸시효가 진행하고, 객관적으로 보아 보험사고가 발생한 사실을 확인할 수 없는 사정이 있었다고 볼 수 없다고 판단하였다. 원고가 망인의 배우자로서 망인이 자살하기 전에 심한 불면증과 우울증을 앓고 있다는 사실을 알고 있었고, 망인이 사망할 당시 남긴 유서를 통하여 망인이 업무 스트레스로 인하여 자살하였다는 등의 사망 경위를 파악하였으므로, 그 당시 망인이 정신질환 등으로 인하여 자유로운 의사결정을 할 수 없는 상태에서 사망하였을 가능성을 인지할 수 있었던 점, 원고가 망인이 자유로운 의사결정에 따라 사망한 것이 아니라 공무상 스트레스 등으로 인한 우울증으로 사망하였음을 이유로 공무원연금공단에 유족보상금을 신청하고, 거부되자 그 거부처분 취소소송을 제기하기도 한 점 등에 비추어 객관적으로 보아 보험사고가 발생한 사실을 위 행정소송의 승소 판결이 확정될 때까지는 확인할 수 없었던 사정이 있는 경우에 해당한다고 볼 수 없다는 것이 그 이유다. 위 판결과 관련하여, 최병규 교수는 "독일 법제는 주관적 요소를 따지지만 청구권 근거 사정 및 채무자에 대한 주관적 인식 여부는 아주 구체적으로 아는 것까지는 요구하지 않고 자신이 아는 사정을 토대로 승소의 가능성이 인정되는 소송을 제기할 수 있는 정도이면 충분하다고 보고 있고, 이러한 비교법적 입장을 대비하여 보면 위 판결이 취하고 있는 태도는 정당하다."고 평가하고 있다. [36]

④ 서울남부지방법원 2019. 10. 15. 선고 2018가단208011 판결(피보험자인 망인이 군 복무 중 목을 매 사망한 상태로 발견되었고, 망인에 대한 보훈보상대상자 요건 비해당결정처분 취소를 구하는 행정소송에서 서울행정법원이 위 비해당결정처분을 취소하는 판결을 선고하여 그대로 확정된 사례) 역시 망인이 극도의 두려움과 불안감에 빠져 주취 상태에서 정상적인 인식능력이나 행위 선택 능력, 정신적 억제력이 현저히 저하되어 합리적인 판단을 기대할 수 없을 정도의 상황에 처하여 자살에 이르게 된 것으로 보아 자살면책의 예외 사유에 해당한다고 보면서도, 망인이 사망한 날(2005. 4. 28.)로부터 2년이 경과한 후인 2017. 9. 27. 보험금 청구 소송을 제기하여 보험금 청구권의 소멸시효가 완성되었다고 판단하였다. 망인의 자살과 관련하여 자살 직후 헌병대에서 부대원들에 대한 조사를 실시하여 진술서를 받았고, 조사본부의 재조사 결과를 토대로 원고 등이 국가배상 소송을 제기하여 2009. 1. 일부 승소 판결까지 받은 사실, 2012. 3. 14. 조사본부의 재조사 결과를 토대로 보강조사를 통해 순직 처리를 요구한 사실 등에 비추어 볼 때, 원고가 위 행정소송의 판결을 받을 때까지 권리행사에 장애가 있었다고 볼 수 없고, 정확한 사망 원인을 알 수 없었다고 보기도 어렵다고 본 것이다.

위에서 살펴본 바와 같이 피보험자가 자살하였으나 자살에 이르게 된 원인을 구체적으로 알 수 없는 사정이 있었던 경우 사망보험금 청구권의 소멸시효는 자살면책의 예외 사유를 객관적으로 인식할 수 있었던 시점부터 진행하는 것으로 볼 수 있다. 문제는 대상판결이 언급한 것처럼, 자살면책의 예외 사유인 자유로운 의사결정을 할 수 없는 상태였는지 여부는 단순한 사실 존부에 그치는 것이 아니라 법관의 규범적 평가와 판단이 필요한 영역이라는 점이다. 이런 이유로 대상판결과 같이 피보험자가 자유로운 의사결정을 할 수 없는 상태에서 자살하였다는 관련 사건 판결이나 공신력 있는 국가기관의 조사 결과 등이 있기 전까지는 보험금 청구권자가 자살면책의 예외 사유를 객관적으로 인식할 수 없었다고 볼 것인가. 아니면, 2018다209713 판결과 같이 자유로운

---

36) 최병규, 「재해사망보험금 지급청구권과 소멸시효의 기산점」, 경영법률 31권 4호(한국경영법률학회, 2021), 251페이지.

의사결정을 할 수 없는 상태에서 사망하였을 가능성을 인지할 수 있었던 경우에는 위와 같은 관련 사건 판결 등이 있기 전이라도, 소멸시효가 진행한다고 볼 것인가.

이와 같은 문제와 관련하여, 대법원 2021. 2. 4. 선고 2017다281367 판결에 주목할 필요가 있다. 위 판결은 「망인이 사망하였을 당시에는 면책의 예외사유에 해당하는 보험사고가 발생하였는지 여부가 객관적으로 분명하지 아니하여 보험금 청구권자인 원고가 이를 알 수 있거나 그 소명자료를 갖추기 어렵다고 볼 사정들이 존재한다. 원고가 망인의 자살 당시 이 사건 보험계약의 존재와 구체적인 내용을 파악할 수 없거나 상당히 곤란하였을 여지도 있다. 그러나 원고가 망인이 공무상 생긴 우울증으로 인해 자살한 것이라고 주장하며 유족보상금의 지급을 신청하고 이어 행정소송도 제기하였던 이 사건에서 과실 없이 보험사고의 발생을 알 수 없었던 경우에 해당한다고까지 보기는 어렵다.」고 판단한 바 있다. 이는 사실상 2018다209713 판결과 같은 결론에 도달하게 된다. 위 각 대법원 판결례들에 따를 때, 관련 사건 판결 등이 있기 전이라도, 보험금 청구권자가 자살면책의 예외 사유에 해당할 만한 사정들에 대하여 인지할 수 있었던 시점부터 사망보험금 청구권의 소멸시효가 진행된다고 판단될 가능성이 높다. 이러한 경우 관련 사건에서의 판결 등을 기다려 사망보험금을 청구하다가는 자칫 보험금 청구권이 시효완성으로 소멸될 수도 있음을 유의하여야 한다.

37

사망보험금 청구에 대하여 보험사가 조사 등을 이유로 보험금 지급의 유예를 구한 경우 소멸시효의 중단 및 기산점
(서울중앙지방법원 2019. 4. 4. 선고 2017가단5114316 판결)

[사건 개요]

망인은 2014. 1. 17. 자신을 피보험자로 하여 피고와 사이에 이 사건 보험계약을 체결함.

망인은 2014. 12. 11. 17:00경 주거지의 옥상에서 추락하여 노상에 쓰러져 있는 상태로 발견되어 구급차로 병원 응급실로 후송되어 치료를 받던 중 같은 날 17:26경 사망함(이하 '이 사건 사고').

부검 결과 망인의 사인은 추락의 상황에서 발생할 수 있는 손상의 형태인 다발성 실질장기 손상으로 판단된다고 나왔고, 경찰은 망인이 자신의 처지를 비관하여 주거지 옥상에서 뛰어내려 다발성 실질장기 손상으로 사망한 것으로 결론을 내리고 내사를 종결함.

망인의 모친으로 유일한 상속인인 원고는 2016. 11. 15. 피고에게 사망보험금 청구를 하였으나, 피고는 2017. 1. 10.경 보험금 지급 거절 통지를 하였고, 원고는 2017. 6. 9. 피고를 상대로 보험금 청구 소송을 제기함.

[법원의 판단]

망인은 극심한 우울증으로 인한 자살 충동으로 자유로운 의사결정을 할 수 없는 상태에서 자살

에 이르게 되었다고 판단된다. (자살면책의 예외를 인정한 부분의 상세한 이유는 생략)

소멸시효제도 특히 시효중단제도는 그 제도의 취지에 비추어 볼 때 이에 관한 기산점이나 만료점은 원권리자를 위하여 너그럽게 해석하는 것이 상당하므로, 민법 제174조에 정한 시효중단 사유로서의 최고에 있어, 채무이행을 최고받은 채무자가 그 이행의무의 존부 등에 대하여 조사를 해 볼 필요가 있다는 이유로 채권자에 대하여 그 이행의 유예를 구한 경우에는 채권자가 그 회답을 받을 때까지는 최고의 효력이 계속된다고 보아야 하고, 따라서 같은 조에 규정된 6월의 기간은 채권자가 채무자로부터 회답을 받은 때로부터 기산되는 것이라고 해석하여야 한다(대법원 2006. 6. 16. 선고 2005다25632 판결, 대법원 2012. 3. 15. 선고 2010다53198 판결 등 참조).

원고는 2016. 11. 15. 피고에게 이 사건 사고의 발생을 이유로 보험금의 지급을 청구한 사실, 피고는 2016. 12. 19. 역학조사를 통한 자문이 진행될 예정이고 이는 2~3주 소요될 것이라고 안내한 사실, 2017. 1. 9. 면담을 통하여 역학조사의 결과를 설명한 사실, 2017. 1. 10. 원고에게 최종적으로 보험금 지급 거절의 의사표시를 한 사실을 인정할 수 있다.

위 인정사실에 의하면, 원고가 2016. 11. 15.에 한 보험금 지급 청구는 소멸시효 중단 사유인 최고에 해당하고, 피고가 2017. 1. 10. 원고에게 최종적인 지급 거절 통보를 하기 전까지 법률 자문이 진행될 것이라고 안내를 한 일련의 행위는 원고에게 보험금 지급의무의 존부 등에 대한 조사를 이유로 그 이행의 유예를 구한 것으로 볼 수 있다. 따라서 2016. 11. 15.자 보험금 지급 청구에 따른 최고의 효력은 피고가 원고에게 보험금 지급 거절의 의사표시를 한 2017. 1. 10.경까지 계속되는 것이어서 민법 제174조에서 정한 6월의 기산도 2017. 1. 10.경부터 기산되어야 하고, 이 사건 소가 그로부터 6개월이 경과하지 아니한 2017. 6. 9. 제기됨으로써 원고의 피고에 대한 보험금 지급청구권의 소멸시효는 2016. 11. 15. 중단되었다고 봄이 타당하다. 따라서 시효의 중단을 지적하는 원고의 재항변이 이유 있으므로, 피고의 소멸시효 항변은 이유 없다.

[설명]

　보험금 청구권의 소멸시효기간을 3년으로 정한 개정(2014. 3. 11. 법률 제12397호로 개정) 상법 제662조는 공포 후 1년이 경과한 날부터 시행되고, 위 개정 상법 시행 전에 체결된 보험계약의 경우도 그 보험사고가 그 시행 이후에 발생한 경우에는 위 개정 상법상 3년의 소멸시효 기간이 적용된다. 그러나 대상사건(서울중앙지방법원 2017가단5114316 판결)의 경우 위 개정 상법 시행 전인 2014. 12. 11.에 망인의 사망사고가 발생하였기 때문에, 보험금 청구권의 소멸시효를 2년으로 정한 구 상법 제662조에 따른 2년의 소멸시효가 적용된다. 그리고 대상사건의 경우 사망사고가 발생한 날로부터 2년이 경과한 후인 2017. 6. 9.에 보험금 청구 소송이 제기되었기 때문에, 사망보험금 청구권의 소멸시효가 완성되었는지가 문제 된다.

　원고는 사망사고 발생일로부터 2년이 경과하기 전인 2016. 11. 15. 사망보험금 청구를 하였고, 이는 민법상 소멸시효 중단의 효력이 인정되는 '최고'에 해당한다. 문제는 민법 제174조가 최고는 6개월 내에 재판상의 청구 등을 하지 아니하면 시효중단의 효력이 없다고 규정하고 있는데, 이때의 최고는 시효기간의 만료가 가까워져 재판상 청구 등 강력한 다른 중단 방법을 취하려고 할 때 그 예비적 수단으로서의 실익이 있을 뿐이므로, 시효중단의 효력은 재판상 청구 등을 한 시점을 기준으로 하여 이로부터 소급하여 6개월 이내에 한 최고 시에 발생한다는 점이다(대법원 1987. 12. 22. 선고 87다카2337 판결 참조). 즉, 재판상 청구를 한 시점을 기준으로 6개월 이내에 한 최고가 소멸시효 완성 전에 있어야 하는데, 대상사건의 경우 최고(보험금 청구)는 2016. 11. 15.에 있었고, 그로부터 6개월이 지난 2017. 6. 9.에야 보험금 청구 소송이 제기되었다. 이러한 경우 보험금 청구일로부터 6개월을 기산할 경우 최고의 시효중단 효력이 인정되지 않으므로, 소멸시효 완성 후에야 소송이 제기된 것으로 보게 된다. 그런데, 일반적으로 보험회사에 보험금 지급 청구를 한 뒤 그 결과를 기다리는 중에 보험회사를 상대로 소를 제기하거나 압류, 가압류 또는 가처분을 행하기를 기대하는 것은 어렵고, 민법 제174조를 기계적으로 적용하면 선의의 피해자들이 양산될 수 있다. 이에 대법원은 이른바 '계속적 최고'라는 법리를 창안해 내었다.[37] 즉, 민법 제174조 소정의 시효중단사유로서의 최고에 있어서 채무이행을 최고받은 채무자가 그 이행의무의 존부

---

37) 권영준, 「보험금 청구권과 소멸시효」, 보험연구원(2017. 9.), 52페이지.

등에 대하여 조사를 해 볼 필요가 있다는 이유로 채권자에 대하여 그 이행의 유예를 구한 경우에는 채권자가 그 회답을 받을 때까지는 최고의 효력이 계속된다는 것이다.

그렇다면, 어떠한 경우에 보험회사측이 보험금 지급의무 이행의 유예를 구한 것으로 볼 수 있을까? 이행 유예의 의사표시를 하였는지 여부는 명시적으로 표시하는 경우뿐 아니라, 묵시적으로도 할 수 있다. 대상판결의 경우도 피고가 명시적으로 표시한 경우는 아니지만, 2017. 1. 10. 원고에게 최종적인 지급 거절 통보를 하기 전까지 법률 자문이 진행될 것이라고 안내를 한 일련의 행위가 원고에게 보험금 지급의무의 존부 등에 대한 조사를 이유로 그 이행의 유예를 구한 것으로 보았다. 이와 관련한 판결례를 살펴보면,

① 대법원 2010. 5. 27. 선고 2010다9467 판결(배상책임보험에 가입한 원고가 의료사고 발생 후 피고에게 보험사고 사고 접수를 한 후 피고에게 보험금 청구에 요구되는 각종 서류를 제출하고 피고는 이에 대하여 추가 구비서류의 제출을 요구한 사례)은 「민법 제174조 소정의 시효중단 사유로서의 최고에 있어서 채무이행을 최고받은 채무자가 그 이행의무의 존부 등에 대하여 조사를 해 볼 필요가 있다는 이유로 채권자에 대하여 그 이행의 유예를 구한 경우에는 채권자가 그 회답을 받을 때까지는 최고의 효력이 계속된다고 보아야 하고, 따라서 같은 조에 규정된 6개월의 기간은 채권자가 채무자로부터 회답을 받은 때로부터 기산되는 것이라고 해석하여야 할 것이다.」는 전제하에, 피고가 보험금 지급에 필요한 추가 구비서류의 제출을 요구한 것은 그 지급의무의 존부 등에 대하여 조사를 하여 볼 필요가 있다는 이유로 원고에 대하여 그 지급의 유예를 구한 것에 해당한다고 판단하였다.

② 이에 반해, 대법원 2022. 1. 27. 선고 2021다271947 판결(피보험자가 2013. 3. 2. 상ㆍ하의를 탈의한 채로 사망한 상태에서 발견되었는데, 피고가 2013. 3. 11. 원고에게 사망보험금 청구를 하자, 원고는 2013. 3. 13. 저체온증과 사망 사이에 인과관계가 인정되지 않은 사례를 들면서 질병사망보험금만 지급하였고, 피고는 2019. 5. 15. 일반상해사망보험금 청구를 한 사례)은 채무이행을 최고받은 채무자가 채권자에 대하여 그 이행의 유예를 구한 경우가 아니라면 특별한 사정이 없는 한 위 6개월의 기간은 최고가 있은 때로부터 기산되는 것이라고 보아야 하고, 이때 채무자가

채권자에 대하여 그 이행의 유예를 구하였는지에 관한 증명책임은 시효중단의 효력을 주장하는 채권자에게 있는데(대법원 2014. 12. 24. 선고 2012다35620 판결 참조), 피고가 원고에게 사망보험금 청구를 한 것에 대하여 원고가 질병사망보험금만을 지급한 것은 일반상해사망보험금에 관한 지급 거절의 의사를 밝힌 것으로 평가할 수 있고, 원고가 그 이행의 유예를 구하였다고 볼 사정이 없다고 판단하였다.

한편, 보험금 청구에 대하여 보험회사 측이 관련 사건의 결과를 지켜보기로 하였던 경우는 명시적으로 보험금 지급의무 이행을 유예한 것으로 볼 수 있거나, 경우에 따라 채무승인을 한 것으로도 볼 수 있다.

예컨대, ③ 부산지방법원 2006. 9. 28. 선고 2005가합22902 판결은 「원고 1은 갑의 사망 직후인 2003. 7.경부터 피고의 보상팀을 찾아가 보상팀장과 사이에 원고들의 보험금 수령 문제에 관하여 수차례에 걸쳐 논의하였고, 당시 보상팀장은 이 사건 보험사고의 발생 및 보험금 지급의무는 인정하였으나, 피해자인 갑의 과실 비율이 확정되지 않아 그 구체적인 액수를 정할 수 없다고 하면서 원고들이 가해자 측을 상대로 한 손해배상청구소송의 판결이 확정될 때까지 원고들에게 기다려 달라고 하여 보험금 지급 절차가 미뤄지고 있었고, 위 소송의 항소심 판결이 선고되고 2005. 8. 25.경 확정되어 원고 1이 이러한 사실을 피고 보상팀에 알리자, 보상팀장은 2005. 9. 28.경 위 확정판결 내용을 참작하여 자신들의 방식에 따라 원고들이 지급받을 수 있는 보험금 내역을 산출하여 이를 통지한 사실을 인정할 수 있는 바, 위 인정사실에 의하면, 피고는 이 사건 보험사고 이후 그 소멸시효가 완성되기 전에 그 담당자를 통하여 이 사건 보험금채무를 승인하였다고 봄이 상당하고, 이로써 위 소멸시효는 중단되었다.」고 판단하였다. 위 사례의 경우 채무이행의 유예를 구한 경우로 볼 수도 있고, 보험금채무를 승인한 것으로 볼 수도 있다고 사료된다.

참고로 금융분쟁조정위원회에 조정신청을 한 경우도 민법상 소멸시효 중단 사유에는 해당하지 않지만, 보험금 청구권의 소멸시효가 중단된다.

④ 의정부지방법원 2020. 10. 6. 선고 2019가단134861 판결은 「금융위원회의 설치 등에 관한

법률 제53조의2 제1항은 '분쟁조정의 신청은 시효중단의 효력이 있다.'고 규정하고 있고, 같은 조 제3항은 '제1항에 따른 시효중단의 효력은 분쟁조정이 이루어지지 아니하고 조정절차가 종료된 때부터 새로이 진행된다.'고 정하고 있으며, 부칙 제2조는 '이 법 시행(2018. 4. 17.) 당시 이미 신청된 분쟁조정으로 종전의 규정에 따른 소멸시효가 완성되지 아니한 분쟁조정에 대해서는 이 법의 개정규정을 적용한다.'고 정하고 있으므로, 이 사건 보험계약에 따른 보험금채권에 대하여 소멸시효가 완성되기 전에 원고들이 금융분쟁조정위원회에 조정을 신청함으로써 소멸시효는 중단되었다고 할 것이고, 금융분쟁조정위원회가 2018. 8. 23. 조정이 불가하다는 취지의 결정을 함으로써 위 채권의 소멸시효는 이때부터 새로이 진행된다.」고 판단한 바 있다. 위 의정부지방법원 2019가단134861 판결에서 언급한 금융위원회의 설치 등에 관한 법률 제53조의2는 금융소비자보호법 제36조, 제40조(시효의 중단)가 신설됨에 따라 삭제되었다.

* 금융소비자법

제40조(시효의 중단) ① 제36조 제1항에 따른 분쟁조정의 신청은 시효중단의 효력이 있다. 다만, 같은 조 제2항 단서에 따라 합의권고를 하지 아니하거나 조정위원회에 회부하지 아니할 때에는 그러하지 아니하다.

② 제1항 단서의 경우에 1개월 이내에 재판상의 청구, 파산절차참가, 압류 또는 가압류, 가처분을 한 때에는 시효는 최초의 분쟁조정의 신청으로 인하여 중단된 것으로 본다.

③ 제1항 본문에 따라 중단된 시효는 다음 각 호의 어느 하나에 해당하는 때부터 새로이 진행한다.

1. 양 당사자가 조정안을 수락한 경우

2. 분쟁조정이 이루어지지 아니하고 조정절차가 종료된 경우

38

의료과실로 인한 사망사고의 경우 재해사망보험금 청구권의 소멸시효 기산점
(대법원 2013. 9. 26. 선고 2013다34693 판결)

[사건 개요]

망인은 피고와 사이에 피보험자를 자신으로 하여, 2004. 8. 31. 무배당 메디컬종신의료보험을, 2005. 3. 31. 무배당 메디케어CI보험(종신형)을, 2005. 10. 31. 무배당 웰빙유니버셜연금보험(이하 위 각 보험계약을 '이 사건 보험계약')을 체결하였는데, 이 사건 보험계약 약관에는 피보험자의 재해로 인한 사망 시 재해사망특약 보험금을 지급하게 되어 있음.

이 사건 보험계약 별표 '재해분류표'는 '재해'를 우발적인 외래의 사고(다만, 질병 또는 체질적 요인이 있는 자로서 경미한 외부요인에 의하여 발병하거나 또는 그 증상이 더욱 악화되었을 때에는 그 경미한 외부요인은 우발적인 외래의 사고로 보지 아니함)로 정의하고, 이에는 '치료 시 부작용을 일으키는 약물', '약제 및 생물학 물질, 외과적 및 내과적 치료 중 환자의 재난', '처치 당시에는 재난의 언급이 없었으나 환자에게 이상 반응이나 후에 합병증을 일으키게 한 외과적 및 내과적 처치' 등을 포함시키되, '외과적 및 내과적 치료 중 환자의 재난' 중 진료기관의 고의 또는 과실이 없는 사고는 제외하고 있음.

망인은 2008. 5. 13. 감기 유사 증상으로 C 내과의원에서 감기약 처방을 받아 복용하였는데 증세의 호전이 없자 같은 달 16. D 내과의원에서 감기약 처방을 받아 복용함.

망인은 증상이 더욱 악화되자 2008. 5. 17. 이화여자대학교 목동병원으로 갔고, 다음 날 A형 간염 및 그로 인한 전격성 간염 진단을 받고 간 이식 수술을 위해 국립암센터로 전원함.

망인은 2008. 5. 18. 국립암센터에서 간 이식 수술을 받고, 회복 중 복통 및 출혈을 일으켜 2008. 6. 6. 혈관조영술을 통한 색전술을, 같은 달 8. 응급으로 췌장 주변의 농양 및 혈종제거수술을 받았는데, 간 이식 수술을 받은 후 2008. 6. 12. 간부전, 패혈증, 전신 장기부전증으로 사망함.

망인의 상속인(망인의 父)인 원고는 피고에게 재해사망특약에 기한 재해사망보험금을 청구함. 피고는 원고의 보험금 청구권은 보험사고 발생일로부터 2년이 경과하여 시효로 소멸하였고, 가사 그렇지 않다 하더라도 망인의 사망이 이 사건 보험약관상의 재해에 해당하지 않는다고 다툼.

[법원의 판단]

대법원은 아래와 같이 판단한 원심(서울고등법원 2013. 4. 18. 선고 2011나48836 판결)의 판단이 정당하다고 판단함.

망인이 의료기관의 과실 때문에 사망하여 보험금 청구권이 발생하였다면, 특별한 사정이 없는 한 망인이 사망한 2008. 6. 12. 보험사고가 발생하였다고 봄이 상당하고, 이 사건 소가 보험사고 발생일로부터 2년이 경과한 후인 2010. 12. 8.에 제기되었음은 기록상 명백하므로, 원고 주장의 보험금 청구권은 시효로 소멸하였다.

의사를 업무상과실치상 혐의로 고소하였으나 무혐의 불기소처분을 받았다는 사정이나 원고가 의료기관을 상대로 손해배상소송을 제기하여 현재까지 재판 진행 중이라는 사정만으로는 이 사건 보험사고가 발생한 것인지 여부가 분명하지 아니하여 보험금 청구권자가 과실 없이 보험사고의 발생을 알 수 없었던 경우에 해당한다고 보기는 어렵고, 오히려 망인의 사망 당시 비록 원고가 의료과실의 존부 및 사망과의 인과관계 등에 관하여 구체적인 인식은 없었다고 하더라도 의료기관의 과실 및 그로 인하여 망인이 사망하였을 가능성을 전혀 알 수 없는 상태였다고 보기는 어렵고, 특히 2008. 8. 7.경 원고가 일부 의료기관을 상대로 위와 같이 형사고소를 한 점 등을 고려하면, 적어도 위 형사고소 시점에는 의료기관의 과실에 의한 보험사고의 발생을 알았거나 알 수 있었다고 볼 것이므로, 망인의 사망 시점인 2008. 6. 12.부터 또는 적어도 위 형사고소 시점인 2008. 8. 7.경부터 이 사건 보험사고와 관련하여 이 사건 보험계약으로 인한 재해사망보험금 청구권의 소멸시효가 진행된다 할 것이고, 그때부터 이 사건 소 제기 시까지 원고가 의료기관의 과실을 확인하거나 그로 인한 책임을 주장하는 데에 장해가 될 만한 특별한 사정이 있었다고 볼만한 사정도 없다.

[설명]

보험금 청구권은 보험사고의 발생으로 인하여 구체적으로 확정되어 그때부터 그 권리를 행사할 수 있게 되는 것이므로 그 소멸시효는 달리 특별한 사정이 없는 한 민법 제166조 제1항의 규정에 의하여 보험사고가 발생한 때로부터 진행한다(대법원 2000. 3. 23. 선고 99다66878 판결). 다만, 대법원은 객관적으로 보아 보험사고가 발생한 사실을 확인할 수 없는 사정이 있는 경우에는 보험금 청구권자가 보험사고의 발생을 알았거나 알 수 있었던 때로부터 보험금액청구권의 소멸시효가 진행하는 것으로 그 예외를 인정하고 있다(대법원 2001. 4. 27. 선고 2000다31168 판결 등 참조). 의료과실의 경우 일반인은 의료과실의 존부 자체를 쉽게 알 수 없는데다가, 과실의 판단은 단순한 사실 존부에 그치는 것이 아니라 법관의 규범적 평가와 판단이 필요한 영역이다. 그렇기 때문에 일률적으로 보험사고 발생 시로부터 소멸시효가 기산된다고 하는 것은 보험금 청구권자에게 지나치게 가혹한 것이 될 수 있다. 따라서 의료과실이 문제 되는 재해사망(또는 재해후유장해)보험금 청구의 경우에도 위 소멸시효 기산점의 예외를 적용할 것인지, 적용한다면 그 기산점은 어떻게 판단할 것인지가 문제 된다. 예컨대, 의료과실을 이유로 제기한 소송에서 원고승소 판결이 선고된 시점 또는 의료과실에 대하여 업무상과실치사상죄로 유죄판결이 선고된 시점을 소멸시효 기산점으로 볼 것인지의 문제다.

앞서 36번 사례(서울남부지방법원 2018가합107634 판결)에서 법원은 정신질환이나, 심신상실 등으로 자유로운 의사결정을 할 수 없는 상태에서 자신을 해치는 등 보험자 면책 제외 사유가 있는지는 단순한 사실 존부에 그치는 것이 아니라 법관의 규범적 평가와 판단이 필요한 영역인 점에 비추어 관련 행정소송에서 원고 승소 판결을 받았을 시점을 소멸시효 기산점으로 삼아야 한다고 판단한 바 있다. 의료과실과 같은 과실의 유무 판단이나 인과관계 유무 판단 역시 결국은 법관의 규범적 평가와 판단이 필요함에 비추어 보면, 관련 의료과오소송[38]에서의 원고 승소 판결 시점을 기산점으로 삼는 것이 일응 타당해 보이는 측면도 있다. 실제로 관련 의료과오소송에서의 소송 결과를 안 시점 등을 소멸시효 기산점으로 본 판결례도 있다.

예컨대, ① 서울중앙지방법원 2020. 7. 22. 선고 2019나58294 판결(확정)은 미숙아로 출생한 피보험자가 동맥관 개존증에 대한 결찰술을 시행한 이후 좌측 폐동맥 협착 소견이 나타났고, 이에 대하여 폐동맥 혈관성형술 등 후속 치료를 받았지만, 결국 좌측 폐 소실로 인한 폐 기능의 영구소실이라는 호흡기 장애가 남은 사례에서,「의료사고로 인한 상해의 경우 의료전문가가 아닌 일반인들로서는 의사에게 과실이 있는지 여부 및 의사의 과실과 손해 사이에 인과관계가 있는지 여부 등을 쉽게 알 수 없다. D가 2015. 1. 29. 의료소송을 제기한 것은 이 사건 수술에 관한 의료진과실 등이 인정되면 손해배상을 명하는 판결을 내려 달라는 취지에 불과하므로, 그때 이미 법정대리인인 원고가 보험사고 발생 사실을 알았다고 단정할 수는 없다. 마찬가지로 피고로서도 의료소송이 제기되었을 뿐인 시점에는 아직 보험사고가 발생한 것인지 여부가 개관적으로 분명하지 아니하다는 이유로 보험금 지급을 거절하였을 것으로 보인다. 따라서 원고가 의료소송 상대방으로부터 청구금액보다 더 많은 합의금을 지급받고 소를 취하한 2016. 4. 4.에 비로소 의료사고로 인한 상해, 즉 보험사고 발생을 알았거나 알 수 있었다고 보는 것이 타당하다.」고 판단한 바 있다.

② 서울중앙지방법원 2018. 7. 25. 선고 2017가합552637 판결은 피보험자이자 보험수익자인 피고가 알러지성 두드러기 및 접촉성 피부염 치료를 위해 스테로이드를 장기간 지속적으로 복용하던 중 좌, 우측 고관절 대퇴골두 무혈성 괴사 진단을 받고, 좌, 우측 인공 고관절 전치환술을 받은 후 재해후유장해보험금을 청구하자, 보험사가 채무부존재확인 청구 소송을 제기한 사례에서, 소멸시효 기산점을 최초로 고관절 무혈성 괴사 진단을 받은 시점이 아닌, '이차성(스테로이드성) 대퇴골두 무혈성 괴사' 진단을 받은 시점으로 판단하였다. 즉, 의학적 인과관계를 파악할 수 있었

---

38) 이하에서는 의료진의 의료과실을 이유로 제기하는 손해배상(의) 청구 소송을 '의료과오소송'으로 칭하기로 한다.

던 시점을 소멸시효 기산점으로 삼았다. 피고가 최초로 좌, 우측 고관절 무혈성 괴사 진단을 받은 당시의 진단 내용에 의하면 위 고관절 무혈성 괴사는 스테로이드 투약 등 외부적 요인으로 발생한 것이 아니어서 보험계약에서 정한 보험사고에 해당한다고 보기 어려웠고, 피고가 위 고관절 무혈성 괴사를 별다른 원인 없이 발생한 것으로 알고 있었던 동안에는 보험계약에 따른 보험금을 청구할 여지가 없는 것이므로, 위 괴사가 스테로이드 투약을 원인으로 한 것임을 피고가 알았거나 알 수 있었을 때부터 원고에 대한 보험금 청구권을 행사하는 것이 가능하다는 것이 그 이유다.

그러나 대상사건(대법원 2013다34693 판결)을 포함하여, 상당수의 판결례에서는 관련 의료과오소송에의 판결선고 등 결과가 나온 시점이 아닌, 보험사고 발생 시, 적어도 의료과오소송을 제기한 시점을 소멸시효 기산점으로 보고 있다.

예컨대, ③ 부산지방법원 서부지원 2019. 12. 19. 선고 2018가합101739(본소), 2018가합102435(반소) 판결은 피보험자이자 보험수익자인 피고가 제5요추 부분 후궁절제술 및 현미경하 수핵제거술을 시행받은 후 상지의 불완전 마비 및 양측 하지 완전마비 상태가 된 사례에서, 「피고는 2014. 8. 14. 병원 의료진의 과실로 후유장해를 입게 되었다고 주장하면서 관련 손해배상소송을 제기한 점, 관련 손해배상소송에서 2015. 4. 8. 한국의료분쟁조정중재원의 감정서가 제출되었는데, 위 감정서에는 '병원 의료진이 피고의 증상을 오진하여 부적절한 처치를 한 것으로 판단된다.'는 취지의 감정인 의견이 기재되어 있는 점, 관련 손해배상소송에서 2016. 6. 1. 병원 의료진의 의료과실로 인한 손해배상책임을 인정한 1심 판결이 선고된 점 등에 비추어 볼 때, 피고가 병원 의료진으로부터 2차 수술을 받은 2014. 5. 8.이 이 사건 보험사고의 발생일로서 보험금 청구권의 소멸시효 기산점이 된다고 봄이 상당하다. 설사 피고가 의료전문가가 아니어서 그때 바로 의료과실로 인하여 후유장해가 발생한 사실을 알지 못하였다고 하더라도 관련 손해배상소송의 소를 제기한 2014. 8. 14.에는 이를 알았거나 알 수 있었다고 볼 수 있고, 아무리 늦어도 병원 의료진에게 과실이 있다는 취지의 감정서가 제출된 2015. 4. 8. 또는 관련 손해배상소송의 1심 판결이 선고된 2016. 6. 1.에는 이 사건 보험사고의 발생을 알았거나 알 수 있었다고 보아야 한다.」고 판단한 바 있다(보험금 청구권이 시효로 소멸하였다고 판단).

④ 이외에도, 서울중앙지방법원 2019. 8. 21. 선고 2018가단5179488 판결은 원고가 제5번 요추 완전 후궁절제술 및 척추 간 자가골 유합술 및 제4, 5번 요추와 제1번 천추 사이의 나사못 고정술을 받은 후 수술 부위 감염에 의한 패혈증으로 인해 후유장해가 남은 사례[39]에서, 「원고가 주장하는 보험사고는 "외과적 및 내과적 치료중 환자의 재난" 및 "처치 당시에는 재난의 언급이 없었으나 환자에게 이상반응이나 후에 합병증을 일으키게 한 외과적 및 내과적 처치"인데, 이 사건 수술 직후부터 메티실린 항생제 내성 병원균(MRSA) 감염에 의한 패혈증이 발생하여, 원고는 이 사건 수술일 직후에는 보험사고의 발생을 알 수 있었거나 적어도 원고가 병원 의료진의 과실을 주장하면서 관련 소를 제기한 2013. 1. 28.에는 보험사고의 발생을 알았다고 판단되고, 원고가 주장하는 '객관적으로 보아 보험사고가 발생한 사실을 확인할 수 없는 사정이 있다.'고도 보이지 않는다.」고 판단하였다(보험금 청구권이 시효로 소멸하였다고 판단).

위와 같이 법원은 의료과실로 인한 사망 사건의 경우 재해사망보험금 청구권의 소멸시효 기산점과 관련하여, 일관된 기준을 제시하지 못하고 있는 것으로 보인다. 다만, 제반 판결례들을 종합하면, 적어도 의료과오소송을 제기하는 시점(혹은 업무상과실치사상으로 형사 고소하는 시점)부터 소멸시효가 진행되는 것으로 판단될 가능성이 있다는 점을 유의하여야 한다. 실무상 의료과실 또는 약물부작용을 '재해'로 보아 재해사망보험금이나 재해후유장해보험금을 청구하는 경우 의료과실이나 의학적 인과관계가 인정되는지 여부를 판단하는 것이 쉽지 않다 보니, 통상은 보험회사 측에서 관련 의료과오소송 등의 결과를 지켜보자고 나오는 경우가 많다. 이런 경우 의료과실이나 인과관계 입증이 되지 않은 상태에서 곧바로 보험금 청구소송을 제기하기로 결정하는 것은 쉽지 않다. 문제는 의료과오소송은 짧게는 1년 반에서 길게는 3~4년 이상 걸리는 경우가 많기 때문에, 판결선고 후 사망보험금 등을 청구하게 되면, 소멸시효가 완성되었다고 판단될 위험이 있다는 점이다. 따라서 되도록이면 보험사고 발생 후 3년이 경과하기 전에 보험금 청구소송을 제기하는 것이 바람직하다. 만약 보험회사 측 의견대로 관련 의료과오소송 등의 결과를 지켜보기로 하였다면, 미리 보험회사로부터 관련 의료과오소송의 결과가 나올 때까지는 보험금 지급사유가 불분명하므로, 그때까지 보험금 지급을 유예하겠다는 내용의 공문을 받아 두는 것이 좋다.

---

39) 원고가 의료과실을 이유로 병원 측을 상대로 제기한 손해배상청구 소송은 1심에서는 원고 청구가 기각되었으나 (인천지방법원 2015. 5. 12. 선고 2015가합1600 판결), 항소심에서는 위로금으로 2,500만 원을 지급하는 내용의 2016. 9. 23.자 화해권고결정이 확정되었다.

제4장

사망보험금과 상속

민법 제1005조, 「상속인은 상속개시(피상속인의 사망)된 때로부터 피상속인의 재산에 관한 권리 의무를 포괄적으로 승계한다(제1005조).」고 정하고 있다. 즉 상속은 피상속인의 사망이라는 사건이 발생하는 즉시 피상속인의 재산에 관한 권리(채권, 소유권) 및 의무(채무 등)는 상속재산으로, 상속인에게 포괄적으로 승계되는 것이며, 이를 "상속을 받는다."로 말한다. 따라서 상속인은 피상속인의 사망을 알았는지 몰랐는지 또는 부동산의 경우 이전등기를 마쳤는지 등에 관계없이 법률상 당연히 상속재산의 권리를 취득하게 된다.

피상속인의 상속재산에는 적극적 재산(소유권, 채권 등)과 소극적 재산(채무 등)이 모두 포함된다. 그런데, 소극재산이 적극재산보다 많은 경우, 즉 채무가 많은 경우 상속인으로서는 권리·의무를 승계하지 않는 방법을 강구하게 된다. 이때, 상속인은 상속개시 있음을 안 날로부터 3개월 내에 피상속인의 최후 주소지 관할 법원에 상속포기 또는 한정승인 신고를 할 수 있으며(민법 제1019조 제1항), 상속포기 신고를 하면 상속의 효력은 없었던 것이 된다. 즉 처음부터 상속인이 아니었던 것과 같이 된다.

생명보험 또는 상해보험에서, 보험기간 중 피보험자가 사망한 경우 또는 사망으로 인정되는 경우(실종선고), 보험회사(보험자)는 보험수익자에게 보험금을 지급할 의무가 있다(상법 제730조). 보험수익자를 '법정상속인'으로 지정한 경우, 수익자의 보험금 청구권이 상속재산인지, 고유재산인지 대해 대법원은 보험계약자가 피보험자의 상속인을 보험수익자로 하여 맺은 생명보험계약에 있어서 피보험자의 상속인은 피보험자의 사망이라는 보험사고가 발생한 때에는 보험수익자의 지위에서 보험자에 대하여 보험금 지급을 청구할 수 있고, 이 권리는 보험계약의 효력으로 당연히 생기는 것으로서 상속재산이 아니라 상속인의 고유재산이라고 보고 있다. (대법원 2004. 7. 9. 선고 2003다29463 판결) 따라서 상속포기를 했더라도, 고유재산인 보험금 청구권을 행사하는 것은 가능하다. 즉 보험금을 수령하였어도, 상속포기를 한 효과에는 영향이 없는 것이다.

수익자로 '법정상속인'이라고 지정된 경우, 여러 명의 공동상속인이 있는 경우, 공동상속인들 사이 사망보험금을 어떤 기준으로 나누어야 할 것인지, 또 공동상속인 중 상속결격자가 있는 경우에는 상속결격이라는 사유로 보험금을 수령할 수 없는 것은 아닌지, 만일 공동상속인 일부가 보험금을 받지 못하는 경우, 나머지 상속인들이 실제 보험금을 받는 액수는 달라지게 되는 것인지 등 상속과 사망보험금의 보험금 청구권의 관계는 개별 사안별로 살펴볼 이유가 충분해 보인다.

피상속인이 피보험자를 자신으로, 수익자를 자신이 아닌 제3자로 특정 하는 경우 수익자의 보험금 청구권은 보험계약에 따라 받게 되는 보험수익자의 고유재산이므로, 수익자로 지정된 제3자가 상속인이라고 하더라도 상속재산이 아니므로, 상속포기 또는 한정승인을 하였더라도 보험금을 지급받는 데에는 제한이 없다.

피상속인이 피보험자를 자신으로 수익자를 만기까지는 자신으로, 자신이 사망하면 상속인으로 지정하는 경우에도, 마찬가지로 보험수익자로 지정된 '상속인'의 고유재산일 뿐 상속재산은 아니다.

피상속인이 자기를 피보험자로 하고 상속인 외의 제3자를 수익자로 지정한 경우에는 수익자가 보험사고 발생 전 사망하였고, 보험계약자가 다시 수익자를 지정하지 않고 사망하였다면 보험수익자의 상속인이 수익자가 된다.

상속인이 보험수익자로 보험금을 수령하는 것은 상속재산이 아니므로 상속재산분할 대상이 아니다. 그렇기 때문에 상속포기 내지 한정승인을 하는 경우 법원에 제출하는 재산 목록에는 보험금이 포함되지 않는다. 하지만 상속인이 수익자의 지위에서 수령하는 보험금은 상속세의 과세표준에 포함된다. 즉 상속세를 납부해야 하는 재산을 본다.

하지만 보험계약자가 자신을 피보험자 및 보험수익자로 지정한 경우, 대법원은 이 경우의 사망보험금 청구권은 상속재산으로 보고 있다.

39

"한정승인"을 하기 전 망인의 채권자가 사망보험금 청구권에 먼저 가압류 결정을 받았어도, 사망보험금 청구권은 수익자의 고유재산이므로 망인의 채권자가 강제집행을 할 수 없다고 한 사례
(서울북부지방법원 2022. 2. 15. 선고 2021나38032 판결)

[사건 개요]

망인은 생전에 사망보험금 수익자를 '법정상속인'으로 정하여 건강보험계약 및 종신보험계약을 각 체결하였다. 건강보험계약의 사망보험금은 3,000만 원이고, 종신보험의 사망보험금은 179,932,991원이다. 망인은 2019. 1. 31. 사망하였고, 상속인은 모친인 B(피고 보조참가인)가 유일하다. 원고 A는 B가 사망보험금을 상속받았음을 전제로 상속인 B를 채무자로, 보험회사 C를 제3채무자로 하는 청구금액 2,370만 원인 가압류를 신청하여, 2019. 4. 11. 채권가압류결정을 하였다.

상속인 B는 상속한정승인 심판을 신청하고, 춘천지방법원은 2020. 5. 27. '상속인 B의 2020. 4. 7.자 한정승인 신고'를 수리하는 심판을 하였다.

원고 A는 상속인 B가 망인의 채무를 상속하였음을 전제로 상속인 B에 대하여 대여금 청구의 소를 제기하였고, 위 대여금청구 사건은 '한정승인의 항변'을 인용하여, '상속받은 재산 범위 내에서 대여금을 지급하라.'는 판결이 선고되었다. 이후 원고 A는 위 가압류를 본압류로 전이하는 채권압류 및 전부명령을 신청하였고, 2020. 9. 15. 채권압류 및 전부명령 결정이 있었고, 전부명령이 보험회사 C에 송달되고, 2020. 10. 6. 확정되었다.

이후 상속인 B는 원고 A를 상대로 위 가압류에 대하여 '가압류 취소' 신청을 하였으나, 법원은 이미 가압류가 본압류로 이전되었음을 이유로, 상속인 B의 가압류 취소 신청을 각하하였다.

보험회사 C는 원고 A의 전부금 청구에 대해 지급을 거절하였고, 원고 A는 보험회사 C를 상대로 전부금 청구의 소를 제기하였다.

[법원의 판단]

보험계약자가 피보험자의 상속인을 보험수익자로 하여 맺은 생명보험계약이나 상해보험계약에서 피보험자의 상속인은 피보험자의 사망이라는 보험사고가 발생한 때에는 보험수익자의 지위에서 보험자에 대하여 보험금을 청구할 수 있고, 이 권리는 보험계약의 효력으로 당연히 생기는 것으로서 상속재산이 아니라 상속인의 고유재산이다(대법원 2020. 2. 6. 2017다215728 판결).

원고 A의 이 사건 전부명령은 상속인 B의 한정승인 신고 수리에 따라 상속인 B가 망인으로부터 상속받은 재산의 범위 내에서만 인정된다. 그러나 상속인 B의 보험회사 C에 대한 사망보험금 청구권은 상속재산이 아니라 상속인 B의 고유재산에 해당하므로, 원고 A는 상속인 B에 대한 사망보험금 청구권에 대하여 강제집행을 할 수 없다. 한정승인 신고가 수리된 이상 그 효력은 피상속인인 망인이 사망하여 상속이 개시된 시점에 발생하는 것이므로, 원고 A가 한 채권가압류결정이 한정승인에 우선한다고 볼 수 없다. 원고 A의 보험회사 C에 대한 전부금 청구는 기각한다.

[설명]

보험계약자가 피보험자의 상속인을 보험수익자로 하여 맺은 생명보험계약에 있어서 피보험자의 상속인은 피보험자의 사망이라는 보험사고가 발생한 때에는 보험수익자의 지위에서 보험자에 대하여 보험금 지급을 청구할 수 있고, 이 권리는 보험계약의 효력으로 당연히 생기는 것으로서 상속재산이 아니라 상속인의 고유재산이라는 것이 대법원 판례의 기본 입장이다(2001. 12. 24. 선고 2001다65755 판결, 2001. 12. 28. 선고 2000다31502 판결, 대법원 2002. 2. 8. 선고 2000

다64502 판결 등 참조).

상속의 "한정승인"이란 상속인이 상속으로 취득하게 될 재산의 한도에서만 책임을 지겠다는 의사표시이다. 즉, 상속으로 인하여 승계되는 피상속인의 채무에 대해서, 상속으로 취득하게 되는 재산의 범위에서만 변제하면 된다. 상속인은 상속개시 있음을 안 날로부터 3개월 내에 단순승인이나 한정승인 또는 포기를 할 수 있다(민법 제1019조 제1항). 상속인은 한정승인을 할 때, "상속재산"의 목록을 첨부하여 법원에 한정승인을 신고하여야 한다(민법 제1030조 제1항). 만일 상속인이 한정승인을 하면서, 고의로 "상속재산" 목록에 재산을 기입하지 않는다면, 이는 법정단순승인 사유에 해당하게 되어, 피상속인의 채무를 포괄적으로 승계받게 된다(민법 제1026조 제3호).

앞서 살펴본 대법원 판례의 입장에 따르며, 피보험자의 상속인이 보험수익자의 지위에서 보험자에 대하여 갖는 보험금 청구권은 상속인의 "고유재산"일 뿐, "상속재산"에는 포함되지 않는다. 따라서 상속인이 한정승인을 신고하면서, 자신이 보험계약의 수익자로서 '사망보험금'을 지급받게 되는 경우, 그 '사망보험금'은 "상속재산"이 아니므로, "상속재산 목록"에 기입하지 않더라도 단순승인으로 보지 않게 된다.

또한 대상판결은 한정승인 신고가 수리된 이상 그 효력은 피상속인인 망인이 사망하여 상속이 개시된 시점에 발생한다고 보았다. 사안에서 피상속인인인 망인의 채권자(원고 A)는 상속인 B가 한정승인을 신고하기 전 보험회사 C에 대한 "사망보험금 지급청구권"에 대해 채권가압류 결정을 받았고, 이에 터 잡아 가압류를 본압류로 이전하는 채권 압류 및 전부명령을 받아 그 전부명령이 확정되었다고 하더라도, '한정승인'으로, 상속인의 '고유재산'에 대해서는 강제집행을 할 수 없으므로, 보험수익자의 지위에서 갖는 상속인의 "사망보험금 지급청구권"에 대해서는 강제집행을 할 수 없음은 당연하다.

40

여러 명의 보험수익자들 중 1명이 피보험자를 고의로 살해한 경우, 보험수익자들의 보험금 청구권은 고유재산이므로, 고의로 살해한 수익자의 상속지분만큼 보험자는 보험금 지급의무를 면한다는 사례

(서울고등법원 2000. 5. 24 선고 2000나777 판결, 대법원 2001. 12. 28. 선고 2000다31502 판결)

[사건 개요]

소외 망인은 피고 보험회사 B와 보험계약을 체결하면서 주피보험자를 자신으로, 보험수익자를 소외 망인이 사망하는 경우에는 상속인으로 지정하였다. 소외 망인은 남편인 소외 C가 휘두른 과도에 가슴을 찔려 사망하였다. 원고들(이하 '원고 A'라 한다)은 소외 망인과 소외 C 사이의 자녀들인데, 원고 A는 피고 보험회사 B에 소외 망인의 사망에 따라 보험계약에 기한 일시지급보험금의 지급을 청구하였다. 그러나 피고 보험회사 B는 소외 C의 상속지분(7분의 3)에 해당하는 금액에 대하여는 그 지급을 거절하고 그 나머지인 원고 A의 상속지분 합계(7분의 4)에 해당하는 보험금만을 지급하였다. 이에 원고 A는 보험회사 B에 대하여 소외 C의 상속분에 대한 나머지 보험금지급을 청구하였다.

[법원의 판단]

가. 상속결격자가 보험수익자에 포함되는지

보험수익자를 특정인으로 지정하지 아니하고 이 사건과 같이 추상적으로 상속인이라고만 지정하였다면 특별한 사정이 없는 한 보험수익자로 당시 예상되는 추정상속인을 지정한 것으로 해석할 수 있으므로, 피보험자의 사망 시, 즉 보험금 청구권 발생당시의 제1순위의 법정상속인들인 배우자와 직계비속들이 생존하고 있을 때에는 그들에게 보험금 청구권을 귀속시킬 것을 예정하고

있는 것으로 보아야 할 것이다. …중략 … 보험금 청구권이 상속재산의 일부로서 상속되는 것은 아니다. 나중에 그들 중(공동상속인들 중) 일부가 상속결격자가 되거나 또는 상속을 포기한 경우 다른 공동상속인이나 제2순위 법정상속인이 보험금 청구권을 취득하는 것까지 예정하고 있는 것은 아니라 할 것이다. … 중략 … 그러므로 보험수익자는 보험사고 당시 예상되는 추정상속인인 원고 A와 소외 C 모두를 가르키는 것이라고 보아야 한다.

나. 피고 보험회사 B의 면책

보험계약상 보험수익자로 지정된 추정상속인들 중 1인인 소외 C가 피보험자인 소외 망인에게 상해를 가하여 사망하게 하여 보험사고를 발생시켰으므로, 이는 상법 제659조 제1항 및 위 약관 규정상의 보험면책사유에 해당하여 보험자인 피고 보험회사 B는 가해자인 소외 C가 수익할 부분에 대하여는 그 지급을 면하고, 또한 그 면책된 부분이 나머지 보험수익자가 수익할 부분에 가산되는 것은 아니므로 나머지 보험수익자들인 원고 A도 그 면책 부분을 청구할 수는 없다.

[설명]

상법 제659조 제1항에 보험사고가 보험계약자 또는 피보험자나 보험수익자의 고의 또는 중대한 과실로 인하여 생긴 때에는 보험자는 보험금액을 지급할 책임이 없다고 규정하고 있으나, 상법 제732조의2 제2항에는 둘 이상의 보험수익자 중 일부가 고의로 피보험자를 사망하게 한 경우 보험자는 다른 보험수익자에 대한 보험금 지급 책임을 면하지 못한다고 규정하고 있다. 따라서 여러 명의 보험수익자가 있는 경우, 그중 일부 또는 1명이 피보험자를 고의로 살해하였다고 해도, 나머지 보험수익자들은 보험회사에 대하여 사망보험금을 청구할 수 있는 것이다.

고의로 피상속인을 살해하는 것은 상속결격사유에 해당한다(민법 제1004조). 사안에서 소외 C는 소외 망인의 배우자이므로, 직계비속인 원고 A와는 1순위 공동상속인의 지위에 있다. 따라서 소외 C가 소외 망인을 고의로 살해하였으므로, 소외 C는 상속결격자가 되어 소외 망인의 생전 보유재산(상속재산)을 상속받지 못한다. 상속결격자가 있는 경우, 나머지 공동상속인들은 상속결격자의 상속분에 대해서는 각 공동상속인들의 법정상속비율에 따라 귀속받게 된다.

이 사건의 경우, 소외 망인의 사망에 따라 보험회사 B에 대하여 청구할 수 있는 사망보험금을 '상속재산'이라고 한다면, 원고 A는 소외 C의 상속분에 대하여도 지급을 구할 권리가 있다고 볼 것이다. 반면, 사망보험금이 보험수익자의 '고유재산'이라면, 우선 소외 C가 보험계약의 '수익자'에 포함되는지부터 살펴볼 필요가 있다. 이 사건 보험에서 '수익자'를 '상속인'이라고만 지정을 하였고, 소외 C는 상속결격자가 되었으므로, 상속인이 아니므로, '수익자'도 아니라고 할 수 있기 때문이다.

그런데 법원은 '수익자'를 '상속인'이라고만 지정한 경우, 보험금 청구권이 상속재산의 일부로서 상속되는 것은 아니기 때문에 공동상속인들 중 일부가 상속결격자가 되거나 또는 상속을 포기한 경우 다른 공동상속인이나 제2순위 법정상속인이 보험금 청구권을 취득하는 것까지 예정하고 있는 것은 아니기 때문에 상속결격사유가 있는 경우라도, '수익자'로 예정된 '상속인'이 상속결격사유가 있다고 하더라도 '수익자'에 해당한다고 보았으며, 결국 '수익자'가 고의로 '피보험자'를 살해한 경우에는 보험자의 면책사유에 해당하기 때문에, 그 '수익자'에 대한 상속지분 범위에서 보험금지급의무를 면하게 된다는 것이다.

결국 원고 A의 상속분에는 변동이 없게 된다. 상속재산이 아닌 '수익자'의 '고유재산'이므로, 소외 C의 상속지분 범위에서의 보험금 청구권은 소외 C의 고유재산일 뿐이어서, 공동상속인인 원고 A에게 보험금 청구권이 귀속되지 않는다는 것이다.

한편, 대법원 2009. 5. 28. 선고 2009다12115판결에서는 피보험자의 상속인이 피보험자를 살해하려 하였다는 이유로 형사사건에서 유죄를 받았던 전과가 있었기 때문에 이는 민법 제1004조 제1호 소정의 '고의로 피상속인을 살해하려 한 자'에 해당하여, '법정상속인'이 될 수 없으므로, 보험회사는 위 상속결격자에게 사망보험금을 지급할 의무가 없다고 판시한 바 있다.

41

보험수익자를 '법정상속인'이라고만 지정하였을 때, 공동상속인이 일부가 상속분에 상응하는 보험금을 청구할 수 있다고 한 사례
(대법원 2017. 12. 22 선고 2015다236820, 236837 판결)

[사건 개요]

보험회사인 원고는 소외 A과 사이에 피보험자를 소외 A, 보험수익자는 피보험자 사망 시 "법정상속인"으로 하여 보험계약을 체결하였다. 소외 A에게는 배우자 피고와 자녀들 소외 B, C가 있었다.

보장 내용은 소외 A가 일반상해로 사망할 경우 보험수익자에게 보험가입금액(5,000만 원)을 지급하도록 되어 있다. 소외 A는 2013. 12. 26.경 개울에서 사망한 채로 발견되었는데, 원고는 소외 A가 '급격하고도 우연한 외래의 사고로 입은 상해의 직접결과로써 사망'한 것이 아니라고 주장하며, 그 배우자인 피고만을 상대로 보험금지급채무의 부존재확인을 구하는 이 사건 본소를 제기하였고, 이에 피고는 보험금 지급을 구하는 반소를 제기하였다. 제1심법원은 소외 A의 사망이 보험약관에서 정한 일반상해사망에 해당하는지에 관하여만 심리한 후 **원고의 본소청구를 전부 기각하고 보험금 5,000만 원 전액의 지급을 구하는 피고의 반소를 인용**하는 판결을 선고하였으며, 원심은 원고의 항소를 기각하였다.

[법원의 판단]

보험계약자인 소외 A가 피보험자인 자신의 사망에 따른 <u>보험수익자를 법정상속인으로 지정한 이상 특별한 사정이 없는 한 그 지정에는 소외 A의 사망 당시 상속인이 취득할 보험금 청구권의</u>

비율을 그 상속분에 의하도록 하는 취지가 포함되어 있다고 해석함이 타당하고, 따라서 소외 A의 상속인으로 피고 외에 소외 B와 소외 C가 더 있다면 **피고는 공동상속인 중 1인으로서 그 상속분에 상응하는 범위 내에서만 보험자인 원고에 대하여 보험금을 청구할 수 있다.**

[설명]

보험계약자가 피보험자의 상속인을 보험수익자로 하여 맺은 생명보험계약에 있어서 피보험자의 상속인은 피보험자의 사망이라는 보험사고가 발생한 때에는 보험수익자의 지위에서 보험자에 대하여 보험금 지급을 청구할 수 있고, 이 권리는 보험계약의 효력으로 당연히 생기는 것으로서 상속재산이 아니라 상속인의 고유재산이다(대법원 2004. 7. 9 선고 2003다29463 판결).

타인을 위한 상해보험에서 보험수익자는 그 지정행위 시점에 반드시 특정되어 있어야 하는 것은 아니고 보험사고 발생 시에 특정될 수 있으면 충분하므로, 보험계약자는 이름 등을 통하여 특정인을 보험수익자로 지정할 수 있음은 물론 '배우자' 또는 '상속인'과 같이 보험금을 수익할 자의 지위나 자격 등을 통하여 불특정인을 보험수익자로 지정할 수도 있고, 후자와 같이 보험수익자를 추상적 또는 유동적으로 지정한 경우에 보험계약자의 의사를 합리적으로 추측하여 보험사고 발생 시 보험수익자를 특정할 수 있다면 그러한 지정행위는 유효하다(대법원 2006. 11. 9 선고 2005다55817 판결).

보험계약자가 "수익자"를 추상적 또는 유동적으로 지정하더라도, 유효하다는 위 대법원 판례는 보험계약자의 의사를 합리적으로 추측한다는 전제에 있다. 그런데 앞서 본 바와 같이, 보험금지급청구권은 상속인이라는 지위에서 취득하는 것이지만, 상속인의 '고유재산'으로 보고 있다. 그렇다면 '고유재산'이므로, 공동소유재산, 즉 보험금지급청구권을 동일한 지분으로 준공유하는 것으로 보아야 할 것인가? 아니면, 상속재산은 아니지만 상속인이라는 신분에 따라 취득하게 되는 것이므로, 민법이 정하는 법정상속분(동순위 상속인은 균분이며, 피상속 배우자는 5할을 가산한다. 민법 제1009조)에 따라 당연 분배된다고 보아야 것인가?

법원은 보험수익자를 법정상속인으로 지정한 이상 특별한 사정이 없는 한 그 지정에는 소외 A의 사망 당시 상속인이 취득할 보험금 청구권의 비율을 그 상속분에 의하도록 하는 취지가 포함된 것이라고 보았다. 즉 보험금 지급 청구권을 준공유하는 것이 아니라, 상속분에 따라 보험금 청구권의 취득비율이 정해진다는 것이다.

따라서 상속재산분할의 협의 여부와 관계없이, 법정상속분(민법 제1009조)에 따라 보험금 청구권을 취득하게 되는 것인바, 여러 명의 보험수익자들 중 1명은 자신의 상속분의 범위에서 직접 보험회사에 대하여 사망보험금을 청구할 수 있다.

42

피보험자를 보험수익자로 지정하는 것이 유효하며, 피보험자 사망에 따른 사망보험금은 보험수익자의 고유재산이 아닌 상속재산이라고 한 사례
(대법원 2002. 2. 8. 선고 2000다64502 판결)

[사건 개요]

피상속인(망인 A)는 S 보험회사와 사이에 (1) 피보험자를 망인 A, 수익자는 만기분할 시 또는 입원장해 시 망인 A, **사망 시 상속인**으로 되어 있는 새생활암보험계약을, D 보험회사와 사이에 (2) 주피보험자를 피고 B, 종피보험자를 망인 A, **수익자를 망인 A**로 하는 건강생활종신보험계약을 각 체결하였다.

한편, 피고 B는 S 보험회사와 사이에 (3) 계약자 및 주피보험자를 피고 B, 종피보험자를 망인 A, 수익자를 만기 시나 분할 시 또는 퇴직 시 피고 B, 입원 시나 장해 시 피고 B, 사망 시 망인 A로 하되 부부 일방이 사망할 경우 생존한 일방이 수익자가 되어 보험금을 수령할 수 있는 부부체증형의 새장수축하연금보험을 체결하였다.

피상속인(망인 A)는 1998. 5. 26. 대장암으로 사망하였고, 피고 B가 1998. 7. 7. 광주지방법원 순천지원에 상속포기신고를 하여 수리되었고, 그 전인 1998. 6. 26. 위 각 보험회사로부터 소정의 보험금을 수령하였다.

원고 C는 망인 A가 가계일반대출 자금을 대여하였으나, 원리금을 상환하지 않았으므로, 피고 B가 상속포기를 하였어도 상속재산인 보험금을 수령하였으므로, 민법 제1026조 제1호에 정한 처분행위에 해당하여 단순승인 사유에 해당하는 것으로 간주된다고 주장하면서, 피고 B에게 대여금을 청구하였다.

[법원의 판단]

가. (원심판결) 광주지방법원 2000. 10. 13. 선고 99나12204 판결

새생활암보험계약과 같이 생명보험의 수익자를 상속인으로 표시한 경우, … 중략 … 장래 보험금 청구권이 발생할 때의 수익자를 특정하는 방법으로서 그와 같이 표시하였다고 해석함이 상당하므로 S 보험회사에 대한 사망보험금 청구권은 상속재산이 아닌 상속인의 고유재산이다.

새장수축하연금보험에 따른 보험금 청구권은 그 수익자인 피고 B의 고유재산으로 망인 A의 상속재산과 무관하다.

건강생활종신보험계약은 체결 당시 사망 시의 수익자가 망인 A로 되어 있으나, 주피보험자가 피고 B, 종피보험자가 망인 A로 되어 있는 이른바 부부형 보험계약으로 종피보험자인 망인 A가 사망하였을 경우에는 피고 B가 수익자로 된다고 해석함이 상당하므로, 망인 A의 사망으로 인한 보험금 청구권도 그 수익자인 피고 B의 고유재산으로서 망인 A의 상속재산과 무관하다.

따라서 피고 B가 각 보험금 청구권을 행사하였다고 하더라도, 망인 A의 사망에 따른 상속에 대한 단순승인이 있었다고 볼 수 없어 피고 B의 상속포기는 결국 유효하다.

나. (대상판결) 대법원 2002. 2. 8. 선고 2000다64502 판결

피보험자 사망 시의 상속인을 수익자로 지정하여 둔 경우에, 그 의미는 보험금 청구권이 일단 피보험자에게 귀속되어 상속재산을 형성하였다가 그 상속인에게 이전된다는 취지라기보다는 장래에 보험금 청구권이 발생한 때의 수익자를 특정하는 방법으로서 그와 같이 표시하였다고 해석함이 상당하다. 따라서 그 보험금은 상속인의 고유재산이 된다.

상법 제733조 제3항에 따라 보험수익자가 보험존속 중에 사망한 때에는 보험계약자는 다시 보험수익자를 지정할 수 있으며, 보험계약자가 그 지정권을 행사하지 아니하고 사망한 때에는 보험수익자의 상속인이 보험수익자가 됨이 원칙이나, 생명보험에 있어서 보험계약자가 피보험자 중의 1인인 자신을 보험수익자로 지정한 경우에도 그 지정은 유효하고, 따라서 보험수익자가 사망하면 그 보험금은 상속재산이 된다고 할 것이다(대법원 2000. 10. 6. 선고 2000다38848 판결).

그러므로 이에 반하여 부부가 주피보험자 및 종피보험자로 지정되어 있으나 수익자는 그중 한 사람만으로 되어 있는 이 사건과 같은 경우 보험계약의 문언에도 불구하고 그 수익자로 되어 있는 배우자가 사망한 경우 다른 배우자가 수익자가 된다고 보아 그 보험금이 상속재산에 포함되지 아니한다고 한 원심에는 보험수익자의 지정과 보험금의 귀속에 관한 법리를 오해하여 위 대법원 판결에 상반된 해석을 한 위법이 있다.

[설명]

대상판결은 "생명보험에 있어서 보험계약자가 피보험자 중의 1인인 자신을 보험수익자로 지정한 경우에도 그 지정은 유효하고, 따라서 보험수익자가 사망하면 그 보험금은 상속재산이 된다."고 판시하면서, 이에 대한 명확한 법리적 근거를 제시하지는 않는 것으로 보인다. 보험계약자가 자신을 피보험자 및 보험수익자로 지정하였다는 것이 보험계약자의 의사이며, 보험계약의 문언에 부합한다는 정도로밖에 달리 이해할 수는 없어 보인다.

상법 규정을 보면 보험계약자는 보험수익자를 지정하거나 변경할 수 있고(상법 제733조 제1항), 보험수익자가 보험존속 중 사망하였는데, 보험계약자가 수익자 지정권을 행사하지 않고 사망한 때에는 보험수익자의 상속인을 보험수익자로 본다고 정하고 있다(상법 제733조 제3항). 즉 보험수익자의 상속인이 '보험수익자'가 되는 것이므로, 이 경우 상속인은 '보험수익자'로서 사망보험금 청구권을 갖는 것이므로, 고유재산으로 보아야 할 것이다.

보험수익자와 피보험자가 동일한 경우에만 상속재산으로 보아야 할 사정은 없다고 해야 할 것으로 생각한다. 피보험자 자신을 사망 시 수익자로 지정을 하면, 자기가 사망할 경우 보험금을 받을 사람이 없기 때문에 사망한 사람은 권리의무의 귀속 주체가 될 수 없다. 이러한 경우에는 수익자가 사망하여, 수익자가 지정되지 않는 경우로 보고, 그 상속인이 수익자로서 보험금 청구권을 갖는다고 보는 것이 타당하다고 할 것이다. 즉 고유재산이라는 것이다. 2010년경 이후 표준약관이 대대적인 수정이 이루어졌고, 최근 보험계약의 실무례를 고려하면, 대상판결과 같은 사례가 다시 반복될 여지는 없을 것이다.

보험전문변호사의
보험소송
사망보험금 편

ⓒ 김계환 · 문정균, 2023

초판 1쇄 발행 2023년 5월 24일

지은이   김계환 · 문정균
펴낸이   이기봉
편집   좋은땅 편집팀
펴낸곳   도서출판 좋은땅
주소   서울특별시 마포구 양화로12길 26 지월드빌딩 (서교동 395-7)
전화   02)374-8616~7
팩스   02)374-8614
이메일   gworldbook@naver.com
홈페이지   www.g-world.co.kr

ISBN   979-11-388-1958-9 (13360)